高职高专规划教材·公共课系列

社交礼仪

（第二版）

主　编　卢新华　康　娜
副主编　杨　萍　张志惠
　　　　李　闻　孙玉娥
　　　　赵海军　聂　琳

内 容 简 介

礼仪是人生的必修课，是社会交往的通行证。本教材将按照认知规律系统地介绍社交礼仪中仪表礼仪、日常交往礼仪、宴请礼仪、涉外礼仪等基本常识，为学生更好地学习和从事各类专业打下良好的人文基础；同时，本教材还将突出形体训练的重要性，力图启迪学生智慧、陶冶学生情操、培养学生情趣，使其具有鉴赏、表现形体美的能力。全书共分9章，主要内容包括：社交礼仪概述、仪表美、日常交往礼仪、校园礼仪、宴请礼仪、服务礼仪、专题活动礼仪与会议礼仪、涉外礼仪、部分国家礼仪文化。

本教材注重学生日常素质的培养，从细节入手狠抓学生养成教育，紧扣时代脉搏，因此既可作为高职高专院校通识课的学生教材，也可作为社会推行市民素质教育的参考书或培训教材。

图书在版编目（CIP）数据

社交礼仪/卢新华，康娜主编．—2版．—北京：北京大学出版社，2012.5
（全国高职高专规划教材·公共课系列）
ISBN 978-7-301-19488-1

I. 社… II. ①卢…②康… III. ①心理交往－礼仪－高等职业教育－教材 IV. ①C912.1

中国版本图书馆CIP数据核字（2011）第185473号

书　　　　名：	社交礼仪（第二版）
著作责任者：	卢新华　康　娜　主编
责 任 编 辑：	吴坤娟　卢英华
标 准 书 号：	ISBN 978-7-301-19488-1/G·3219
出　版　者：	北京大学出版社
地　　　　址：	北京市海淀区成府路205号　100871
电　　　　话：	邮购部 010-62752015　发行部 010-62750672　编辑部 010-62756923　出版部 010-62754962
网　　　　址：	http://www.pup.cn
电 子 信 箱：	zyjy@pup.cn
印　刷　者：	三河市北燕印装有限公司
发　行　者：	北京大学出版社
经　销　者：	新华书店

　　　　　　787毫米×1092毫米　16开本　14.75印张　352千字
　　　　　　2007年8月第1版　2012年5月第2版　2021年1月第6次印刷　总第12次印刷

定　　　价：32.00元

未经许可，不得以任何方式复制或抄袭本书之部分或全部内容。
版权所有，侵权必究
举报电话：010-62752024；电子信箱：fd@pup.pku.edu.cn

前　言

礼仪是现代社会文明进步的标志。中国素以"礼仪之邦"著称于世，讲"礼"重"仪"是我们中华民族世代沿袭的传统。"国尚礼则国昌，家尚礼则家大，身尚礼则身正，心尚礼则心泰"，懂礼节成为衡量一个国家和民族文明程度的重要尺度。社会主义核心价值体系的和谐理念为晋级礼仪知识、提高全民礼仪素养、提升民族形象提供了强有力的理论支撑。

礼仪是道德的载体，是人生道德的具体化。在西方，人们把礼仪、道德、法律并称为三大守护神，礼仪位居其首。拿破仑·希尔认为，世界上最廉价的、而且可能得到最大收益的一项特质，就是礼仪。礼仪是指人们在社会交往中，相互之间为了表示尊重而约定俗成的、共同遵循的行为规范和交往程序。礼仪具有自律的特征。自律即自我管理、自我约束、自我控制、自我对照、自我反省、自我检点。"严于律己、宽以待人"，若是没有对自己的首先要求，人前人后不一样，只求诸人、不求诸己，礼仪就无从谈起。礼仪的这一特点，要求人们在实施礼仪的过程中，应树立起内在的道德信念和行为准则，不断提高自我约束、自我克制能力，在人际交往中自觉遵循礼仪规范。

社交礼仪是一门学科，也是人生的必修课。为了适应教育的改革，积极发展21世纪高职高专教育，培养高等职业应用型人才，我们受北京大学出版社的委托，编写了这本教材。经过近五年的使用，深受有关院校及社会各界的好评，为适应新形势的发展，本书作了重新的修订并增添了一章内容。力求本书体系完整，结构新颖，内容充实，注重科学性、实用性、系统性、操作性的统一，阐述了社交礼仪规范要求。本书各章设立了"小故事"、"小结"、"思考与练习"，并在书后设有"附录"，以便于教师组织教学和社会各界朋友自学。

进行社交礼仪教育是道德教育的首要内容，也是职业道德教育的基础。为深化礼仪教学，我们参考了大量相关资料，进行了科学的归纳，力求此书较一般同类书籍更为结构严谨、语言通俗、内容翔实。全书共分九章（加附录），参加本书编写的有青岛酒店管理职业技术学院卢新华、杨萍（第一、二、八、九章及附录、第二章图片由冬梅老师提供），淄博职业技术学院康娜、赵海军老师（第三、五、六章），济南工程职业技术学院张志惠、孙玉娥老师（第四章），以及济南职业技术学院李闻老师（第七章）。最后由卢新华老师统稿。

由于编者水平有限，时间仓促，不妥之处在所难免，衷心希望广大读者批评指正。

编　者
2012年3月

目 录

第一章 社交礼仪概述 ... 1
第一节 礼仪的基本理念 ... 1
一、礼仪的概念与特征 ... 1
二、礼仪的基本理念——尊重为本 ... 4
三、礼仪与社交 ... 6
第二节 成功社交者的素质要求 ... 11
一、气质 ... 11
二、性格 ... 12
三、品德 ... 13
四、知识 ... 13
五、能力 ... 14
六、心理素质 ... 14
第三节 本章小结 ... 14

第二章 仪表美 ... 16
第一节 塑造良好的整体形象 ... 16
一、自我形象的塑造 ... 16
二、自我形象定位 ... 17
三、仪表美及其基本要求 ... 19
第二节 服饰美 ... 22
一、服饰与审美 ... 22
二、着装原则 ... 26
三、西装的穿着 ... 32
四、女士着装 ... 34
五、饰品佩戴 ... 36
第三节 仪容美 ... 40
一、美容化妆 ... 40
二、皮肤保养与护理 ... 45
三、护发与美发 ... 46
第四节 仪态美 ... 47
一、仪态的概念与特征 ... 47
二、仪态美的基本要求 ... 48
三、表情仪态 ... 56
四、人际交往距离 ... 60

第五节 本章小结	60

第三章 日常交往礼仪 ... 63

第一节 见面礼仪 ... 63
一、握手礼 ... 63
二、致意礼 ... 66
三、介绍礼 ... 67
四、名片礼 ... 69

第二节 谈吐礼仪 ... 74
一、礼貌用语 ... 74
二、交谈礼仪 ... 78

第三节 做客与会客礼仪 ... 84
一、做客礼仪 ... 84
二、会客礼仪 ... 85

第四节 馈赠礼仪 ... 86
一、馈赠者礼仪 ... 87
二、受赠者礼仪 ... 90
三、馈赠的禁忌 ... 91

第五节 电话礼仪 ... 92
一、打电话礼仪 ... 93
二、接电话礼仪 ... 94
三、移动电话礼仪 ... 96

第六节 本章小结 ... 98

第四章 校园礼仪 ... 100

第一节 师生关系礼仪 ... 100
一、课堂礼仪 ... 101
二、出入办公室的礼仪 ... 103
三、老师对学生的礼仪 ... 104

第二节 同学之间交往的礼仪 ... 105
一、打招呼的礼仪 ... 105
二、同学之间交谈的礼仪 ... 105
三、同学间相互借用钱物及致谢、道歉的礼仪 ... 106
四、异性同学交往的礼仪 ... 108

第三节 校园其他礼仪 ... 109
一、图书馆礼仪 ... 109
二、食堂就餐礼仪 ... 110
三、学生宿舍礼仪 ... 111
四、集会的礼仪 ... 114
五、上实验课的礼仪 ... 114

  六、考试的礼仪 ……………………………………………………………… 115
  七、工厂实习的礼仪 …………………………………………………… 115
  八、登台发言或演讲的礼仪 …………………………………………… 115
  九、郊游的礼仪 ………………………………………………………… 116
  十、文娱、体育活动的礼仪 …………………………………………… 116
  十一、开学典礼的礼仪 ………………………………………………… 118
  十二、毕业典礼的礼仪 ………………………………………………… 119
  十三、校庆活动礼仪 …………………………………………………… 119
  十四、老师的仪表礼仪 ………………………………………………… 120
  十五、大学生的仪表礼仪 ……………………………………………… 120
 第四节 求职与应聘礼仪 ……………………………………………… 121
  一、应聘前的准备 ……………………………………………………… 122
  二、面试过程中的礼仪 ………………………………………………… 124
  三、面试后的礼仪 ……………………………………………………… 125
 第五节 本章小结 ……………………………………………………… 126

第五章 宴请礼仪 ……………………………………………………………… 128
 第一节 宴请的分类 …………………………………………………… 128
  一、按规格划分 ………………………………………………………… 128
  二、按用途来分 ………………………………………………………… 129
 第二节 宴会的组织程序礼仪 ………………………………………… 129
  一、宴会准备的礼仪 …………………………………………………… 130
  二、宴会进行时的礼仪 ………………………………………………… 132
  三、宴会结束时的礼仪 ………………………………………………… 134
 第三节 赴宴礼仪 ……………………………………………………… 134
  一、充分准备 …………………………………………………………… 134
  二、准时赴宴 …………………………………………………………… 135
  三、按位入座 …………………………………………………………… 135
  四、文明就餐 …………………………………………………………… 135
  五、热情话别 …………………………………………………………… 137
 第四节 西餐礼仪 ……………………………………………………… 137
  一、西餐的代表菜式及特点 …………………………………………… 137
  二、西餐宴会的席位排列礼仪 ………………………………………… 139
  三、西餐宴会的上菜顺序礼仪 ………………………………………… 140
  四、西餐菜点与酒水搭配礼仪 ………………………………………… 141
  五、宴会就餐礼仪 ……………………………………………………… 142
 第五节 本章小结 ……………………………………………………… 144

第六章 服务礼仪 ……………………………………………………………… 146
 第一节 商场服务礼仪 ………………………………………………… 146

一、营业前的准备阶段 147
　　二、迎接顾客的礼仪 147
　　三、接待顾客的礼仪 148
　　四、恭送顾客的礼仪 151
　第二节　酒店服务礼仪 151
　　一、前厅服务礼仪 151
　　二、客房服务礼仪 155
　　三、餐厅服务礼仪 158
　第三节　导游服务礼仪 161
　　一、导游服务的礼仪要求 161
　　二、导游接待服务礼仪 162
　第四节　本章小结 165

第七章　专题活动与会议礼仪 166
　第一节　专题活动礼仪 166
　　一、庆典的总体要求 166
　　二、开业典礼 167
　　三、剪彩仪式 168
　　四、签字仪式 170
　第二节　会议礼仪 171
　　一、一般会议 172
　　二、专题会议 178
　第三节　本章小结 185

第八章　涉外礼仪 187
　第一节　涉外礼仪的基本要求 187
　　一、涉外礼仪的原则 187
　　二、涉外交往须知 189
　第二节　礼宾次序与国旗悬挂 191
　　一、礼宾次序 191
　　二、国旗悬挂 192
　第三节　涉外迎送礼仪 193
　　一、确定迎送规格 193
　　二、迎送准备 193
　　三、迎宾礼仪 193
　　四、迎送过程中的礼仪 194
　第四节　涉外会见与会谈礼仪 195
　　一、会见与会谈的准备 195
　　二、场所的布置与座次安排 196
　　三、会见与会谈中的具体礼仪 197

第五节　本章小结·····················198
第九章　部分国家礼仪文化···················199
　第一节　各国礼仪文化·····················199
　　一、亚洲国家礼仪文化····················199
　　二、欧美国家的礼仪文化···················203
　　三、法国·························205
　　四、德国·························206
　第二节　宗教文化简介·····················207
　　一、佛教礼仪·······················207
　　二、基督教礼仪······················208
　　三、伊斯兰教礼仪·····················208
　第三节　本章小结······················209
附录··························210
参考文献························224

第一章 社交礼仪概述

本章提要

- 礼仪的概念与特征
- 礼仪的基本理念
- 交往艺术的重要功能
- 处理人际关系的 3A 法则
- 成功社交者的素质要求

引　言

中国素以"礼仪之邦"著称于世,讲"礼"重"仪"是我们中华民族世代沿袭的传统,源远流长的礼仪文化是先人留给后人的一笔宝贵财富。"国尚礼则国昌,家尚礼则家大,身尚礼则身正,心尚礼则心泰。"礼仪使我们的社会生活更有秩序,使人际关系更为和谐。

礼仪不仅是社会生活的要求,也是一个人甚至一个民族文明程度的体现。在漫长的人类历史长河中,礼仪的内容和形式一直在发生着变化,但它始终是人类社会生活须臾不可缺少的要素之一。

第一节　礼仪的基本理念

人无礼则不生,事无礼则不成,国无礼则不宁。——荀况

一、礼仪的概念与特征

1. 礼仪、礼貌与礼节

礼仪是现代社会文明进步的标志。随着我国经济文化的发展,注重礼仪越来越成为人们的一种共识。讲礼貌、懂礼节是衡量一个国家和民族文明程度的重要尺度,也是一个人道德修养水平的体现。

（1）礼仪。礼仪是一个复合词,由"礼"和"仪"两部分组成。

"礼"在中国伦理思想史上是一个十分重要的道德范畴和伦理概念。据许慎的《说文解字》解释:"礼,履也,所以事神致福也。"即"礼"的本意是敬神。《辞海》对"礼"的注释有三:①本谓敬神,引申为表示敬意的通称;②表示敬意或表示隆重举行的仪式;③泛指奴隶社会或封建社会贵族等级制的社会规范和道德规范。后人把"礼"引申为礼貌、礼节,作为人际交往的一种沟通手段,它包含有人与人之间要互尊、互敬、互爱的意思。

按《辞源》解释,"仪"有两层含义,一是指容止仪表,如《诗经·大雅》所言:"令

仪令色，小心翼翼。"二是指法度、标准，正如《国语·周》中所说："度之于轨仪。"《淮南子·修务训》中说："设仪立度，可以为法则"。据我国先秦古籍《山海经》的记载："其首曰招摇之山，……有木焉，其状如榖，而黑理，其华四照，其名曰迷榖，佩之不迷。"佩迷榖可以使人不迷，所以有佩迷榖的服饰礼仪。服之有佩，是新石器时期出现的，佩物多为玉、骨等物，佩物多呈动物形态，如玉鸟、玉鱼、玉蝉等，带有浓厚的修饰性质。礼仪后来演绎为一种手段和制度，并且有专门的行政部门，如礼部等。《礼记》认为："道德仁义，非礼不成；教训正俗，非礼不备；公争辨识，非礼不决；君臣上下，父子兄弟，非礼不定；宦学事师，非礼不亲；班朝治军，莅官行法，非礼威严不行；祷祠祭祀，供给鬼神，非礼不诚不庄。"这深入浅出地说明了"礼"与道德修养、导民治国、社会交往的关系。

英语中"礼仪"一词"Etiquette"是由法语演变而来的。法语原意是指法庭上的"通行证"，用来发给进入法庭的每一个人，上面写有进入法庭时应遵守的事项，作为人入庭后的行为准则。后来，各种其他场合也都制定了相应的行为规则，这些规则由繁而简，形成体系，逐渐得到人们的公认，成为共同遵守的礼仪规范。

由此可见，礼仪是指人们在社会交往中，相互之间为了表示尊重而约定俗成的、共同遵循的行为规范和交往程序。礼仪既可以指在较大、较正规场合隆重举行的各种仪式，也可以泛指人们在社交活动中的礼貌礼节。

（2）礼貌。礼貌是指人们在日常交往中，相互表示敬重和友好的品质和行为。礼貌体现了时代的风尚和道德规范，体现了人们的文化层次和文明修养。礼貌总是在一个人接人待物中，通过仪表、仪容、仪态及谈吐等体现出来。礼貌是文明行为的基本要求，是维护社会生活正常秩序的客观条件。在日常社会生活中，人们总是难免发生这样或那样的矛盾，如果能够讲究礼貌、相互尊重、相互谅解，矛盾就容易得到化解，生活就会充满友好和温馨。

在不同的国家不同的民族，处于不同的时代和不同的行为环境中，表达礼貌的形式会有所不同，但在相互尊重、友好相处这一点上却是相同的，在诚恳、谦恭、和善、适度的要求上也是一致的。如果一个人衣冠不整、出言不逊、冷漠自负、动作粗俗，就是对他人的不尊重，就是不礼貌。礼貌应当是一个人良好道德品质的真实体现，对人的尊重友好必须是发自内心的，表面虚伪的客套不是礼貌。讲礼貌应当做到彬彬有礼、落落大方，热情过度、过分殷勤、低声下气，并不见得是礼貌。

（3）礼节。礼节是人们在交往中相互表示问候、致意、祝愿等的惯用规则和形式。礼节是表示对他人尊重与友好的外在行为规范，是礼貌在语言、行为、仪态等方面的具体体现。与礼貌相比，礼节处在表层，礼节总是表现为一定的动作、行为。但这并不是说，礼节仅仅是一种表面形式，而应该说，尊重他人的内在品质总是通过一定的形式才能表现出来。比如，尊重师长，可以通过见到长辈和教师问安行礼的礼节来体现；欢迎他人的到来，可以通过见到客人时起立、握手等礼节来表示；得到别人帮助，可以说声谢谢来表示感激的心情。借助这些礼节，对他人尊重与友好的礼貌得到了适当的表达。不懂得礼节，在与别人交往时，心中虽有对别人尊重的愿望却表达不出。因此，礼节不单纯是表面上的动作，而是一个人尊重他人的内在品质的外化。

礼貌、礼节和礼仪都是人们在相互交往中表示尊重、友好的行为，三者是相互联系、相辅相成的。从本质上说，三者是一致的，但又各有其自身的特殊含义和要求。

如果说礼貌侧重于强调个人的道德品质，那么礼节侧重于强调的就是这种品质的外在表现形式。有礼貌而不懂礼节就容易失礼，虽有对他人尊敬友好的心意，却不知如何去表达，就会在与人交往时出现尴尬、紧张和手足无措等现象。不懂礼貌，只学些表面的礼节形式，就难免机械模仿、故作姿态，让人感到虚情假意。因此，讲礼貌懂礼节应当是内在品质与外在形式的统一。而礼仪的文化内涵要相对深些，它既包含礼（即礼貌、礼节）又侧重仪（即程式化了的礼仪）。

2. 礼仪的特征

礼仪是在社会交往过程中人们的行为准则，人们以此来规范和约束自己的行为，协调和制约人际间的相互关系。与其他行为准则相比，礼仪具有以下特点。

（1）规范性。礼仪是人们在各种交际场合待人接物时必须遵守的行为规范。这种规范性不仅约束着人们在交际场合的言谈话语、行为举止，使之合乎成规，而且也是人们在一切交际场合必须采用的一种"通用语言"，是衡量他人、判断自己是否自律、敬人的一种尺度。总之，礼仪是约定俗成的一种自尊、敬人的惯用形式。因此，任何人要想在交际场合表现得合乎礼仪，彬彬有礼，都必须对礼仪无条件地加以遵守。另起炉灶，自搞一套，或是只遵守个人适应的部分，而不遵守不适应自己的部分，都难以为交往对象所接受、所理解。

清代学者李子潜在《弟子规》中，要求他的学生从早到晚在饮食起居、言谈举止、接人待物方面必须按照礼仪程序去做："晨必盥，兼漱口。便溺回，辄净手。冠必正，纽必结。袜与履，俱紧切。置冠服，有定位。勿乱顿，致污秽。衣贵洁，不贵华。上循分，下称家……步从容，立端正……缓揭帘，勿有声……凡出言，信为先。诈与妄，奚可焉……奸巧语，秽污词，市井气，切戒之……"。这谆谆教导至今仍在影响着亿万中华子孙。

 小故事 1-1　　　　　　　总 理 与 鞋

在外事活动中，周恩来总理十分注重礼节。他病重期间，仍坚持参加重要的外事活动。后来病得连脚板也肿起来，他原来的皮鞋、布鞋都不能穿，只能穿着拖鞋走路。参加外事活动时，工作人员关心总理，让他穿着拖鞋参加外事活动，认为外宾能够理解。周总理不同意，他慈祥而严肃地说："不行，要讲礼仪嘛！"于是，他让工作人员为他特制了一双鞋。

（2）传统性。礼仪是一个国家、民族传统文化的组成部分。在我国，现代礼仪是以传统文化为核心，并不断吸收其他民族的优秀文化，在长期的社会生活实践中逐渐发展和完善起来的。它根植于传统文化这块沃土，因而有着深刻的传统性特点。"礼仪之邦"几千年的文明史，中华民族修礼、崇礼、习礼的传统美德，深深地融入现代礼仪之中，约束和规范着现代人的行为。礼仪是将人们在长期生活及交往中的习惯、准则固定并沿袭下来，有着广泛的社会文化基础，礼仪这种传统性是根深蒂固的。在社会生活中，礼仪是人们约定俗成的行为规范，大都没有形成文字，无需刻意传播，它是在人们相互交往中传播、继承、相沿成习、积淀下来的。在这个过程中，传统礼仪的那些繁琐的、保守的内容不断被摒弃，只有那些体现了人类的精神文明和社会进步，代表着中华民族传统文化本质和主流的礼仪，才得以世代相传，并被不断完善和发扬。

（3）共同性。礼仪是在人类共同生活的基础上形成的，是同一社会中，全体成员调节相互关系的行为规范。礼仪随着社会生产、生存环境和生活形态的变化而不断充实完善，逐渐成为社会各阶层共同遵守的行为准则。礼仪的内容大都以约定俗成的民俗习惯、特定文化为依据，集中地反映了一定范围内人们共同的文化心理和生活习惯，从而带有明显的共同性特点。礼仪又被应用于人们的社会交往之中，其范围和准则必须得到广泛的认可，才能在相当的范围内共同遵守，这也决定了礼仪的共同性特点。由于交往范围不断扩大，原先由于地域和文化交流限制所造成的礼仪规范的差异逐渐被打破，许多礼仪形式被越来越多的人接受和认可，礼仪的共同性特点将会日趋明显。

（4）差异性。礼仪作为一种约定俗成的行为规范，其运用要受到时间、地点和环境的约束，同一礼仪会因时间、地点或对象的变化而有所不同。这就是礼仪差异性的特点。礼仪的差异性首先表现为民族差异性，不同民族的礼仪多姿多彩、各具特色。各民族的习俗礼仪都凝结着本民族、本地区人民的文化情结，人们严格遵循，苦心维护，难以改变。比如同是见面礼，不同的民族有着不同的表现形式。礼仪的差异性还表现为个性差异，每个人因其地位、性格、资质等因素的不同，在使用同样的礼仪时会表现出不同的形式和特点。比如同是出席招待会，男士和女士要有不同的表现风格。礼仪的差异性还表现在其时代变异性，它随着社会的进步而不断发展、丰富和完善。礼仪总是体现着时代要求和时代精神，因而会随着时代发展而产生差异。世界各国都很重视礼仪改革，现代礼仪发展变化的趋势是使礼仪活动更加文明、简洁和实用。

（5）等级性。礼仪的等级性表现在对不同身份、地位的人士礼宾待遇的不同。在社会生活中，人们往往用长幼之分、男女之别来规范每个人的受尊重程度。而在官方交往中，则要确定官方礼宾次序，确定官方礼宾次序的主要依据是担任公职或社会地位的高低。这种礼宾次序带有某种强制性，不同的人因此而得到不同的礼宾待遇，但这并不意味着尊卑贵贱，而是现代社会正常交往秩序的表现，反映了各级公务人员的社会身份和角色规范。礼仪的等级性在社会交往中还表现为双向对等性，即在不同地区、不同组织的交往中，双方人员在公职身份和社会地位上要相近，业务性质要相似，以此来表示对对方的尊重。双方的交往还应当是一种尊重互换、情感互动的过程，在礼节上要有来有往、相互对等。这是工作需要与礼仪要求的结合统一。

二、礼仪的基本理念——尊重为本

社会交往，尊重为先。尊重为本即要求做到：讲究得体、贵在真诚、基在修养、要在尊敬、重在自律。

1. 讲究得体

讲究得体即要求在施礼、讲礼时要把握好"度"，要求适中，不能过分。过犹不及，就适得其反。这与穿衣戴帽一样，整体和谐才好看顺眼。同理，在社会生活中人们也需要不断地调整自己的心态、心绪，以平和之心去应付外界的变化，以平常心来对待一切。

（1）恰如其分。讲礼应恰到好处。古语道："礼过盛者情必疏"，耐人寻味。刻板讲礼、过分拘谨，既没有必要，也违背了礼仪的宗旨。如言谈举止要符合自己的身份、地位，"你听明白了吗？""你懂不懂？"之类的话常是大人对小孩、老师对学生的言语，如果倒过来就成了无礼、狂妄。

（2）因地制宜。场合是礼仪最重要的背景，礼仪的使命是适应场合营造秩序，因此场合不同礼仪要求不同。出席婚礼可以轻松、幽默、眉开眼笑；出席丧礼就必须肃穆、凝重、沉稳、不苟言笑。

（3）因人制宜。礼仪属于上层建筑，针对不同社会阶层、不同级别、不同社会背景的人，应实施不同的礼遇要求。一般而言，对上级、长辈、宾客应尊敬，对下级、晚辈应稳重，对同事、同辈、朋友应随和。另外，礼仪还要求尊重民俗，例如握手本是常见的礼节，但对佛教人士却不大适宜；吻寡妇的手背对西方青年男子而言是得体的礼仪，但在中国却是"非礼"。

2. 贵在真诚

"著诚去伪，礼之经也"，真诚才是礼仪的真谛。礼仪应是发自内心对人真诚地尊重、关心与爱护，并用自然得体的言行表达出来的行为。诚于中才能形于外。笑里藏刀、表里不一的行径是对礼仪的玷污。真正彬彬有礼的君子应是表里一致、内外和谐统一的。真诚是君子最宝贵的品格，也是礼仪的本质要求。

3. 基在修养

礼仪是一个人文化修养、品德教养等精神内涵的外在体现，只有在良好修养基础上体现的礼仪才是成熟而又得体的礼仪。修养是礼仪的基础。

（1）知书达"礼"。常言道"知书达理"，同样，知书才能达"礼"。礼仪是渗透于人类生活方方面面的规矩，也是一门深奥的学问。接受教育的根本目的是通达道理以利为人处世，同理接受礼仪教育的目的即以礼仪规范协调各种人际关系，二者是殊途同归的。

（2）理解、宽容。一个注重礼仪修养的人应具有宽阔的心胸、坦荡的襟怀，应善解人意。礼之用，和为贵。人生百态、形形色色，各人生活的环境不同、性格各异、见解有别，就需要互相理解、宽容以期达到和谐相处；不能以己之长笑人之短，应尽量避免触痛他人；不要自恃清高，不要把自己的习惯强加于人。要遵循入乡随俗、入国问禁的古训，互相尊重，和睦相处。

 小故事1-2　　　周总理访问加纳留美谈

1964年1月，周恩来总理应邀访问加纳前夕，发生加纳总统恩克鲁玛被刺受伤案件，加纳局势动荡不安。在这紧要关头，周总理决定按计划如期访问加纳，并主动提出可以打破通常的礼宾惯例，恩克鲁玛总统可以不到机场迎接。周总理此举使加纳人备受感动，国际社会予以高度评价，在外交史上留下千古美谈。

4. 要在尊敬

尊重为本的最高层次即做到尊敬他人。孔子云："礼者，敬人也"，古人云："敬人者，人恒敬之"。只有相互尊敬，人与人之间的关系才会融洽和睦。要在尊敬，即强调人们在交际活动中，与交往对象既要互谦互让、互尊互敬、友好相待、和睦共处，更要将对交往对象的重视、恭敬、友好放在第一位，敬人之心常存，处处不失敬于人，不伤害他人尊严，不侮辱对方的人格。掌握了这一点，就等于掌握了礼仪的灵魂。

从本质上讲，"礼仪"是一项做人的基本道德标准。"礼仪"所规范的是一个人对待自己、对待别人、对待社会的基本态度。"礼仪"的基本要求是：每一个人都必须尊重自己、尊重别人、尊重社会。

每一位现代人都应该尊重自己。一个人不尊重自己，就不会获得别人的尊重。尊重自己的具体要求是：首先，要尊重自身；其次，要尊重自己所从事的职业；最后，要尊重自己所在的单位。

每一位现代人都应该尊重别人。因为"来而不往，非礼也"。一个人不尊重别人，就难以得到对方的尊重。尊重别人，具体要求往往有所不同：尊重上级，是一种天职；尊重同事，是一种本分；尊重下级，是一种美德；尊重客户，是一种常识；尊重对手，是一种风度；尊重所有人，则是一种教养。

每一位现代人都应该尊重社会。马克思说过："人是社会关系的总和。"每一个人都生活在社会中，尊重社会，将美化人类自身的生存环境，并有助于人类的最优化发展。尊重社会的具体要求是：讲究公德，维护秩序，保护环境，爱国守法。

5. 重在自律

礼仪是社会生活中约定俗成的习惯和规则，礼仪对人们的各种行为规范都有着广泛的约束力，但这种约束力不是强制性的。礼仪不像法律那样威严，也不像道德那样肃然，礼仪的实施无需别人的督促和监督，有人冒犯了礼仪规范，也不会受到法律的制裁。因此，礼仪的实施，主要是依靠人们自觉地利用礼仪规范来约束自己的行为，这就是礼仪的自律性。礼仪的这一特点，要求人们在实施礼仪的过程中，应树立起一种内在的道德信念和行为准则，不断提高自我约束、自我克制的能力，在人际交往中自觉地遵守礼仪规范。礼仪的自律性并不是说礼仪是可以随意冒犯的，不注意礼仪的人在社会生活中会处处碰壁，孤独、尴尬、失意总是难以摆脱，而自觉地注重礼仪，与人交往就会一帆风顺、处处受人尊敬。

自律即自我管理、自我约束、自我控制、自我对照、自我反省、自我检点。"严于律己、宽以待人"，若是没有对自己的首先要求，人前人后不一样，只求诸人、不求诸己，礼仪就无从谈起。

 小故事 1-3　　　　　　　一口痰的故事

中国长江医疗设备厂准备引进"大输液管"生产线，欲与美国客商约瑟先生合作。经过详细的考察，约瑟先生对企业的发展和管理很满意，他已经决定要与该厂长期合作。双方决定第二天正式签订协议。长江厂的范厂长请约瑟先生到车间参观。车间井然有序，约瑟先生赞许地点着头。突然，范厂长感到嗓子不适，本能地咳了一声，到车间的墙角吐了一口痰，然后连忙用鞋擦去，地面上留下了一片痰迹。

第二天一早，翻译送来了约瑟先生的信，信中写道："尊敬的范先生，我十分佩服您的才智和精明，但是您在车间里吐痰的一幕使我彻夜难眠。恕我直言，一个厂长的卫生习惯可以反映一个工厂的管理素质，况且，我们今后生产的是用于治病的输液管。贵国的成语说得好——'人命关天！'请原谅我的不辞而别，否则上帝会惩罚我……"

三、礼仪与社交

社交即社会交往。人自呱呱坠地开始就处于社会交往之中，无论主动被动，人总是置身于纷杂的社会交际活动之中。人生一世，必须交际。任何一个正常人如果打算完全回避人际交往，都是绝对不可能的。

进行交际，需要规则。没有规则，人际交往难免各行其是，难以沟通。所谓礼仪，即人际交往的基本规则，是人际交往的行为秩序。随着国际交流的普势化发展，礼仪也日益显示出其普及性特质，这是人类文明的时代性特征。作为社会的一分子，立足现世，我们尤其应该具备礼仪和法律两大行为律则。然而礼仪侧重于道德层面，而法律则侧重于惩戒层面，即前者重自律，后者重他律。礼仪就是人们用于表现尊重的各种规范的、可操作的具体形式，它普遍适用于各种各样的人际交往，是人际交往的基本规则。

1. 交往艺术的重要功能

古人认为："世事洞明皆学问，人情练达即文章"。这句话讲的其实就是交际的重要性。

（1）提升个人素质。协调人际关系是礼仪的一大社会功能。《礼记·冠义》谓："凡人之所以为人者，礼义也。"人生在世，难免要与各种各样的人交往，礼仪正是人际交往的基本手段，也是做人的基本准则和基础的素养。礼仪本是为人处世的基本规矩，是一个人最起码的品格教养的直观表现，若不予以重视，在某些关键场合会引起出乎意料的后果，关系到社交及事业的成败。

小故事 1-4　　　　不拘小节，痛失良机

《中国教育报》曾刊载《有感于大学生说"他妈的"》一文，说有位学业优秀的大学毕业生在与用人单位面谈时竟毫不在意地架起二郎腿，叼着香烟，并连说几个"他妈的"，引起反感，结果功亏一篑，痛失一个就业良机。

无独有偶，在2002年1月青岛市首届大中专毕业生就业洽谈会上，一些大学生旁若无人地吞云吐雾，啃着烤地瓜和招聘者面谈，让招聘单位大为反感。对于这些不拘小节的学生，几家公司的招聘负责人都表示：抽烟、吃零食，看起来都是小事，却反映了一个人的基本素质。那些不拘小节的学生，走上工作岗位后，往往好高骛远，不脚踏实地，用起来不放心，所以干脆放弃。

（2）方便交往应酬。交往以对方为中心。在人际交往中，恰如其分的礼貌、和蔼可亲的态度是最好的介绍信。

小故事 1-5　　　　周总理待人处世的佳话

我们敬爱的周总理待人处世的佳话美谈是不胜枚举的。曾有人说过："整个世界往往是通过周恩来来认识新中国的"，周总理不愧是中华礼仪的典范。

1964年，周总理和陈毅副总理出访亚非14国，在离开加纳时专门举行特别宴会，宴请所有的加纳服务员，当那些黑人朋友端着中国贵宾敬的酒时感动得流下了眼泪。一个目光敏锐的西方记者报道说："这是传奇式的礼遇，中国人巧妙地把友谊传给了非洲的子孙后代。"尽管这只是一场特殊的宴会，却体现了一个泱泱大国总理的风采和气度，饱含着周恩来尊重他人、平等待人的品格和深情。直到80年代，我国新华社记者深入非洲腹地访问时，那里普通的黑皮肤农民还在用当地话对中国客人喊"周恩来"。他们把周恩来当成了新中国的象征。

周总理每次乘飞机，包括乘坐外国包机，都要到前舱向机组人员表示感谢。在中巴边界的明铁盖山口有个小小的导航站，周总理和陈毅副总理每次飞过山口都要给导航台的战士发一份电报表示慰问。周总理还指示总参谋部采取措施安排好在偏僻边境工作的干部战士的生活。在那偏远的高山上，几乎过着与世隔绝生活的战士，"家书抵万金"是他们真切的感受，而周总理、陈毅副总理的慰问电报对他们而言何止值万金！一句感谢的话语，一封慰问的电报……虽是举手之劳，却令人暖透心窝、刻骨铭心、终身难忘。

于细微之处见精神，以举手之劳的小事看深情、见奇效。周恩来礼遇他人的千古美谈发人深省，永远值得我们学习。王夫之指出："智者，知礼者也。礼者，履其知也。履其知礼皆中节，知礼则精义入神，日进于高明而无穷"。在当今世界，欲成为智者的人也必须学礼、懂礼并善于用礼、行礼，掌握高超的社交技巧，做一名高尚、高雅的现代人。

（3）维护企业形象。美国著名的人际关系大师、成功学专家戴尔·卡耐基认为："社会上的每一个人都是具体的，因而个性各异，与这些独特的个人交往必须倾注满腔的热忱和诚意，饰外修内，表现出坦荡和真诚的品性。只有这样，对方才能相信自己，这是成功处世的基础。"卡耐基还以自身的经验告诉我们，人与人之间的相处如果没有做到"互惠互利"，就不可能建立和谐融洽的人际关系；反之，如果能珍惜每一次与别人接触的机会，积极主动地关怀别人，就会获得满意的人际关系并终身受益。

小故事 1-6　　　　　　花旗银行换钞

一天，一位陌生的顾客走进豪华的美国花旗银行营业大厅，仅是要求换一张崭新的100美元钞票，准备当天下午作为礼品用。花旗银行是世界上最大的银行之一，每天的营业额高达数亿美元，业务十分繁忙。但接待这位陌生顾客的银行职员微笑着听完顾客的要求后，请这位先生稍候，立即先在一沓钞票中寻找，又打了两个电话，15分钟后终于找到了一张崭新的钞票。他把它放进一个小盒子里递给了这位陌生的顾客，同时附上一张名片，上面写着："谢谢您想到了我们银行。"事隔不久，这位偶然光顾的陌生顾客又回来了，这次来是在这家银行开了个账户。在以后的几个月里，这位顾客在这个银行存款25万美元。

美国花旗银行是世界一流的企业，但它的职员并没有因为自己企业地位的显赫而随意漠视或怠慢任何一位非常普通的顾客。哪怕是一个小小的要求，甚至超出了自己的业务范围的要求都竭力去满足。他们能够处处摆正自己与顾客的位置，时时想到顾客，在极平凡、极细小的事情上真心实意地为顾客服务，替顾客排忧解难，最终赢得了顾客的尊重与欢迎。

2．处理人际关系的"3A"法则

在经过了多年的研究后，当代美国著名的人际关系学家莱斯·布吉林发现了受人欢迎的人际交往三大秘诀，即只要能够满足别人三方面的需要就可以受人欢迎，因其在英语中都以字母"A"开头，所以被简称"3A"法则。

（1）Accept（接受对方）。即要有一颗能包容的心。"己所不欲，勿施于人"，切不可把自己对别人的接受当作砝码与他人讨价还价。接受一旦变成了交易，就失去了对他人的尊重。美国华盛顿大学有位教授专门研究了三十几年的关于人在受到窘迫时该如何来应对的学问，得出以下结论：一是面红耳赤，这是一种幼稚的表现；二是暴跳如雷，这正中了别人的圈套；三是逃避，这是被动的表现；四是积极主动的态度，即当众表示一种幽默，这其实既是对别人的宽容，也是对自己的一种保护，即不让自己经历受到伤害的心理过程，因为真正的伤害永远只能来自于对别人的不能宽容，也就是自己把自己推到了受伤害的境地。

其实，对别人的接受过程更多的也是一种宽容与包容的过程。《大英百科全书》认为，宽容是容许别人有行动和判断的自由，对不同于自己或传统观点的见解，予以耐心公正的容忍。

锻炼一个人容忍力的最好考验莫过于如何去面对别人的嫉妒。一个人稍有成就，就会处于众目睽睽之下，有羡慕的、挑剔的，也有怀疑的、嫉妒的。歌德曾说过："在人类一切情欲中，嫉妒之情恐怕要算是最顽强、最持久的了，因为嫉妒心是不知道休息的。"应该学会弱化、融化和淡化嫉妒，其中最好的办法就是学会肯定别人，同时尽量地淡化自己的优点。

（2）Admire（赞美对方）。威廉·詹姆斯曾说过："人性的根源有一种渴望被人肯定、称赞的强烈愿望，这是人和动物之间最大的不同，人类文明也因此而进步、发展。" 赞美具有极大的魔力，在协调人际关系上，简直可以视同生命的阳光和空气。人人都有双重赞美的需要，即受到赞美和称赞别人。如果没有赞美或称赞，人们就会丧失进取心和自信心。善于挖掘别人的优点，并且肯定和发扬它，甚至可以激发出人的潜能。美国前总统林肯曾说过："每个人的内心深处最深切的渴望是得到别人的赞美。"马克·吐温也说过："当他得到别人赞赏时，可以凭着这份赞赏愉快地生活两到三个月。"

 小故事 1-7　　　　　　　　达尔文赴宴

有一次达尔文去赴宴，席间与一位美貌的女士坐在一排。这位美人带着玩笑的口吻向科学家提问题："达尔文先生，听说您断言，人类是由猴子变来的，我也属于您的论断之列吗？"达尔文看了她一眼，彬彬有礼地回答："是的，不过，您不是由普通的猴子变来的，而是由长得非常迷人的猴子变来的。"

（3）Appreciate（重视对方）。这是指对所有人的重视。企业管理界有一个广为人知的"木桶原理"，讲的是一个木桶的蓄水量不是取决于最长的木板，而是取决于最短的木板。由此可见，在一个企业内部，每个员工都有其存在的价值和意义，而让别人感到他是受尊重的，这是对他的最大鼓励。比如在与别人交往中往往会出现意见不一致，这是一种很正常的现象，因为彼此站在不同的立场和不同的角度必然会对同一个问题产生不同的看法，关键是如何消除这种不一致，使别人能够认同你的观点。

重视对方的基本要求就是不要直接否定对方。要学会使用"先肯定再否定"的语言技巧，因为当一个人听到别人肯定时，心情就会放松，愿意继续接受其他信息。"先肯定后否定"不会直接引起对方的逆反心理，反而使他易于接受最后转折的意见。如果最后你是以征求的口吻，效果会更好。其实重视对方也是现代公关管理的基本要求。

 小故事 1-8　　　　　微软研究院的人才管理模式

在微软研究院可以处处体现出自由、真诚、平等的气氛，让员工得到真正的物质上和精神上的满足，如合理化建议、非正式沟通、企业文化建设等。微软研究院注重发掘人才、学会吸引并留住人才。在微软研究院，其人才流失率不到3%，而美国硅谷的人才流失率在12%左右。微软的每一个人都是快乐的，特别热爱和珍惜他的工作。微软公司无疑是世界上聪明人云集的地方，比尔·盖茨的管理却表现出了非常的人性化。如建立电子邮件系统，方便员工之间和上下级之间的沟通。四通八达的电子邮件，每个员工都有电子信箱，知道对方的代码，上至比尔，下至普通员工，无一例外。无论何时何地都可以通过秘书的安排，进行与对方的交流，这是一种最迅捷、最方便、最直接、最尊重人性的沟通方式。一个组织内部的等级隔阂是人与人之间难以融洽的一大原因，妨碍了人们之间的相互沟通。而在微软却奉行无等级的办公室，每个员工都有自己的办公室和房间，相互隔开，有自己的门、窗，每个办公室都是差不多大，绝对地拥有自己对它的自主权，自由布置和装饰，办公室位置由自己挑选，若多个人挑选同一位置则采取抽签决定，一次不满意可以下次再进行抽签，尊重每个人的隐私。同时还实行无等级的停车场。各办公楼门前都有停车场，不论是比尔还是一般员工，谁先来谁先进行选择，不以职位高低排定车位，即使如此，比尔也从来没有因找不到车位而苦恼过，这是因为他每天都会比别人来得早。

微软公司还尽量为大家提供宽松的工作氛围。办公大楼里根本没有时钟而且布置简易：如钢材和玻璃，地毯和柔和的灯光；天晴可自由散步；到处可见的高脚凳；为职工提供的免费饮料；让员工不拘形式地在任何地方办公；每周五晚上举行狂欢舞会等等。微软在北京的研究院招聘研究员时提供了 10 万年薪，却允许不来上班，因为微软相信，一个真正有能力的人是不可能让自己浪费每分每秒的。

重视对方的最好办法就是学会对别人的充分肯定和尊重。要想真正地学会对别人的重视和尊重，要如松下幸之助所说的，应该对他人有一种"膜拜之心"。松下幸之助认为："这件工作我做不来，我不具备这种知识，也不具备这种技术，而各部属具备了知识，也具备了技术，所以要靠大家共同努力，才能完成这份工作"。

"三人行，必有我师"，有了膜拜之心，你才有可能处处发现别人的优点。真正有魅力的人应该是学会经常去夸奖别人的人。赞赏与感激他人意味着一种人际审美精神，充满热情地欣赏他人、发现他人的价值只会给对方带来心理与精神上的满足。同时，赞赏与感激也是我们对整个生活与世界的一种积极态度，一个能由衷赞美他人的人，必定是一个能体会到世界美好的人，是一个对自己前途充满信心的人，是一个能认识价值、发现价值、创造价值的人。

3. 学会"角色互换"

每个人都具有不同的社会角色，在交往中人们是作为特定的社会角色与他人交往的。由于我们习惯于从自己的角色出发来看待自己和别人的行为，所以常常带有片面性。例如：当一个人在做儿子时，觉得父亲总是不能理解他；当他成了父亲后，又从父亲的角度来指责儿子不听话；当他当营业员时，觉得顾客老是在找麻烦；可他作为顾客去买东西时，就会以顾客的眼光来指责营业员的不尽职了……角色不同、看问题的出发点不同，观点即不同。若彼此沟通不畅、互不理解，极易造成交往障碍。

学会角色互换，也就是设身处地从对方的角度，把作为主体的自我当作客体的自我来审视和评价，力求较为公正地理解别人的想法，较为客观地看待自己的行为得失。

交往中的角色互换可包括两个方面。一方面是设身处地替对方着想，通情达理地谅解对方的行为和态度。比如，当你向一位朋友借用他新买的照相机时，若他有点舍不得，你可能会想："这么小气，不够朋友。"但若互换角色想一想，假如是你的朋友向你提出这样的要求，你是否就一定毫无难色地一口应承呢？意识到别人的难处，就容易宽容和理解别人了。

另一方面，通过角色互换，以对待"客观之我"的方式对待他人，就能采取较为适当的行为。你不希望别人在背后议论你，那你就先不要在背后说别人的坏话，也不要轻信他人搬弄是非。你愿意别人怎样对待你，就应该怎样去对待他人。当你对别人做出某种行为或表示某种态度时，应当首先考虑到对方可能会产生什么样的感受和反应，并由此考虑调整或改变自己的行为，避免给对方造成伤害或带来痛苦。

第二节　成功社交者的素质要求

成功社交者意味着彼此信任、彼此喜欢、彼此愿意提供帮助与支持。要达到此目标需从素质入手不断地锻造自己。素质即一系列的好习惯，关键是如何使之定位到具有可塑性的良好方向上。

一、气质

气质是人的个性心理特征之一，是表现在心理过程的速度、强度、稳定性和内外倾向性方面的心理特征。

1. 气质的特点

气质是一个人的真正魅力之所在，它以不同的方式作用于人的心理，支配着人的各种行为，甚至影响着一个人的容貌。人们常把人的容貌比作美丽的鲜花，而鲜花是有季节性的，鲜花总有凋零之时。与容貌相比，人的气质就如同是一棵苍劲的松树，它给人的美是不受容貌和年龄制约的。气质的美会在一个人的言谈话语、举手投足、待人接物中表现出来。这种美是自然而然地流露，而不是刻意生硬地模仿。礼仪修养应从培养良好的气质做起。

气质具有恒常性和稳定性的特点。一旦拥有气质，就像陈年的酒越久越香。

2. 气质的类型

心理学家根据人们对外界刺激的反应速度、接受程度、连续时间、应变能力和表现方式等特征，将气质划分为多血质、胆汁质、黏液质和抑郁质四种类型。

多血质的人活泼好动、机灵敏感、表情外露、适应性强，一般认为最适宜社交活动，容易成为活动的中心人物；胆汁质的人直率热情、精力旺盛、勇敢积极、勇于承担责任，在社交活动中往往是拥护者或行动者；黏液质的人安静、稳定、沉默、固执；抑郁质的人谨慎、细心、深刻、忧虑。黏液质和抑郁质这两种气质特征的人在待人接物时往往缺乏热情，显得十分被动。实际上，纯属一种气质的人是十分少见的，大多数人的气质介于几种气质类型之间。

人的气质类型并无好坏之分，它对人的智力发展和成就高低不起决定性作用。每种气质类型的人都有其所长，也有其所短。各种气质的人都可以成为社交活动的成功者，都可以在待人接物时表现得彬彬有礼、落落大方，被周围的人所认可。多血质、胆汁质的人可以以他们的热情、机敏、乐观征服公众，而黏液质、抑郁质的人也会以其深沉、稳重、文静吸引公众。而且，人的气质可以随着后天的工作、学习和教育而发生变化。每个人都应当正确地认识自己的气质类型，扬长避短，不断地完善自我。

3. 气质的培养

良好的气质是以一个人的文化素质、文明程度和思想品质为基础的，同时还取决于他对待生活的态度。气质是一个人多种内在素质的综合反映，气质看似无形，实为有形，它通过一个人对待生活的态度、个性特征、言谈行为等表现出来。良好的气质能够深深地吸引他人、征服他人。培养良好的气质绝非一朝一夕之事,必须经过长期的磨炼和多方面的积累。没有良好的气质,礼仪也就无从谈起。

 小故事 1-9　　　　　床头提刀人乃真英雄也

刘义庆的《世数新语》曾记述过历史著名人物的一个小故事。有一次,匈奴派使者求见曹操,曹操想:世人都知道大名鼎鼎的曹操叱咤疆场、英雄盖世,可实际上自己却身材矮小,貌不惊人。因此,他不想亲自接见,就派手下大将——英俊威武的崔琰装扮成自己去见匈奴人,而曹操却手提大刀站在床头扮作卫士。接见过后,曹操派人去打听求见者对"大王"的印象。使者说:"大王雅望非常,然,床头提刀人,乃真英雄也。"可见,单纯注重外表形象并不能决定一个人的气度。曹操集政治家、军事家、文学家于一身,他的英雄气度是学识和才能的综合体现,"装扮"是扮不出来的。

二、性格

性格是指一个人表现在态度和行为方面的较为稳定的心理特征。稳重、寡断、刚强、懦弱都是人的性格特征。出生背景不同、家庭教育不同、生活道路不同,每个人的性格特征也不同。礼仪总是在特定的人们之间进行的,个性制约着人与人之间的相互关系。人们在社会交往中,会遇到各种各样的人和事。若想取得事业的成功,必须努力做到和任何人都能友好相处,任何事情都要妥善处理,如果任着自己的性子来,不加克制,是无法做到这一点的。在待人接物时要做到大方得体、礼仪有加,必须有健康的性格,这样的性格应具备以下特征。

1. 开朗、耐心、宽容

讲礼仪要表现在对别人的尊重上,如耐心倾听,可以形成平等融洽的气氛,无论对方的态度如何,都能够容忍。要尽可能宽宏大量、善解人意,不能得理不让人、图自己的一时之快而让对方感到尴尬。社交活动中,需要同各种各样的人交往。性格开朗的人,往往表现得热情大方、使对方容易接受,而性格木讷、孤僻多虑的人则会与对方难以相处,也就谈不上彬彬有礼。

2. 沉着、勇敢、顽强

遇事沉着、敢于承担责任、处事有韧性并坚持原则是成熟性格的表现。性格上的完善,就是要使性格向成熟的方向优化,尽可能地减少外界因素对性格带来的影响,沉着冷静地处理各种事情。看准了的事就要大胆地去做,不能优柔寡断,遇到困难要勇于克服、处惊不变、有条不紊,在任何情况下都不失礼。

3. 富有幽默感

人都喜欢与幽默的人一起相处,在西方,没有幽默感的先生,简直就是没魅力、愚蠢的代名词。幽默的作用是使人快活、欣慰,幽默能迅速拉近双方的距离,产生伙伴感;能使激烈的矛盾变得缓和,避免出现尴尬;能化解对方的对立情绪,较好地表达真诚与温情。

小故事 1-10　　　　　　林肯与幽默

美国历史上的许多重要人物,如林肯、罗斯福、威尔逊等,都有幽默的好习惯。有一次,林肯与一位朋友边走边交谈,当他们走至回廊时,一队早已等候多时、准备接受总统训话的士兵齐声欢呼起来,但那位朋友还没有意识到自己应退开,这时,一位副官走上前来提醒他退后八步,这位朋友才发现自己的失礼,立即涨红了脸,但林肯立即微笑着说:"白兰德先生,你要知道也许他们还分辨不清谁是总统呢!"就这么一句简简单单的话语,立刻打破了现场的尴尬气氛。

三、品德

礼仪是社会道德的载体,是人生道德的具体化。人类社会的发展,也包括道德理论和道德实践的进化。人们根据时代发展的要求,不断提出新的道德准则和规范,以调节和约束人们的行为。礼仪作为人生道德在社会交往中的表现形式,体现着时代的行为准则和规范。一个人礼仪修养水平的高低,是受其道德修养水平制约的。优良的道德品质本身就是一种魅力。有德才会有礼,无德必定无礼,修礼必先修德。大力加强道德修养对于提高礼仪修养水平是十分重要的。

品德是对一个人思想品质和处世能力的全面要求。品德高尚的人一定能顺应社会的发展,能明辨是非、弃恶扬善,能以礼待人、以理处事。

四、知识

注重礼仪还应当努力提高科学文化知识,在社交活动中,具有较高文化修养的人,往往会受人欢迎,而肤浅、粗俗的人很难与人建立起良好的人际关系。广泛涉猎各种文化知识,不断充实自己,既是加强自身修养的需要,也是人际交往的要求。

在人际交往中,需要与方方面面的人交朋友,进行广泛的交流,因而应当具备各方面的科学文化知识和社会知识。具有一定的文学知识,能够提高理解问题的能力、语言表达能力,有助于进行业务洽谈、总结业务活动的经验、改进经济管理;具有一定的哲学、历史、心理学知识,能够提高分析问题、认识问题的能力,善于处理经营管理中的各种矛盾、协调各方面关系、掌握公众心理,根据不同对象的特点和要求,运用不同的方法,达到他们的满意;具有一定的经济学、法律知识,能够掌握经济规律,依法办事,提高办事能力;具有一定的美学、音乐、绘画方面的知识,能够陶冶情操、净化心灵,使人情趣高雅、充满活力,工作中积极热情、潇洒自信;了解各地风俗民情,熟悉当地经济、文化、交通、娱乐等方面的情况,可以使人在社交活动中广结人缘,应付自如。

知识就是财富,有了科学文化知识,才能使自己懂礼貌、讲礼节,才能分析、思考问题周到,处理解决问题得体妥当。广泛阅读各种书籍,欣赏艺术作品,不断寻找生活中的美好事物,久而久之,人的精神面貌、内在素质就会升华,仪表风度也会悄然改变。

知识与教养结合,可以使人具有脱俗的气质和优雅的风度。古语说:"腹有诗书气自华",温家宝总理在哈佛讲坛上口若悬河、出口成章为国扬威即是明证。

五、能力

成功社交还要求人们具备各种能力。能力是顺利地完成某种活动,并直接影响活动效果的心理特征。能力是与效果相互联系的,与人交往的效果如何,关键在于人的能力。能力是知识与经验的结晶。成功的社交者应具备以下能力。

(1) 应变能力。应变能力是指应付突然情况的能力。在与人交往时常常会发生意想不到的事情,出现令人尴尬的场面。在这种情况下要做到不失礼,就需要有较强的应变能力,做到沉着冷静、应付自如、果断巧妙地处理问题。

(2) 自控能力。自控能力是指控制自己情绪的能力。注重礼仪,必须能够有效地调整和控制自己的情绪。在社交场合,若是意想不到地受到冷遇、无缘无故地被指责,必须控制自己的情绪,不失态、不失礼、豁达大度、文明礼让。

(3) 表达能力。表达能力是指用语言、文字和动作等方式,将自己的知识、观点、意见明确地传递给他人的能力。与人交往的效果如何,在很大程度上取决于人的表达能力。注重礼仪,应注意多用敬语,委婉地去表达。这样既是对他人的尊重和礼貌,也能够为自己创造一个和谐的人际关系,这正是礼仪的目的之所在。

六、心理素质

现代礼仪的施行要求具有良好的心理素质,保持积极的心态。没有健康积极的心态,就很难在接人待物时表现出主动热情,也不可能做到彬彬有礼、自尊自信。有的人虽然也读了关于提高自身素质的书籍,学习了行为举止礼仪规范,但在待人接物时却缩手缩脚、羞于见人,究其原因,往往是由于自卑胆怯、缺乏自信所致,这就需要提高自身心理素质、调整好自己的心态。

在现代人际交往中,具备良好的心理素质、建立积极的心态,是十分重要的。健康积极心态的特点是保持乐观而稳定的情绪,在工作和生活中充满热情和活力;有较强的事业心和目标意识,能够与组织行为和公众利益协调一致;能够正确地认识自己,并能公正地评价别人,豁达大度,自尊、尊人,建立和保持和谐的人际关系;积极进取,勇于追求,意志坚强,自我克制;能够坦然冷静地接受所发生的各种事情,迅速地作出应变反应。健康良好的心态,是实施礼仪的重要因素。

总之,学习礼仪,不是单纯的动作的表演、姿态的训练及语言的规范化,礼仪必须以良好的素质为基础。慧中才能秀外,一个人无论其具有多么优越的先天条件,无论经过多么精心的打扮,或受过再多严格的训练,如果不努力提高自己的内在素质,那么,礼仪也只能是一种缺乏内涵的机械模仿。所以,加强礼仪修养必须在提高内在素质上多下工夫。

第三节 本 章 小 结

礼仪修养是一个人在接人待物方面的素质和能力。礼仪修养不是先天具备的,而是后天磨炼的结果。礼仪是一个人内在素质的外化,礼仪不能只是机械地模仿,也不能只做表面文章，礼仪必须是真诚的，发自内心的。一个人待人接物彬彬有礼、豁达大度，说明他有良好的道德修养。一个人谈吐文雅、博学多才，是因为他有较高的文化修养。如果一个人胸无点墨、狭隘粗俗，那么他的礼仪也只能是矫揉造作、肤浅虚伪，无法掩盖他内心的空虚和无知。礼仪修养是自我学习、自我磨炼、自我养成的过程，学习礼仪需要长期知识的积累、情操的陶冶和实际的锻炼。

【思考与练习】

1. 什么是礼仪？学习社交礼仪有何现实意义？
2. 礼仪的基本特征是什么？
3. 如何理解礼仪的基本理念？
4. 交往艺术的重要功能是什么？
5. 处理人际关系的3A法则有何实际意义？
6. 礼仪与社会主义精神文明的关系如何？
7. 为什么迎接2008年北京奥运会迫切需要普及市民礼仪素养？
8. 试据成功社交者的素质要求写一篇论文，要求：

（1）题目为《大学生与礼仪修养》或自拟；
（2）1000字以上；
（3）结合自身实际，有自己观点。

第二章 仪 表 美

本章提要
- 塑造良好的整体形象
- 服饰美
- 仪容美
- 仪态美

引 言

仪表美是一个人的服饰、仪态、仪容等外表形象的综合表现,同时又是一个人的内在素质、精神面貌和文明程度的外在反映,体现着个人对他人、社会、工作、学习的态度。在改革开放的今天,人们已经认识到,自己的仪表形象不仅仅代表自己,还代表着背后的团体、组织、民族、甚至国家形象。在公关公务活动日益频繁的现代社会里,仪表形象已经成为社交和事业成功的"通行证"。

第一节 塑造良好的整体形象

一、自我形象的塑造

每个人在社交活动中都会给公众留下一种特定的印象,并得到一定的整体评价,这就是自我形象。自我形象的形成,不仅仅是一个人的外观和形体的表现,更是其精神面貌和性格特征等内在本质的体现。自我形象不只是一个人在仪容、服饰、举止、言谈等某方面给公众留下的印象,也是其内在与外在的各方面综合形成的整体化形象。

良好的个人形象,是一个人的无形资产。如果要有所作为、有所竞争,在芸芸众生中立于不败之地,那么其个人形象必将在整个奋斗与崛起的过程中起到重要的作用。日本著名的企业家松下幸之助在接受了理发师的批评之后,改掉自己以往不好的习惯,更加注重自己在公众面前的仪表仪态,随着他在公众心中个人形象的提升,生意也兴旺起来。

形象是可以塑造的。每个人都可以进行自我设计,扬长避短,塑造出一个最佳的自我形象。在国外,人的整体形象设计已发展成为一门卓有成效的专门学科,其研究推进到了四个层面上:

第一层面,服饰美。包括对服装、饰品的开发、设计与研究。

第二层面,仪容美。包括对美容、美发、健美、整容等方面的推广与研究。

第三层面,仪态美。包括对谈吐、举止、仪表风度等方面的研究与传播。

第四层面,综合运用。即将以上三点综合研究,具体推广运用到职业、伦理、政治等各种行为中。

良好的整体形象是一个综合指标，它不单指标准的身材、漂亮的脸蛋、华丽的服装、高超的妆术，也不单指满身珠光宝气、五颜六色，而应是诸种因素相互协调后的整体效应。也许你的身材、相貌、服装并不是一流的，但给人的印象却是极好的。良好的形象既不脱离装扮，又不迷信装扮。人们必须以自己的性格、智慧和才华为基本条件，注重提高自身的内在素质，培养良好的道德情操，保有健康积极的心态，去追求属于自己的美。

美是可以塑造的，但必须是以自身条件为基础，针对自身的特点，将自己的脸形、肤色、发型、身高以及年龄、职业、角色、季节、工作环境、出席场合等因素作为一个整体来构思，恰到好处地进行自我设计，形成和谐的整体美。

二、自我形象定位

外在形象是由内在气质决定的，每个人都有只属于自己的个性气质，内在气质与外在形象应当是和谐统一的。比如一位文静、内向的女士，她的穿着打扮应当讲究庄重、柔和，这样可以更好地表现其贤淑、文雅的个性。如果她浓妆艳抹，穿一身色彩艳丽、新潮、夸张的服装，就会让人觉得不舒服、不自然。这并不是说她化妆技术不好，也不是说服装不漂亮，而是说这样的穿着打扮不适合她。

一个人的外在形象设计是很重要的。一个陌生人第一次见到你，就会根据你的外在形象，对你的职业性质、文化修养、性格特点、层次格调做出大致的判断。如果这种判断与你的实际情况相距甚远，或者与你想要表达的意向格格不入，即意味着自我形象设计的失败。在社交活动广泛开展的今天，每个人都应当懂得通过自我形象的设计，更好地表现自己的风格特性，塑造一个令人乐于接受、富有魅力的个性形象。

外在形象除了内在气质这一决定因素外，还受家庭条件、工作环境、职业性质、价值观念等方面因素的影响。其实，尽管你不能明确地列举出自己的形象特点，但在每个人的潜意识中都有一种自我形象感觉，这实际上就已经是一种自我形象定位了，只不过它是不自觉的、无意识的。这种定位可能是正确的，也可能欠妥当，因此你不妨问一下自己："我属于一种什么类型的人？"经过一番自我审视，发现自己的风格特点。这样你就会克服随波逐流、盲目模仿的迷惘，打消保守拘谨、不敢穿着的畏惧心理，纠正那些由于错误地表达自己而造成的失败。你就会产生打扮自己的灵感，恰到好处地展现自己，从而感觉更自然、更自信、更成功。

1. 女士自我形象定位

每个人都可以根据自己的条件、自我感觉和环境要求，选择最适合自己个性的形象类型，然后根据这种形象的特点有针对性地修饰自己、完善自己。根据女士的个性特点和外在形象，其形象定位大致可以划分为以下几类。

（1）清纯型。这种外形给人以恬静、纯洁、柔和自然的印象。妆色应轻淡、发型最好选择直发，不要有生硬的棱角，服装以纯棉、麻等面料为主，款式舒适随意。如穿一条棉布的碎花连衣裙，配以平跟布鞋，会使你纯真自然、楚楚动人。

（2）活泼开朗型。这种外形给人以动感，有健康向上之美。使用粉红系列化妆品或色彩鲜艳的化妆品，可以显示青年人的活力，突出灵活、爽快、矫健、轻捷的总体感觉。发型可选用短发或马尾辫等样式，服装可选择T恤、短裤、带遮檐的帽子，配以运动鞋、短袜；或穿着小夹克、马夹、牛仔服也很适宜。

（3）潇洒型。这种外形给人以帅气、爽朗、随意、正直的印象。化妆应以健美色为基调，着力表现皮肤的光泽和眼睛的神采，肩型要刚毅有力。这种类型的人发型和服装都不宜有矫揉造作之感，而应大方、自然。发型应以短发、中等长度的直发或大波纹的卷发为宜。长风衣、西装，可以表现男士的风度，女士穿上有男装特点的服装同样会显得生气蓬勃、潇洒精干。

（4）典雅型。这种外形给人以高雅、庄重、成熟、深沉的印象。化妆时可选用表现高雅的冷色调，发型以中长发及盘髻为主。服装宜选择质地上乘、做工讲究、美观大方的款式，以表现女性的优雅气质和高品位的审美情趣。

（5）艳丽型。这种外形给人以华艳照人、婀娜多姿的印象。妆色应明亮鲜艳，发型可选择披肩的大波浪，或是高盘的发髻。服装以颜色纯度高、色彩艳丽的式样为主。正式场合可穿着表现曲线的长裙，配以闪亮的饰物。平时可穿艺术性较强的时装，配以装饰性较强的饰物。这样的装束应当表现出华贵、浪漫、多彩多姿的形象特点，切忌造成妖艳、庸俗的印象。

2. 男士自我形象定位

与女士形象的华丽和富于变化相比较，男士的形象应力求稳重、自然，给人以简单而有力度的感觉。男士刚毅、豪放、洒脱的阳刚特色，决定了男士的服装取向不能像女士一样讲求绚丽多彩，轻柔飘逸的服装、耀眼的饰物会使男士显得轻浮和浅薄。

男士着装应讲究面料的质地、做工的考究、颜色的搭配、整体的和谐。毛料西装、中山装、皮夹克、大衣、运动装、风衣、羊毛衫等，是男士的基本装束，但切忌千篇一律、固定不变。为了显示男士的生气勃勃、稳重深沉，一定要在平稳中求变化，如不断更换不同花色的领带；用眼镜、公文包、名贵钢笔等来凸显男士的成熟度；用腰带、公文包、袜子与西服的调配来表现男士的和谐美；用运动装或牛仔裤来显示男士的青春活力；用宽松的毛衫、适度的T恤来表现男士的轻松、洒脱；用猎装、夹克来表现男士的潇洒风度等等。

男士自有男士的形象风格，深刻稳重、潇洒自然，才是男士的魅力所在。

 小知识 2-1　　　　　　　　面　　料

随着纺织技术的不断发展，服装面料可谓是种类繁多，日新月异，常见的服装面料主要有以下几种。

（1）毛织品。毛织品是用各类动物毛绒织成的布料。毛织品手感柔软，挺括耐磨，不易起皱，保暖性强。纯羊毛织物中的精品首推被称为"软黄金"的羊绒，它是以产于内蒙古、新疆等干旱高寒地区的山羊绒为原料织成的，细腻柔滑，色泽柔和，华贵高雅。毛织品通常用于制作礼服、西装、毛衫等高档服装。

（2）丝织品。丝织品是以蚕丝为原料织成的布料。真丝织物光泽柔和，质地细腻，手感柔软，透气性好，但缩水率较高，容易褪色。丝织品特别适合用来制作女士高档内衣和各种服装。

（3）麻织品。麻织品是用各种麻类植物纤维织成的布料。麻织品纹路清晰，透气性好，但质感较粗，着色力较弱，色彩多为清淡自然的米色、浅黄、奶白等，形成了麻织品的特殊风格。目前麻织品在夏装市场上越来越流行。

（4）棉织品。棉织品种类繁多，在日常生活中用途十分广泛。棉纤维稀释性好，热传导系数低，柔软保暖，对皮肤无刺激，而且其耐热性、耐碱性都比较强，很适合做内衣和休闲装。但是纯棉织品缩水率较高，容易起皱，不够挺括，抗酸性较差，应当避免在日光下曝晒而变色发硬。

（5）皮革制品。是经过加工的天然动物皮毛面料，分皮革和裘皮两大类。皮革是将皮上的毛全部除去，用皮板经各种工艺加工制成，裘皮则是皮、毛兼用。皮革和裘皮服装雍容华贵、保暖性好，多用来制作冬装，但是保养、储藏比较麻烦。以前国内的皮装多为黑色，现在随着工艺的提高，已出现了浅驼、大红、暗绿、淡紫等各种颜色的皮装。

（6）化纤织物。现代工业新科技的进步，推动着服装面料的发展，化学纤维、合成材料拓宽了服装的范围，化纤织物是利用高分子化合物为原料制作而成的纺织品，有锦纶、腈纶、涤纶、丙纶等多个品种。化纤织物色彩鲜艳、不易起皱，但耐热性、透气性较差，容易产生静电。化纤织物多用来制作各类中低档次的服装。

（7）混纺织物。是将天然纤维和化学纤维混合纺织而成的面料，吸收了天然纤维和化学纤维的优点，可用来制作各类服装。

纺织品的种类很多，由于不同的物理性能、感官、风格差别较大，所以要根据服装的类型确定面料的品种和花色。纯毛、纯丝、纯麻、纯棉是同类纺织品中品质最高的，在正式场合应优先选用这四类面料的服装。混纺及化纤面料制成的服装可以在一般场合穿着。

选择服装面料时，还要根据自身的特点。身材较胖的人最好选择质地挺括而不产生静电的面料，不宜用闪光面料；身材较瘦的人选择服装的质地不能太硬挺，也不能太柔软；面部皮肤较粗糙的人，不宜选用质地过于柔软平滑的面料，否则会和粗糙的肌肤形成鲜明的对比。

上下装面料的质地保持一致是最简单的搭配方法，例如下穿蓝色纯棉牛仔裤，上配单色或带花纹的纯棉衬衫，外加蓝色牛仔马甲，就是一套非常适宜的休闲装。当然，不同质地的服饰搭配得当，也会收到非同凡响的效果。

三、仪表美及其基本要求

1. 仪表美的含义

仪表，即人的外表，包括容貌、服饰、姿态、风度等方面。仪表是一个人的精神面貌、内在素质的外在表现。服饰、仪容、仪态是仪表的重要组成部分。一个人的仪表，不单是由其先天的生理条件决定的，也不仅仅是穿戴和修饰的问题，还与他的道德品质、思想修养、文化素质、生活情调等密切相关。爱美是人的天性，追求仪表美是人们热爱生活的表现。随着社会文明程度的提高，追求仪表美越来越成为人们的一种共识。人们通常用仪表端庄、容貌俊秀、风度翩翩、举止潇洒等来赞扬仪表美。仪表美常常使人赏心悦目、令人感叹赞美，那么怎样才算仪表美呢？

仪表美是一个综合概念，它应当包括以下三个层次的含义。

（1）仪表美是指人的容貌、形体、体态等的协调优美。

即天生丽质的美，如体格健美匀称、五官端正秀丽、四肢比例协调、线条优美和谐等。这些先天的生理因素是仪表美的基本条件。

（2）仪表美是指经过修饰打扮以及后天环境的影响形成的美。

仪表美是每个人都可以追求和创造的。即使天生丽质，也需要用一定的形式去表现。无论一个人的先天条件如何，都可以通过化妆、服饰、外形设计等方式使自己展现仪表美。

（3）仪表美是一个人美好高尚的内心世界和蓬勃旺盛的生命活力的外在体现，这是仪表美的本质。

真正的仪表美是内在美与外在美的和谐统一，慧于中才能秀于外。一个人如果没有道德、情操、智慧、志向等内在美作为基础，那么，再好的先天条件、再精心的打扮，也只能是一种肤浅的装饰。缺少深刻内涵的美不可能产生魅力。因此，仪表美是内在美的自然展现。

仪表美更是健康的美，林黛玉不可谓不美，但其若生活在现代，其美则会失去韵味。

2. 仪表美的现代意义

良好的仪表可以塑造良好的整体形象，产生意想不到的社交效果。在现代社交活动中，注重仪表美已成为一个不容忽视的问题，具有重要的意义。

（1）仪表美可以塑造良好的第一印象。"你永远没有第二次机会给人留下美好的第一印象。"在社会交往中，人们首先是通过仪表开始相互认识的。在最初的交往中，仪表往往比一个人的档案、介绍信、证明、文凭等的作用更直接、更能产生直觉的效果。对方往往通过仪表来判断一个人的身份、地位、职业、学识、个性等等。外表给人的第一视觉印象常常会使人形成一种特殊的心理定势和情绪定势。修整得体的仪表能够给人留下深刻的印象，无形地左右着人们相互交往的进展与深度。

小故事 2-1　　　　　　　　尼克松竞选

美国总统尼克松于 1961 年参加总统竞选而败于肯尼迪手下，就是一个"第一印象"失利的最好例证。尼克松在当时被大多数美国人认为是仅次于总统艾森豪威尔的政治人物，他反应敏捷善于表达，富有经验，又具有坚强的意志。在竞选前夕的民意测验中，尼克松以 50%：40% 的多数票遥遥领先，但竞选结果却出人意料，原来竞选过程中尼克松和肯尼迪要面对美国七千万电视观众展开辩论，而尼克松却恰在前不久发生车祸撞伤膝盖，致使身体消瘦。这样，屏幕上尼克松，服饰显得过于宽大松垮，灯光又使他看上去眼窝下陷、疲惫憔悴、萎靡不振，而此时的肯尼迪恰好相反，他高大魁梧、健康结实，衣着合体大方，精神饱满、气宇轩昂。结果，肯尼迪以美国历史上最微弱的总统竞选差额 49.9%：49.6% 取得胜利。

不难看出，仪表是导致尼克松失败的重要原因之一。尽管尼克松其他方面都比肯尼迪略高一等，但对电视观众来说，与形象的差异相比，辩论观点的分歧已显得不那么重要，美国公民希望有个神采奕奕，具有崭新的领袖风度的总统，而他们大多只能从电视里的直观形象中作出对比和选择。

（2）仪表美是自尊自爱的象征。注重仪表的人一定是热爱生活的，也说明他富于理想、工作作风严谨。仪表端庄大方、整齐美观，既体现了一个人的精神风貌，也是自尊自爱的表现。衣冠不整、不修边幅，会被认为是作风拖沓，生活懒散，社会责任感不强，难以得到人们的信任。仪表美还体现了一种安全感，一种认真的作风，一种自信、热情、向上的精神风貌。在这一方面，我们敬爱的周恩来总理为我们树立了典范。周恩来总理从青年时代就遵循这样的格言："面必净，发必理，衣必整，纽必结，头容正，肩容平，胸容宽，背容直，气象勿傲勿怠，颜色宜和、宜静、宜庄。"更为可贵的是周总理将这一格言履行了一生！显而易见，周总理的人格力量与风度能被世人所敬仰，与其一生注重仪表修养有着很大的关系。

（3）仪表美是尊重他人的需要。注重仪表是讲究礼节礼貌的表现，是对他人的一种尊重。仪表美使人们之间在思想上感情上容易沟通，有利于增进相互了解和友谊，受人尊重是人们在社交活动中最普遍的心理需要。仪表美在一定程度上起到调整人际关系，增进友谊的作用。

第二章 仪表美

 小故事 2-2　　　　　　　鞋 底 向 人

在阿拉伯国家，将鞋底指向阿拉伯人（如有些老板常常将脚放到桌子上）或者交叉着双腿坐着，不会被认为是上司权威性和自信心的体现，而会被看做是一种极不尊重对方的行为。有一位教诗歌的英国教授曾到埃及开罗的一所大学讲课。在讲解一首诗时，这位教授得意忘形地往后仰坐在椅子上，以至露出了自己的足底，并且足底正好对着全体学生，于是满座皆惊。因为在穆斯林国家，做出这样的姿势是一种最带污辱性的动作。第二天，开罗的报纸上以横幅标题报道了学生对此提出的抗议。他们谴责了英国所谓的"礼仪"，并要求把那位教授赶回老家。

（4）仪表美是商务工作的需要。商务工作要求人们注重仪表。商务人员的仪表，不仅反映个人的精神面貌，更重要的是代表企业的形象，甚至国家的形象。商务人员每天接触来自国内外各行各业的宾朋公众，仪表美会产生积极的宣传效果，给公众留下良好的印象。商务人员的仪表仪态，反映着企业的管理水平和服务质量，其对接待服务工作的影响是不可低估的。美观整洁、端庄大方的仪容仪表，能使人产生好感，取得良好的工作效果。企业贸易洽谈人员的仪表美，有助于谈判的成功。服务人员的仪表美，有利于服务质量的提高。毋庸置疑，注重仪表美不仅能给企业带来更多的客户，创造良好的经济效益，还能使企业形象被公众认可，从而创造良好的社会效益。当然，企业的业绩提高了，也会给企业人员创造良好的个人效益。

（5）仪表美能促进素质教育的培养。仪表是一个人精神面貌、内在气质的外在表现。一个人的仪表仪容，不单是由其先天的生理条件决定的，也不仅仅是穿戴和修饰的问题，还与他的道德品质、思想修养、文化素质、生活情调等密切相关。所以，讲究仪表礼仪必定促使人们加强道德修养，不断提高自己的知识量和各种能力，使自己的内在气质不断增强。

 小故事 2-3　　　　　　　现 场 直 播

1993 年 2 月的一个周日，南方某省电视台现场直播"蓝色沸点——首届中国空中小姐竞选总决赛"节目，其中一个竞赛项目是让参赛选手每人以抽签的方式抽一个字，然后用这个字写一句话。一个选手抽到了"云"字，她在小黑板上写到："云雾缭绕佳丽现将把爱心撒人间"，这时男主持人念到："云雾缭绕，佳丽现将把爱心撒人间。"女主持人立刻纠正到："云雾缭绕佳丽现，将把爱心撒人间。"紧接着又一名选手抽到"海"字，她写到："此刻我的心情像大海一样波涛一样"（显然选手因怯场发生笔误）。男主持人又一字不落照样念了一遍。

虽然男主持人衣着整洁、相貌端庄，给人印象很好，但作为大型竞赛活动的主持人，短短几分钟内两次出错，的确也反映出该主持人在文学修养和临场应变能力方面素质的欠缺，当然其形象在观众心目中也失去了光彩。相形之下，女主持人真让人刮目相看。可见外表形象只有与内在素质和谐统一，才能产生真正的美感。

3．仪表美的基本要求

仪表美是一个人精神面貌、内在气质的外在表现，其总体要求是：容貌端正，举止大方，行为端庄，遇事稳重，态度诚恳，待人亲切，服饰整洁，打扮得体，不卑不亢，彬彬有礼。具体来说可以概括为以下几点。

（1）讲究个人卫生。讲究个人卫生即在与人交往时一定要注重仪表的整齐与洁净，应努力做到：① 勤洗澡，勤换衣。男士要经常修面，女士要适度使用化妆品，保持皮肤的细润、靓丽。② 保持口腔清洁，养成勤刷牙勤漱口的习惯，防止口臭。③ 工作前一般不要食用葱、蒜等有刺激性气味的食物。④ 在工作时间不要浓妆艳抹和佩戴华贵的饰物，不应在众人面前炫耀自己。⑤ 头发要适时梳洗，发型要大方得体，指甲要经常修剪，保持两手的清洁。

（2）追求秀外慧中。仪表美必须是内在美与外在美的和谐统一。要有美的仪表，必须从提高个人的内在素质入手，如果没有文明礼貌、文化修养、知识才能这些内在素质做基础，那么所有外在的容貌、服饰、打扮、举止，都会被人视作矫揉造作，而不会产生美感。

（3）强调整体效果。仪表美应当是整体的美，它强调的是整体形象效果。秀美的皮肤，端正的五官，令人赞叹；修长的身材，优美的线条，让人羡慕；时髦的服装，精美的饰品，更使人增加几分姿色。但仪表美绝不仅仅局限于此，仪表美是多方面因素的和谐统一。某一局部的美不等于是仪表美，而且过分突出局部，会使美变得支离破碎，破坏了整体的和谐。一味追求面面俱到的美，也会使美失去平衡。若是不顾自身的特点去模仿别人，难免会俗不可耐，有"东施效颦"之嫌。美是风格，美是和谐，美是设计，仪表美应当是一种独具匠心的和谐的整体美。

第二节　服饰美

"人靠衣裳马靠鞍"，现代社会里，人与人之间的交往越来越密切、社会分工越来越细、人与人之间的依赖性越来越强，因而现代人更加注重自己的外表，希望能赢得对方的信任和好感。就像一本装帧精美的书更能吸引读者一样，一个穿着得体的人才会赢得别人的尊重。

一、服饰与审美

"三分长相、七分打扮"，服饰反映了一个人文化素质之高低，审美情趣之雅俗。

1. 审美能力是现代文明人的重要素养

人都有爱美的天性。这里所说的"天性"，并非指人生来就懂得爱美，而是指人的一种本质社会规定性。审美，作为人的精神境界，已成为文明的重要范畴之一。人们要提高自身的文明水准，审美能力的加强不容忽视。

美感和审美意识是人类特有的一种精神享受，是人们在审美活动中对于美的主观反映、感受、欣赏和评价，是人的一种特殊的心理活动。人的审美意识不是先天的天赋能力，而是自然界长期发展和社会实践的产物，在改造社会中，人的感觉、审美的感受也随之确定。人的审美能力是指人们对美的事物或艺术的欣赏和鉴别的能力，包括审美感知、审美判断、审美理想。由于一个人的实践经验不同、修养水平不同，对同一事物的审美能力也存有差异，当然这也离不开生活条件、阶级地位、民族状况、道德、宗教、政治观点等的影响和制约。

美是通过各种形态表现出来的。美的形态是多种多样的。现在，人类已经认识和确认的美的形态有自然美、社会美、生活美、艺术美、整体美、含蓄美、形式美、真善美等等。自然美包括无机界的美、动物美、植物美和宇宙美；社会美包括劳动美、人体美；生活美包括人的体态美、服饰美、语言美、心灵美、行为美、品质美、道德美等；艺术美包括各种形式如音乐、舞蹈、绘画、雕塑、建筑、文学、书法、电影、电视等表现的美；整体美包括主和次、点和面、局部与全部等和谐统一而达到的美；含蓄美包括事物寓意性、象征性和哲理性等使人感到神韵无穷、引人深思而产生的美；形式美包括比例、对称、和谐、整齐、均衡、节奏、对比、多样统一给人产生愉悦的美；真善美是美的特殊形态，真是美的原因，善是美的内容，美是真善的形式。

2. 服饰的色彩效果

当人们身着各式服装出入各种社交场合时，最引人注目的是其服装的色彩。"先看颜色后看花"，色彩是服装中最活跃、最积极的因素。色彩能表达人们的审美情趣，流露他的心境、情感，引起丰富的联想。衣着配色和谐，能给人以优雅、高贵的感觉。色彩搭配不当，即使衣着考究，精心打扮，也难以收到理想的整体效果。可以说色彩是服饰的灵魂。

（1）三原色、三间色、补色对比。物理学家透过三棱镜发现，太阳光是由赤、橙、黄、绿、青、蓝、紫七种波长不同的色光组成。这七种颜色被称做标准色。人们还发现，红、黄、蓝三种颜色按一定的比例混合，可以产生自然界的任何颜色，而它们本身却没有任何颜色能调出来，这三种颜色被称为三原色。把三原色中的任何两种混合，红配黄是橙色，黄配蓝是绿色，红配蓝是紫色。橙、绿、紫，被称为三间色。一种原色与三原色中其他两色形成的间色之间的关系，叫做补色对比关系。如图2-1所示。

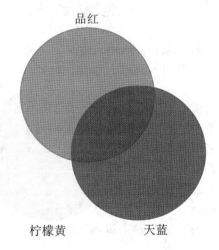

图2-1 三原色、三间色、补色对比

（2）色彩三要素。当我们被一幅艺术作品色彩的艺术性、表现性、审美情趣所吸引时，我们首先会根据各自对于色彩的感受对色彩进行欣赏。这种感受首先是由色彩的美感而建立起来的，即色彩之间各种形式的对比、统一。然而，色彩美感都是通过我们对色彩审美规律的把握以及对色彩三要素的全面理解，进而认同作者对色彩表现的主观愿望。因此，对色彩三要素的学习是对色彩构成最基本的知识的掌握。

色彩三要素，即色相、明度、纯度。①色相即色彩的相貌，是人眼接受到的不同波长的光波，体现在颜色的红、黄、蓝、绿、紫及其由各自所代表的一类倾向性的颜色。简单地说色相就是指不同色彩质的区别，以色彩的名称来区别，如红、蓝、白等。②明度即色彩的明暗程度，白色是最亮的色，黑色是最暗的色，任何一个颜色加入白色则提高明度，加入黑色则降低明度。③纯度即色彩的鲜浊程度，也就是指颜色的鲜艳度或饱和度，任何一个颜色加入白色则降低纯度,加入黑色则变为浊色。一般越鲜明的颜色纯度越高,颜色混合次数越多,纯度越低。

黑色和白色被称为没有色彩的颜色,黑色与白色混合形成的灰色,是不偏向任何色相的中性色。金色和银色被称为独立色。黑色、白色和灰色被称为万能色。

(3)色性。色性是指色彩的冷暖。红、黄、橙等色相给人的视觉刺激强,使人联想到暖烘烘的太阳、火焰,感到温暖,所以称为暖色;青、蓝、紫等色,使人联想到天空、河流、阴天,感到寒冷,所以称为冷色。

同一面积、同一背景的物体,由于色彩的不同,可以造成大小不同的视觉效果。一般说来,白、黄、橙等暖色和明度高的色彩显得大,有扩张感和前进感,蓝、紫、青等冷色和明度低的色彩显得小,有收缩感和后退感。

色彩能造成轻重感。高明度色有轻感,低明度色有重感。色彩还能造成兴奋与沉静感。凡明度高、纯度高的暖色色彩均给人以兴奋感;凡明度低、纯度低的冷色,皆给人以沉静感。色彩这一特性可直接影响人的情绪,作用于人的情感。在喜庆的日子里,人们用鲜艳的颜色激发人们热烈、兴奋的情绪。在平日,人们可以用淡雅、清新色调的着装,来体现自己沉稳、恬静的心情。

小知识 2-2　　　　　　色 彩 特 征

红色:热烈、浪漫、强烈;象征:幸福、喜悦、兴奋、快乐

黄色:最明亮、最活泼、最引人注目;象征:户外、开放、年轻、明智、好动、充满希望

蓝色:安静、寒冷、智慧

橙色:明亮、温暖;象征:冲动、华丽、欢乐、甜蜜、丰收

绿色:安宁、凉爽、舒适;象征:生命、环保

紫色:高贵、财富;象征:威严、华贵

灰色:稳重、可靠、柔弱、平凡、朴实

白色:圣洁、孤高、纯洁、高尚

黑色:庄重、洗练、肃穆、洒脱、高雅、沉稳

色彩至美、至情,当人们用心灵去感受色彩时,那充满智慧的联想与创造,把我们带入一个迷人的世界。

3. 色彩的配置原则——和谐

服饰色彩配置是很有学问的,"没有不美的色彩,只有不美的搭配",可供选择的服饰色彩实在是太多了。

服饰的色彩因人而异、因时而异、因地而异、因心而异。实现服饰色彩最佳配置的关键是和谐。和谐原则主要体现在以下几个方面。

(1)服装的色彩必须与着装者的发色、肤色相和谐。

(2)服装的色彩要与人的性格、体型、年龄、职业等相和谐。

以体型为例,一般来讲,身体较胖的人适宜穿深色调的衣服,这样会给人以苗条的感觉。身体较瘦的人适宜穿浅色调的衣服,这样会给人以丰满的感觉。大花型的面料有扩张

的效果，这会使瘦人看上去丰满些；穿上小花型的面料使人显得苗条。花色面料还可以适当修饰体型有缺陷的部分。比如女士腿型不美，可穿花裙、上着素色衣；而上身单薄者，可穿花衣素裙。

（3）服装的色彩要与人的性格、气质、精神面貌相和谐。

（4）服装色彩要与季节、环境、场合相和谐。

这种和谐不应只是表面，而应更注重"神和"。

小知识 2-3　　　　　　服装色彩与肤色的搭配

皮肤黝黑的人，宜穿暖色调的弱饱和色衣装。亦可穿着纯黑色衣装，以绿、红和紫罗兰色作为补充色。这种类型的女子可选择三种颜色作为调和色，即：白、灰和黑色。主色可以选择浅棕色。紫罗兰配上黄色、深绿色，或是红棕色、深蓝色配上黄棕色或深灰色都可以。此外，略带浅蓝、深灰二色，配上鲜红、白、灰色，也是相宜的。穿上黄棕色或黄灰色的衣着，脸色就会显得明亮一些，若穿上绿灰色的衣着，脸色就会显得红润一些。此外，诸如绿、黄橙、蓝灰色等也可以。

面色红润的黑发女子，衣着最宜采用微饱和的暖色，也可采用淡棕黄色、黑色加彩色装饰，或珍珠色，用以陪衬健美的肤色。黄色镶黑色的衣着对这类妇女最为相宜。不宜采用紫罗兰色、亮黄色、浅色调的绿色、纯白色。因为这些颜色会过分突出皮肤的红色。此外冷色调的淡色如淡灰等也不相宜。如果用蓝色或绿色，那就应采用饱和程度最大的色。

如果脸色红嫩，可采用非常淡的丁香色和黄色，不必考虑何者为主色。这种脸色的女子可穿淡咖啡色配蓝色，黄棕色配蓝紫色，红棕色配蓝绿色以及淡橙黄色、灰色和黑色等。

如果肤色较白，则不宜穿冷色调，否则会越加突出脸色的苍白。这种肤色的人最好穿蓝、黄、浅橙黄、淡玫瑰色、浅绿色一类的浅色调衣服。另外，以较重的黄色加上黑色或紫罗兰色的装饰色，或是紫罗兰色配上黄棕色的装饰色对这类女子也很合适。黄色部分最好靠近脸部，否则皮肤就会显得过于暗淡。

如果皮肤发灰，那么衣着的主色应为蓝、绿、紫罗兰色、灰绿、灰、深紫和黑色。其中蓝灰色可用深棕色作为补色。紫灰色可以用黄棕色作补色。绿灰色可用微红色作补色。紫色可以用灰黄作补色。这种肤色的女性衣着绝对不能采用白色，哪怕做装饰色也不行。

如果皮肤较黑，那么衣着主色最好采用冷色，装饰色可采用较暖的颜色。此类女子衣着以深紫、灰绿、棕红、棕黄以及黑色为佳。如果以黑色作为主色，那么装饰色宜采用紫罗兰色、黄灰色或灰绿色。作为黄灰色的补色，可采用紫罗兰色。作为蓝灰色的补色可采用浅棕色。作为绿灰色的补色，可采用樱桃色。此外，黄棕色的补色是灰紫。红棕色的补色，则是灰绿。装饰色一般可采用白色和黑色。

4. 常用的服饰配色方法

现代服装设计的主流是雅洁、自然、简练、朴实。用色应尽力避免繁杂、零乱，做到少用色、巧用色。男性服装不宜有过多的颜色变化，以不超过三色为好。女子常用多花型面料，但色彩也不要过于堆砌。色彩过多，会显得浮艳、俗气。两种以上的色彩相配时，必须有一种是主色,并以它作为基础色,再配一、两种或几种次色,使整个服饰的色彩主次分明、相得益彰。

常用的服饰配色方法有以下几种。

(1)相同色搭配。就是用同一色相(明度、纯度可同,可不同)的色彩进行配色。

① 上下或内外采用同一色相,并且明度、纯度一致:如西装、制服、套装等,这种搭配给人以统一协调、秩序井然之美。

② 上下或内外采用同一色相,但明度、纯度不一致:如深青配天蓝、墨绿配浅绿、咖啡配米黄等。从整体上看,如上穿奶黄色上衣下配棕黄色裤子或裙子,脚蹬奶黄色或本白色皮鞋,这样的搭配可以给人以端庄、稳重、高雅的感觉。一般而言,这种搭配最好上浅下深、上明下暗。

(2)呼应配色。就是服装的色彩上下呼应或内外呼应,如上穿黑底红花纹上衣,下着黑色裤(裙),配红色内衣、黑色鞋子和皮包。这样的服装色彩给人以柔和自然的感觉。一般来说,呼应主色会更好。

(3)补色对比。补色之间是相互对抗的,如红和绿、黄与紫搭配在一起,会过于醒目、刺激。补色之间搭配,要注意点缀和过渡,如在红衣绿裙之间增加一条白色的腰带,就可以使两种颜色取得协调,或是红与绿加入白色,成为减红或减绿,就不会那么刺眼了。

补色之间搭配还要注意面积与分量的取舍,可在大面积的一种色彩上,点缀一点它的补色,或使用 5/8 的比例(美学定律),这样,既鲜明又不刺眼,能形成强烈的对比美。

(4)点缀配色。即大面积地使用一种色彩,另外选一种色调的小面积点缀。主要指不同色性色彩间的搭配。如穿一身浅驼色的衣服,露出红色的衬衣领,这一点点红色便使整个服装的色彩活了起来,起到画龙点睛的作用。

(5)相似色搭配。色彩学把色环上大约 90 度以内的邻近色称之为相似色。比如奶黄与橙、绿与蓝、绿与青紫、红与橙黄等。相似色搭配时,两个色的明度、纯度最好错开,深一点的蓝色和浅一点的绿色配在一起比较合适。若鲜绿色裙子配鲜黄色上衣,就显刺眼,若一件深绿色裙子配淡黄色上衣就好看多了。

二、着装原则

莎士比亚认为,一个人的穿着打扮就是他自身教养的最形象说明。不是你会不会穿、爱不爱穿,而是特定的场合、特定的身份、特定的要求,规定你必须这么穿。"无规矩,不成方圆",着装也一样。着装原则主要表现在以下几个方面。

1. 着装整洁

你可能只准备了两三套供接待或旅行之用的服装,而且它们难入高档华贵之列,但只要保持清洁、整齐,穿起来就能给人以衣冠楚楚、庄重大方的感觉。

整洁是着装的第一原则、首要要素,古语说得好:"衣贵洁,不贵华,上循份,下称家"。整洁突破了地位、家境等的制约和界限,只有整洁才能恰到好处地表达自尊和对他人的尊重。

2. 符合身份

服装不是一种没有生命的遮羞布。它不仅是布料、花色和缝线的组合,更是一种社会工具。要恰当地表达自己，还要注意在不同的时空阶段穿着符合自己角色特点的服装。

 小故事 2-4　　　　　　女财税专家与童装

有位女职员是财税专家，她有很好的学历背景，常能为客户提供很好的建议，在公司里的表现一直很出色。但当她到客户的公司提供服务时，对方主管却不太注重她的建议，她所能发挥才能的机会也就不大了。一位时装大师发现这位财税专家在着装方面有明显的缺憾，她26岁，身高147厘米、体重43公斤，看起来机敏可爱，喜爱着童装，像个小女孩，其外表与她所从事的工作相距甚远，所以客户对于她所提出的建议缺少安全感、依赖感，所以她难以实现她的创意。这位时装大师建议她用服装来强调出学者专家的气势，用深色的套装，对比色的上衣、丝巾、镶边帽子来搭配，甚至戴上重黑边的眼镜。女财税专家照办了，结果，客户的态度有了较大的转变。很快，她成为公司的董事之一。

3. 突出个性

服装往往能传达出一个人的性格、爱好、心理状态等多方面的信息。突出个性，即服装必须与人的身材、气质、爱好等相匹配。

各式服装有自己的风格和内涵，理解服装应如同理解自身一样。只有个性化的着装，才能与自己的个性和谐一致，才能烘托个性、展示个性，保持自我。只有当服饰与个性协调时，才能更好地发挥其效应，塑造出自己的最佳形象和礼仪风貌。

 小故事 2-5　　　　　　　香 港 选 美

在香港选美大赛中上海姑娘利智，个性化的服饰打扮使她得了高分。为了强化人们对她的魅力印象，她做了自我设计：一是发型，当时香港的女郎喜好短发，利智留着过腰的长发，有一种飘逸感；二是服装，她不趋当时的流行款式，为自己做的首饰格外夸张，非常引人注目。这些设计果然帮助她赢得了桂冠，荣获"亚洲小姐"美誉。

所谓修饰的个性化，未必是指奇装异饰，而更在于它的脱俗、不随波逐流。当靡丽浮华成为时髦时，反其道而行之往往可能更显得独特。莫洛亚说过"拒绝这种一致性，倒也是一种标新立异，最朴素的往往最华丽，最简单的往往最时髦，素装淡抹常常胜过浓妆艳抹。"

质朴才是优雅的灵魂，这不是自我约束，而是对什么是真正吸引力的深刻理解。高明的修饰打扮是美化人、衬托人、显示人的，而不是反过来使人成为服饰、化妆品的附庸，甚至淹没在浓妆艳服中。

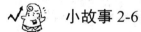 **安娜·卡列尼娜和她的服饰**

列夫·托尔斯泰曾对安娜·卡列尼娜和她的服饰之间的关系，做过如下的描绘："吉提每天看见安娜，他爱慕她，而且常想象她穿淡紫色的模样，但是现在看见她穿着黑色衣裳，他才感觉到他从前没有看出她的全部魅力。他现在用一种全新的、使他感到意外的眼光看她。现在他才了解，安娜可以不穿淡紫色。她的魅力就在于她的人总是盖过服

装,她的衣服在她身上绝不会惹人注目。她那镶着华丽的花边的黑色衣服在她身上就并不醒目,这不过是一个框架罢了,为人注目的是她本人——单纯、自然、优美,同时又快活而有生机。"

4. 整体和谐——TPO原则

整体和谐,一是指着装者自身,自上至下、自内到外的服装风格与款式要配套;二是指着装要与时间、场合、目的相和谐。

 小知识2-4　　　　　　　　款　　式

款式就是指服装的外形结构,是构成服装的基本形态,一般来讲,服装的外形款式可以分为四种基本类型:一是H型,服装的肩、腰、臀围及下摆宽度基本相同,显得庄重朴素,如直身衬衣、筒裙等;二是A型,上窄下宽,活泼潇洒,如大摆风衣、喇叭裤等;三是T型,上宽下窄,洒脱利落,如夹克衫;四是X型,收腰,突出身体曲线,如旗袍、收腰西服等。

服装的款式造型还包括服装的领型、门襟、袖型及口袋等细节的变化,直接关系到服装的整体效果。总的来看,现代服装的款式结构趋于简洁、明朗,注重细节的巧妙精致,因此购置时要尽量避免结构繁琐、装饰复杂的服装。

选择服装款式,最重要的是要使之合乎身份,维护形象,而且它应随着人的体型而变化,很多人的体型不标准,这就需要利用服装款式来加以掩盖。身材较瘦的人可以选用大小适宜的垫肩、灯笼袖、荷叶边等来增加身体的宽度;身材较胖的人不要选择暴露腰腹部的服装款式,更不要用纤细或艳丽的腰带或裙带;身材较高的人最好选择上衣较长款式的套装,能够降低高度。

着装要与时间、场合、目的相和谐,即著名的着装TPO原则,在这里我们将重点介绍。

TPO是Time（时间）、Place（地点、场合）、Objective（目的）三个英文单词的缩写。这个原则的基本含义是要求人们在服装穿着、饰品佩戴和配件使用等方面,不但要与自己的个性、风格、生理条件相适宜,而且还必须适应具体的时间、地点和目的的要求。1963年,日本男装协会（MFU）提出TPO的初衷只是为了借助于运动会期间的国际礼装来推进男装的"时装化"。但TPO原则一经提出,便迅速传遍了全世界。目前,TPO原则已成为服饰交际的原则之一。

（1）Time（时间）。TPO原则中的"T"代表时间,即穿衣戴帽要考虑早晚、四季、时代性等因素,注重随时间而变化。

着装要随一天时间的变化而变换。如出席白天活动时,女士一般可着职业正装,而出席晚5点到7点的鸡尾酒会就须多加一些修饰,如换一双高跟鞋,戴上有光泽的佩饰,围一条漂亮的丝巾。出席晚7点以后的正式晚宴等,则应穿中国的传统旗袍或西方的晚礼服——长裙。

着装也要分四季,切不可只要风度,不要温度,只顾美丽"冻人"而无视自身实际。

着装要有时代性,是说着装应顺应时代发展的主流和节奏,既不可超前,亦不可滞后。

（2）Place（地点、场合）。"P"代表地点、场合,即着装要随地点、场合不同而不同。场合可分为休闲场合、公务场合和社交场合三种类型。场合原则是人们约定俗成的惯例，具有深厚的社会基础和人文意义。一定服饰所蕴涵的信息内容必须与特定场合的气氛相吻合。否则，往往会引起人们的疑惑、猜忌，厌恶和反感，导致交往空间距离与心理距离的拉大和疏远。

 小故事 2-7　　　　　　里根出访欧洲四国

1983 年 6 月，美国前总统里根出访欧洲四国时，由于他在庄重严肃的正式外交场合没有穿黑色礼服，而穿了一套花格西装，引起了西方舆论的一片哗然。有的新闻媒介评论里根自恃大国首脑，狂妄傲慢，没有给予欧洲伙伴应有的尊重和重视。解释是无济于事的，无疑，这件花格西装严重影响了里根的出访。

一项研究表明，客户更青睐那些穿着得体的职业人员。而另一项研究表明，身着商务制服、佩戴领带的营销人员所创造的业绩要比身着便装、不拘小节的业务人员高约 60 倍。

① 休闲场合——舒适自然。休闲场合也叫非正式场合，其着装要求是舒适自然。可分为居家休息、健身运动、观光游览、逛街购物四种类型，其着装统称为便装。休闲时的穿着要求最低，只要舒适得体即可，无所拘束。

② 公务场合——庄重保守。公务场合的着装要求是庄重保守。即在公务场合要着装"正统"，适合穿制服、套装、套裙、连衣裙等。饰品佩戴也要"以少为佳"，少至不戴，最多不要超过三件。

职场着装提倡的是爱岗敬业精神，一切以突出企业形象为出发点，因而，着装风格多偏于保守，应尽力避免以下装束。

过分杂乱：即不按常规着装，如有制服不穿制服、穿制服不像制服等。

过分鲜艳：即穿着色彩过分鲜艳的服装，与追求雅静的工作场合不配，从而引起不适。

过分暴露：即不宜着超低空服装、无袖装，如背心、吊带裙、露脐装、露背装等。

过分透视：即由于外衣太透，从而"显山显水"导致不雅；或由于内衣与外衣不协调，而使内衣外露。

过分短小：即在工作场合着超短裤、超短裙等。

过分紧身：即过分突出线条，以个性美掩盖集体美。

 小故事 2-8　　　　　　裙裤的麻烦

郑小姐在一家国内的公司里工作。有一天，上级派她代表公司前往南方某城市，去参加一个大型的外贸商品洽谈会。为了给外商留下良好印象，郑小姐在洽谈会上专门穿上了一件粉色的上衣和一条蓝色的裙裤。然而，正是她新置的这身服装，使不少外商对她敬而远之，甚至连跟她正面接触一下都很不情愿。

原来，国外商界人士一向崇尚传统、讲究男女着装有别。认为在正式场合以裙装为正装，而视着裤装为不务正业。

③ 社交场合——时尚个性。社交场合的着装要求是讲究时尚、展现个性。通常，人们把公务、社交的场合，称做正式场合，并把在正式场合的着装称为正装，即正式、规范的装束。正装以着礼服为特色。

小知识 2-5　　　　　　　　礼　　服

一、男士礼服

1. 中式男礼服

中式男礼服主要包括中山装和唐装。

（1）中山装，是我国男士的传统礼服，是孙中山与著名裁缝黄隆生共同研究设计的。这种服装既有西方服装潇洒合身的特点，又符合中华民族朴实大方的生活习惯。中山装一般为上下身同色同质的深色毛料精制而成，前门襟有五粒扣子，领口为带风纪扣的封闭式，上下左右共有四个贴袋，袋盖外翻并有盖扣。穿着时，应将前门襟、风纪扣、袋盖扣全部扣好；口袋内不宜放置杂物；配黑色皮鞋。着中山装会显得庄重、神气、稳健、大方，富有男子汉气派，可以出席各种外交、社交场合。

（2）唐装。

在 2001 年的上海 APEC 会议上，中国作为东道主请前来参会的亚洲及太平洋经济体的领导人穿"唐装"，并由之而掀起祥和喜庆的"唐装"新潮，这不仅是清代以来的传统与现代的融合，而且是流行规律的必然，更是中国在国际大家庭中地位与风度的体现。

现在人们所称的"唐装"，基本上是清末的中式着装，据 APEC 会议各国元首所穿"唐装"的主要设计者余莺女士说，"唐装"应当是中式服装的通称。当初他们设计好服装后，大家一起讨论给这套服装起名，最后决定把这种服装命名为"唐装"。这主要是因为国外都称华人居住的地方为"唐人街"，那"唐人"穿的衣服自然就应该叫"唐装"了。这种"唐装"是由清代的马褂演变而来的，其款式结构有四大特点：一是立领，上衣前中心开口，立式领型；二是连袖，即袖子和衣服整体没有接缝，以平面裁剪为主；三是对襟，也可以是斜襟；四是直角扣，即盘扣，扣子由纽结和纽袢两部分组成。另外从面料来说，则主要使用织锦缎面料。不过，现在所说的"唐装"大都进行了改良，堪称是源自清代的传统和现代的结合品。它既吸取了清代以来传统服装富有文化韵味的款式和面料，同时又吸取了西式服装立体剪裁的优势，使源自清代的马褂又重新登上了时尚舞台。

男士着唐装出席社交场合不仅是展示儒雅美的需要，也是中国人扬眉吐气引领时尚的标志。

2. 西式男礼服

西式男礼服分三类。

（1）晨礼服。通常上装为灰色或黑色，剑领，后摆为圆弧形，衣长与膝齐，胸前仅有一粒扣，配白色衬衫，系灰色、驼色领带；下装为深灰色黑条裤，一般用背带，穿黑袜子、黑皮鞋；可戴黑礼帽。晨礼服是白天穿着的正式服装，适合参加各种典礼、婚礼及星期日礼拜。

（2）小礼服。小礼服又称无尾礼服，也称便礼服。由于无尾礼服的领带是黑色的领结，因此有"黑领结"之说。这是晚间集会最常用的礼服，其上衣与普通西服相同，通常为黑色或深蓝色的短上衣（在东南亚及其他热带国家和夏日避暑地，也有身着白色上衣的），衣领为圆领或剑领，并镶缎面，与白衬衫、黑领结、黑皮鞋、黑袜子搭配，一般不戴帽子和手套。裤子颜色与上装相同，多为黑色，并饰有缎带，裤脚不卷起，使用背带。小礼服是晚六点以后穿用的服装，适用于较正式的晚宴、晚会、音乐会、歌舞剧院等场合。

（3）大礼服。也称燕尾服，是西式晚礼服的一种。由深色高级衣料制成，前身较短，后身较长而下端张开像燕子尾巴，翻领上镶缎面，裤腿外侧有丝带，通常系白色领结，配黑色皮鞋、黑丝袜，戴白手套。燕尾服是晚间最为正式的礼服，用于隆重庄严的场合，适用于参加婚礼晚宴、授勋仪式、授奖仪式、舞会、招待会、歌舞剧、递交国书等活动。诺贝尔奖授奖仪式都要着燕尾服，正规的交响乐团演出也着燕尾服。

二、女士礼服

总的说来，女士礼服要根据男士的着装来决定。

1. 中式女礼服

最正式的中式女礼服为旗袍。旗袍是我国独有的、富有浓郁民族风格的传统女装。旗袍流畅的曲线造型十分贴切自然地勾勒出东方女性躯体的婉柔美，体现出含蓄凝重的东方神韵。旗袍有各种不同的款式和花色，作为礼服的旗袍最好是单一的颜色，一般常在绸缎面料上刺绣或饰物。紧扣的高领、贴身、衣长过膝、两旁开衩、斜式开襟，这些都是旗袍的特点。在礼仪场合穿着的旗袍，其开衩不宜太高，以到膝关节上方1—2寸为最佳，旗袍的长度最好是长至脚面。着旗袍应配穿高跟鞋或半高跟鞋，或配穿高级面料、制作考究的布鞋或绣花鞋。

此外，时装、民族服装、唐装和套装已越来越被现代女性社交场合所青睐，因其款式新颖、穿戴便捷，所以大有取代传统旗袍之势。

2. 西式女礼服

（1）常礼服。也称晨礼服，主要在白天穿着，通常由质料、颜色相同的上衣和裙子搭配而成，也可以是单件连衣裙。一般以长袖为多，避免领口开得过大或臂膀过于裸露，可戴手套和帽子。常礼服适用于游园会、会见、引见、拜谒、结婚典礼、正式访问、午宴及欢迎外宾所举行的仪式等场合。

（2）小礼服。也称小晚礼服，为长至脚面而不拖地的露背式单色连衣裙，其衣袖有长有短，着装者可根据衣袖的长短选配长短适当的手套，通常不戴帽子或面纱。小礼服适合于参加晚上六点钟以后举行的宴会、音乐会、观看歌舞剧等。

（3）大礼服。也称大晚礼服，为袒胸露背的、单色拖地或不拖地、无袖的连衣裙，并配戴相同颜色的帽子和长纱手套以及各种饰物。近来，其款式、用料及颜色等正在向着自由化发展。大礼服是一种最正式的礼服，主要适用于举行在晚间的最正式的各种活动，如官方举行的正式宴会、酒会、观看首场演出、大型正式的交际舞会等。

随着社会经济的发展，人们的生活节奏越来越快，服装开始向着简单化、多样化的潮流发展。近年来，各国穿晨礼服、大礼服的情况越来越少，大有穿普通西服可以参加所有活动的趋势。一些稍正式的活动，男性只要穿颜色偏深的西服便无可非议。现今，女性的服装已趋向自由化，各种各样的装束已被社交场合认可，只需与同行的男性所穿的服装协调即可。

（3）Objective（目的）。"O"代表目的，即根据不同的目的进行着装。如穿着西式套裙去上班，是为了显示自己的成熟稳重；穿着旗袍去赴宴，是为了展示自己所独有的女性风采；穿上牛仔装与朋友一道去登山踏青，则是为了轻松与随便。

小故事 2-9　　　　冯　玉　祥

1934年春，冯玉祥将军到烟台去小住。当时驻在烟台的美海军舰队司令邀请他参观军舰，美军把军舰洗刷一新，水兵都着新装，在甲板上排成整齐的行列，举行隆重的欢迎仪式。在轰鸣的礼炮声中登上军舰的冯玉祥将军，却令那些中外记者们惊得目瞪口呆！原来他穿着一身中国老农民的装束。冯将军不是没有高级的服装，显然他是有用意的。他这样着装旨在体现他与崇洋媚外的权贵们的鲜明对比，表现了他对外国军队的轻蔑和追求平民化的心态。

三、西装的穿着

西服最早出现于欧洲（已有150多年的历史），原本是欧美国家的一种传统服装样式，清朝末年，随着洋务运动的兴起传入我国，如今已是一种国际性服装。西服造型优美，做工讲究，男装穿起来潇洒有风度，女装穿上线条优雅柔和，再加上实用性强，四季皆宜，成为职业人士的必备行头。

穿西装讲究面料的质地、做工的考究、颜色的搭配、整体的和谐。西方人士常说"西服七分在做，三分在穿"，穿着西服有一整套严格的礼节。

1. 西装的分类

（1）按套件分，西装有两件套、三件套和单件之分。正式场合应该穿西装套装，内穿单色衬衫，最好是白色衬衫，衬衫下摆必须塞进裤内。衬衫的领子必须挺括，一定要洁净，扣子要系好，领口的扣子不结领带时可以不扣，袖口则无论何时都要扣好，切不可把西装及衬衫的袖子卷起来。

三件套西装上衣坎肩必须贴身，在室内可将西装上衣脱掉。

单件西装多以较粗面料制成，属休闲装，穿着可以随便些，不一定配领带。

天冷时，西装里面可以套一件鸡心领的羊毛衫，但不要过于臃肿，以免破坏西装的线条美。穿羊毛衫结领带时，要将领带塞于羊毛衫内。

（2）按钮扣排列分，可分为单排扣西装和双排扣西装。双排扣西装即西装上衣纽扣系好后呈现自上而下双行排列；单排扣西装即西装上衣纽扣系好后呈现自上而下单行排列。时下单排扣西装最为流行。

2. 三色原则

三色原则，即穿着西装时全身颜色（同色相为一种色）不得超过三种。根据经验，色彩若超过三种，往往给人以混乱、土气的感觉。

3. 三一定律

三一定律，即穿西装时与之配套的鞋子、公文包、腰带最好一色。根据经验，人们最爱选用的是黑色，因其能与任何深色西装相配。

4. 西装穿着合体的标准

"一方水土一方人"，体型、身材不同，其适宜的西装款式就不同。但无论何种款式，穿着是否合体是共同的审美标准。一般而言，西装穿着合体的标准按重要程度依次如下。

（1）领子应紧贴衬衫并低于衬衫1.5厘米左右。

（2）衣长以垂下手时与虎口平为宜。

（3）袖长以达到手腕为宜，衬衫的袖长应比西装衣袖长出1.5厘米左右。

（4）胸围以穿一件厚羊毛衫松紧适宜为度。

5. 西装十戒

西装要平整洁净，裤子要突出裤线，穿西装的规矩可真是不少，弄不好就会落得个"开国际玩笑"的下场。为避免在社交场合露怯，不再增加贻笑大方的茶余谈资，穿西装时一定要将"西装十戒"牢记于心：

（1）戒左边袖口的商标不除。名牌西服上衣的左袖上，大都有一个商标，有的还有一个纯羊毛标志。它和酒瓶瓶口的封纸一样，一旦启封便不能再复位，在穿西装上衣之前就应拆除，否则会有卖弄之嫌。

（2）戒鞋袜不配。"西装革履"，穿西服就得配皮鞋，而绝不能穿旅游鞋、布鞋或凉鞋。严格地讲，穿西服套装时，只允许穿黑色的系带皮鞋。另外，还要同时穿色彩与西服或鞋子相似的西服袜。着深色西装切不可穿白色袜子，外国把这称为"驴蹄子"，有村夫莽汉之讥；也不可穿尼龙袜，否则其散发的"异"味奇"香"会败坏整个聚会。

（3）戒衣扣系得不得法。若穿双排扣西装，不论何种场合，均应将纽扣全部扣上，只有在坐下时才要求自然解开，但起来后一定要随时系上；若穿单排扣西装，一般在正式场合刚见面时，西装均应扣上，随着活动的展开，为使气氛随便潇洒，可逐渐解开。

（4）戒口袋内乱放东西。精制西装的口袋共计有14个（三件套），各有其用途。使用口袋必须注意不能装得鼓鼓囊囊的。左胸的上口袋专供插装饰性手帕用；上衣左右所设内袋，用以存放重要的凭据证件；马甲的4个口袋，放名贵的小件物品；西裤的两个后袋，右侧的专供放手帕用，有纽扣的左后袋，可放微型记事簿之类。有的西装在右腰间设一小袋，用以放车钥匙打火机之类物品。

（5）戒不见衬衣领口、袖口。穿休闲式西服时，可内穿T恤衫或高领衫。而穿西服套装时，一定要穿长袖衬衫，而且它的袖口应在西服上衣袖口之外露出1.5厘米左右。

（6）戒衬衣内着高领衫。要将西服穿得有型、有韵，就不要内穿羊毛衫。万一非穿不可，也只能穿一件薄型"V"领的素色羊毛衫。这样既可以打领带，又不过于花哨。不要穿图案、色彩繁杂的羊毛衫。千万不要穿多件羊毛衫，一眼望去，几件羊毛衫的领子层次分明，像"梯田"似的。

（7）戒领带长短不适。领带的长度、宽度要适中。一般领带长度为130厘米～150厘米，往往好的领带也比较长。

每个人所需领带的长度是由自己的身高决定的。系好后的领带，以大箭头垂到腰带处为宜，上面宽的一片略长于下面窄的一片。穿马甲时，领带尖不要露出马甲下的边缘。领带的宽度应该与西装翻领的宽度相适应，过细的领带会显得不大方。

（8）戒乱用领带夹。穿西服并不一定非用领带夹。但是，使用领带夹应将它别在自上而下数的衬衫的第四、第五粒扣子之间，使上下比率在8/5最好。

（9）戒无领带时系衬衣领扣。非正式场合穿西装可以不结领带，但衬衫领口的扣子必须解开。不打领带时，女士可把衬衫领子翻到西服上衣的领子之外。

（10）戒领带打法出问题。领带是西装必不可少的组成部分，对西装的美观起着重要的作用，有"领带是服饰的灵魂"之誉。在正式场合穿西装要结好领带，领带必须打在有硬领座的衬衫上。衬衫的领口切勿过大，否则会影响领带的美观。日常只穿衬衫或穿短袖衬衫时也可以打领带，但衬衫的下摆应塞在裤子里面，并放好摆平。穿猎装、夹克衫也可以打领带，但只适于非正式场合。选择领带还要注意领带的花色与服装、衬衫的搭配。领带的花色很多，单色的领带可以搭配多种色彩、款式的西装、衬衫，应尽量避免花领带与花衬衣搭配在一起。另外，领带的图案最好用几何图形，切忌使用动物图案。

 小知识 2-6　　　　　　　领带的系法

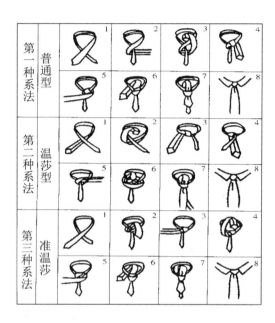

图 2-2　领带的系法示意图

四、女士着装

女士着装比男士服装更加丰富多彩、新颖别致。她们不仅要借服饰来显示自己美好的体态，还要以此来表现自己的修养和风格。

1. 女士着装成规

女装有三种基本类型：套裙、夹克衫（或不成套的上衣）、连衣裙。

（1）套裙。

裙式服装最能体现女性的魅力，恰到好处的裙子能充分展示出女性柔美与飘逸的风采。套裙以其严整的形式、多变却不杂乱的颜色、新颖却不怪异的款式，成为职业女性的最爱。

① 套裙的款式。套裙有两件套和三件套之分。套裙的上装以西服式样居多，也有圆领、V 字领式样。上衣的长度既可短至腰际，也可长至臀下。下装是长短不同的各式裙子。套装的整体变化不大，但套装上衣的袋盖、衣领、袖口、衣襟、衣摆、下装的开衩、收边等等，都在细微之处见风格。

② 套裙的着装规范。女性着套裙既不能像时装一样赶新潮，也不能着装粗俗乏味，体现不出女性温柔、妩媚、优雅、轻盈的特质。因此，要特别注意套裙的色彩搭配，只有搭配好了，才能穿出不俗的效果。

深蓝色套裙一般是学校、公司制服中使用得最广泛的。黑头发、黑眼睛的东方人，也很适合黑色服装，黑色除了可以隐藏缺点外，还可使体型看起来纤细一点，使皮肤显得白一点。如能选择开朗、轻柔的粉红、粉蓝、火黄、草绿系列，则更能显示女性阴柔之美。

一般在正式或非正式场合，为表明严谨和认真，套裙多整套穿；在休闲场合，则较为随便，套裙可与其他服装搭配穿。

西服套裙是女性的标准职业着装，可塑造出强有力的形象。单排扣上衣可以不系扣，双排扣则应系扣（包括内侧的纽扣）。穿单色的套裙能使身材显得瘦高一些。

职业套裙的最佳颜色是黑色、藏青色、灰褐色、灰色和暗红色。精致的方格、印花和条纹也可以接受。买红色、黄色或淡紫色的两件套裙要小心，因为它们的颜色过于抢眼。要注意利用裙装的修饰美化作用"扬长避短"，如可利用裙装的上短下长掩盖腿部粗短的缺陷等。

 小知识 2-7　　　　　　　　套 裙 款 式

"H"型套裙的主要特点是：上衣较为宽松，裙子多为筒式。这样一来，上衣与下裙便给人以直上直下、浑然一体之感。它既可以让着装者显得优雅、含蓄和帅气，也可以为身材肥胖者遮掩缺陷。

"X"型套裙的主要特点是：上衣多为宽肩紧腰式，裙子则大都是喇叭式。实际上，它是以上宽与下松来有意识地突出着装者腰部的纤细。此种造型的套裙轮廓清晰而生动，可以令着装者看上去婀娜多姿、楚楚动人。

"A"型套裙的主要特点是：上衣为紧身式，裙子则为宽松式。此种上紧下松的造型，既能体现着装者上半身的身材优势，又能适当地遮掩其下半身的身材劣势。不仅如此，它还在总体造型上显得松紧有致、富于变化和动感。

"Y"型套裙的主要特点是：上衣为松身式，裙子多为紧身式，并且以筒式为主。它的基本造型，实际上就是上松下紧。一般来说，它意在遮掩着装者上半身的短处，同时表现出下半身的长处。此种造型的套裙往往会令着装者看上去亭亭玉立、端庄大方。

（2）夹克衫（或不成套的上衣）。

① 夹克衫。夹克可以与裙子搭配，用于不太正式的场合。选择运动式夹克时，宜选用与套裙相同的颜色，如黑色、藏青色、灰褐色、灰色和暗红色等。买方格、花呢、印花和其他图案的服装时应注意它们是否能与多种衣服搭配。

② 衬衫。衬衫的颜色可以是多种多样的，只要与套装相匹配就可以了。白色、黄白色和米色与大多套装都能搭配。

（3）连衣裙。

连衣裙可以单独穿，也可和上衣搭配在一起穿，不如西装套裙显得有力度。大衣式裙子的纽扣是一排到底的，比衬衫配裙子那种只到腰部的纽扣样式看起来更有力度，更显得职业化。颜色可以选择灰色、藏青色、暗红色、米色、驼色、黄褐色、红色和玫瑰红等。也可选用简洁的印花图案。

2. 体型与着装

人的体型差异很大，理想的体型，要求躯干挺直，身体各部分的骨架都要匀称。但若能了解自己的体型缺陷，便可扬长避短。

（1）体型较好的人，对服装款式的选择范围较大，着装时应该更多考虑的是服装与肤色、气质、身份、场合等的协调。

（2）体型较胖的人最好着上下一色的深色套装。裤子的长度略长一些，裤腿略瘦。这类女士忌穿连衣裙，忌用单调的横条纹。而体型较瘦的人，则应尽量减少露在外面的部分，应在胸前做些点缀。

（3）肩窄臀宽的人，应该注意使用垫肩，使肩部看上去宽些，也可以在肩部打褶以增加宽度，可以选择束腰的服装以衬托肩部的宽大。这类女士不宜穿插肩上衣、宽大的外套和夹克衫，不宜穿无袖上装、长而紧袖的上装，不宜穿腰间打褶的裙子，不宜把衬衫扎进裙子或裤腰中。腰粗的人应选肩部较宽的衣服，以产生肩宽腰细的效果。

（4）腿较短的人最好着裙装，也可选择上衣较短、裤稍长的服装。

（5）腿较粗的人，宜穿上下同宽的深色直筒裤，过膝的直筒裙；不宜穿太紧的裤或太短的裙。

 小知识 2-8　　　　　面料、花色对着装的影响

服装的面料及质地不同，花型不同，会造成形象上的不同感觉。像粗呢、厚毛料、宽条绒等，这些布料如使用不当，会使胖人看上去更胖，增加笨重感觉。发亮的料子，比如绸缎和一些化纤面料，使人看上去丰满，胖人穿上也会显得更胖。大花型的面料有扩张的效果，它使瘦人看上去丰满一些。小花型的面料能使丰满的人看上去苗条些。花色面料还可以适当修饰体型有缺陷的部分。比如女士胸部不够丰满，可穿花色上衣弥补。

五、饰品佩戴

在社交活动中，人们除了要注意服装的选择外，还要根据不同场合的要求佩戴戒指、耳环、项链、胸针等饰品。饰品不仅能够提高人们的审美、欣赏能力，而且能反映人们的文化素养，有助于突出个性。

1. 饰品分类

根据饰品的作用不同大致可以划分为两大类：装饰类和实用类。耳环、手链、戒指、项链、胸花等属于装饰类。鞋子、袜子、帽子、腰带、皮包等属于实用类。饰品与服装搭配得当，可使人锦上添花，搭配不当，则会画蛇添足。

2. 饰品佩戴的主要原则

饰品的体积虽小，效果却显著。饰品的主要功能是点缀和美化整体形象。因此，选用饰品的主要原则是有利于表现整体形象。如果集美丽、昂贵的饰物于一身，珠光宝气、刻意堆砌，皮包、腰带、帽子满身披挂，让人见物不见人，就掩盖了独具特色的自然美，破坏了整体形象。

（1）佩戴首饰要注意场合。如参加晚会或外出做客时可佩戴大型胸针、带宝石坠的项链、带坠的耳环等，平日里可戴小型的胸针、串珠、耳环等，从事劳动、体育活动及出席会议，应尽量不戴首饰。

（2）佩戴首饰要与服装以及本人的外表相协调。一般穿着考究的服装时，才能佩戴昂贵的首饰；服装轻柔飘逸，首饰也应玲珑精致；穿着运动装、工作服时不宜佩戴首饰。胖脸形的女士不宜带大耳环，戴眼镜的女士不宜戴耳环，圆脸形的女士若佩戴带坠项链，可使脸形看上去修长一些。

（3）佩戴首饰要注意其寓意。镶嵌宝石的饰品，因宝石成色不同，其寓意也各异。1952年美国宝石学会对生日宝石的象征意义做出了统一规定，被许多国家采用。表 2-1 列出了常用的一些生辰石的名称、颜色及其寓意。

表 2-1 生辰石的寓意

月 份	宝石名称	颜 色	寓 意
1	石榴石	绿、酒色、红、橘红	永久
2	紫水晶	紫、红、黄、茶色	快乐
3	橄榄石	黄中带绿	自由
4	金刚钻	透明晶莹	威严坚定
5	绿宝石	绿、青	希望
6	珍珠	白、淡红	纯洁
7	红宝石	红	爱情
8	珊瑚石	象牙色	理想
9	蓝白石	蓝、蓝绿	成功
10	蛋白石	游离色	前程远大
11	黄玉石	黄、黄中泛红	友谊
12	松石	蓝、黑、绿	幸福

3. 常用饰品的选佩

（1）项链。项链是平安、富贵的象征，要根据身材和个性特点，选择适当的款式和色彩。

项链中最流行的为金银项链、象牙项链和珍珠项链。金项链有松齿链、串绳链、马鞭链、花色链、方线链等，其中方线链是最常见的款式，由金或银精制而成。这种项链的直径较细，脖子细长的人佩戴，可达到纤细柔美的装饰效果。年龄较大的女性则可选马鞭链，以突出稳重、端庄的气质。双套链和三套链雅致美观、立体感强，少女佩戴更添风采。珠宝钻石项链高雅华丽，适合于中年女性佩戴。

选择项链还要根据不同脸形进行不同搭配。尖脸形的女性可选用细的项链，项链不宜过长，否则会显得脸形更长。方脸形或圆脸形的人，体态大多比较丰满，可选较长些的项链。

佩戴项链应和服装相呼应。例如：身着柔软、飘逸的丝绸衣衫裙时，宜佩戴精致、细巧的项链，显得妩媚动人；穿单色或素色服装时，宜佩戴色泽鲜明的项链，这样在首饰的点缀下，服装色彩可显得丰富、活跃。

（2）耳环。耳环的种类很多，按其形状可分为两大类，一类是纽扣式耳环，一类是悬垂式耳环。耳环的花色更是多种多样，有花形、圆形、心形、梨形、三角形、方形、多菱形、大圈形、剪刀形、蛇形等。

每个人应根据自己的脸形选戴合适的耳环。脸形较大的女性不宜用圆形耳环，但可用较大一些的几何形耳环；脸形小的女性宜用中等大小的耳环，以长度不超过两厘米为宜。圆脸形的人宜戴长而下垂的方形、三角形、水滴形耳环；方脸形的人宜戴有耳坠的耳环；长脸形的人最好戴紧贴耳根的圆形耳环，以增加脸的宽度。

（3）戒指。戒指的种类繁多，常见的有线戒、嵌宝戒、钻戒、方板戒、板戒等，诸多戒指各具特色。选择戒指时要考虑适合自己的特点，与手指的形状相符。例如，手指较短小或骨节突出的女性，应戴比较细小的戒指，款式最好是非对称式的，以便分散别人对手指形状的注意力；手指修长纤细的女性，应选择粗线条的款式，如方戒、钻戒，这样可使手指显得更加秀气；手掌较大的女性，要注意戒指的分量不要过小，否则会使手掌显得更大。

由于戒指是环状，它既没有开始，也没有结束，犹如爱情的浪漫和永恒。结婚戒指不能用合金制造，必须用纯正的金、白金或银制成，表示爱情是纯洁的。戒指是首饰中最明确的爱情信物，传说左手中指的爱情之脉直通心窝，戒指戴在其上可被心里流出的鲜血浇灌，从而使佩戴者永葆爱情的纯洁和忠贞不渝。在西方，戒指很早就作为信物并演化成婚礼戒指。

戒指最好仅戴一枚，至多戴两枚。戴两枚戒指时，可戴在左手两个相连的手指上，也可戴在两只手对应的手指上。

戒指的佩戴是无声的语言，能够标明你的婚姻和择偶状况。戒指戴在食指上表示求婚，戴在中指上表示已在恋爱中，戴在无名指上表示已订婚或结婚，戴在小指上则是强调我是独身、近期不打算恋爱。

（4）手镯与手链。手镯作为女性腕臂装饰由来已久。早在盛唐时期，宫廷仕女和闺秀小姐们就时兴戴手镯。那时手镯多为宝石精磨细做的，常用来制作手镯的宝石有菊翠、玛瑙、碧玉、孔雀石、松石、珊瑚等，统称为玉石手镯。

手镯和手链，一般只戴一种。手镯的佩戴应视手臂的形状而定。手臂较粗短的应选小细型手镯；手臂细长的则可选粗宽的款式，或多戴几只小细型来加强效果。戴手镯很有讲究，不能想怎么戴就怎么戴。一般戴在右臂上，表明佩戴者是自由而不受约束的。如果在左臂或左右两臂同时佩戴，表明佩戴者已经结婚。一只手上一般不能同时戴两只或两只以上的手镯和手链。戴三个以上手镯的情况比较少见，即使要戴也应都戴在左手上，以造成强烈的不平衡感，达到不同凡响、标新立异的效果。不过这种不平衡应通过与服装的搭配求得和谐，否则就会因标新立异而破坏了手镯的装饰美。在同一腕臂佩戴手镯时不应同时戴手表等饰品。

手链是手镯的替代产品，多用金、银、包金编花丝等制成，比起较粗犷的手镯来，更显纤细精巧。

（5）围巾和帽子。围巾和帽子对服装的整体美影响很大。围巾、帽子与服装风格一致，可以使整体形象更加和谐。服装色彩较暗，可以用颜色鲜艳的围巾和帽子点缀，使整个形象生动、活跃起来；服装颜色艳丽，可以用颜色素雅的帽子、围巾来平衡。以帽子为例，有如下讲究：

① 帽子的式样要与服装相协调。如法式女礼帽与西式长裙相配，会产生一种既浪漫又高雅庄重的风度；但若以法式女礼帽与中式旗袍相配，就会不伦不类。

② 帽子款式的选择要与人的脸形、体型相适应。长脸形不宜戴高帽子，而圆脸形戴顶端微凸的帽子就比较顺眼；矮个戴稍显高凸的帽子会显高，而小个子戴大帽子则会产生"小蘑菇"的滑稽感。

③ 帽子的色彩要与肤色结合考虑。肤色白的人选择余地大些；肤色较深的人则不宜戴深色帽子；肤色发黄的人最好戴深红色、咖啡色的帽子，这样可衬托一些健康色，戴白、绿、浅蓝色则会加重病态的感觉。

④ 帽子戴法不同，感觉也会不同。帽子戴得端端正正，脸部显得丰满，神态显得庄重；帽子略微歪斜，产生的斜向线条会使人脸部略显清瘦，妩媚活泼。

⑤ 从礼仪角度讲，在室内场合一般不允许戴帽子，但若帽子是礼服（女子）的组成部分，则可除外。

 小故事 2-10　　　　　查尔斯王子婚典

英国查尔斯王子举行结婚典礼时，在圣保罗大教堂内，成千客人，男宾个个免冠，女客则无一不戴帽子。女子戴帽子不仅是礼节上的要求，也是身份的象征。而且这种帽子不像男帽一样千篇一律，而是配合五光十色的衣服，变换着花样。它们用毛皮、绒缎、皮革等制成，有的上饰羽毛、花朵、珍珠等，争奇斗艳。

（6）腰带。腰带的选择要与衣服、身材相协调。要想使自己看上去修长，应选用和衣裙同色的腰带；如果个子高而腰围窄，应选用与衣裙织物不同、颜色不同的宽腰带。

（7）手提包。手提包的选择也要酌情而定。身材高大的女性宜背大提包；身材苗条或矮小的女性可背中小提包；身材丰满的女性忌背圆形包；粗腰女性宜背低于腰线的包。手提包的颜色要与服装的颜色协调，夏季宜提小巧玲珑且色调明快的小包，冬天可提稍大些的包，颜色也宜深重些。

（8）手套。手套的选择要注意以下几点。
① 根据所穿衣服的颜色、类型选择手套。手套的选择要与个人年龄、气质相协调；
② 在吃东西、饮茶或吸烟时，应先脱下手套；
③ 不能把戒指、手镯、手表等戴在手套外边；
④ 穿短袖或无袖上衣参加舞会或晚会时，一定不要戴短手套；
⑤ 手套应保持整洁。

（9）鞋子。"鞋袜半身衣"。鞋子和袜子被称作"脚部时装"和"腿部时装"。鞋子在整体着装中具有重要地位。一双得体的鞋子能为全身的服装添色增辉，它不仅能映衬出服装的整体美，更重要的是它还能增加人体本身的挺拔俊美。

在正式或非正式场合，男性一般脚蹬没有花纹的黑色平跟皮鞋，女性一般脚蹬黑色半高跟鞋。露脚趾的皮凉鞋是绝对禁止在礼仪场合穿着的。旅游鞋、布鞋、各式时装鞋与西装都是不相配的。在欧美国家，正规场合是不允许穿凉鞋的，否则会被认为是缺乏教养与不懂礼貌。

在正式场合，女性应穿长筒丝袜或裤袜，白天可穿肉色或浅色的，晚间活动可稍深，不宜穿短袜，更不宜内穿棉毛裤而显露出来。皮鞋的颜色、款式应与衣服、手包相配套。一般来说，鞋的颜色应与衣裙的下摆一致或更深一些。衣裙从下摆开始到鞋的颜色一致，可以使大多数人显得高一些。

 小故事 2-11　　　　　总统夫人与旗袍

1984 年春，里根总统夫人访华时，挑选面料做旗袍。她先看中一种金色的织锦缎，但考虑到没有带金色的皮鞋与之配套，便改选一种以深红色为底色的中国织锦缎做旗袍。在里根总统的告别招待会上，她穿上这件深红底色的中国织锦缎旗袍，配上一双深色的高跟鞋，显得特别雍容华贵，无懈可击。

（10）袜子。在礼仪场合，决不能赤足穿鞋。正式或非正式场合，男性应着颜色素净的中长筒袜子，这样可避免坐下交谈时露出皮肤或浓重的腿毛。袜子颜色以单色深沉最好，带条纹、方格图案，而图案又不显眼的也可以，但色调应比裤子深一些，以使它在裤子和鞋之间呈现一种过渡。女性着肉色长筒丝袜，配长裙、旗袍最得体。浅肉色可以使皮肤罩上一层光泽，显得细腻娇嫩，深肉色可以给人以一种修长健美的感觉。长筒袜的长度一定要高于裙子下部边缘，且留有较大余地，否则一走动就露出一截腿来，极为不雅。在礼仪场合，穿短袜配短裙是不适宜的。

在正式场合着裙装，不穿袜子也是不礼貌的。应当在办公室或工作场所预备好一两双袜子，以备袜子被钩破时换用。而且外出工作时最好备用几双袜子，当和日本客人打交道时更应如此，因为在进他们的餐厅小间时，要脱去鞋子换上拖鞋。若此时袜子有破洞或不整洁就会很尴尬。

第三节　仪容美

追求仪容美是人类永恒的天性，原始社会的山顶洞人就知道用红矿石抹在脸上，以增其美。美国著名华裔电视节目主持人靳羽西，在说到女性修饰时说："在一切打扮妆饰中，脸部最重要，一切妆饰应突出脸部，如果让人首先看到的是容光焕发的脸，化妆就成功了；如果看到的是衣服、帽子，那就失败了。""女为悦己者容"，仪容美能充分展示自尊、尊人和自信的特质。

仪容美主要是指人的容貌美。容貌在很大程度上取决于先天条件。容貌的美有天生丽质和精神气质之分。有的人天生丽质，但无精神气质，只是一尊死的雕像；而有的人虽不漂亮，然而却气度不凡。因此不能把容貌美绝对化。就是容貌较好的人，也有其不足之处，不可能十全十美。修饰打扮可以掩饰不足、增强魅力。适当的容貌修饰，会使人容光焕发、充满活力，在社交中给人留下良好的印象。仪容美还包括皮肤保养与护理、护发与美发等。

一、美容化妆

美容化妆是指人们在日常生活、社交活动以及工作中，采用化妆品通过一定的艺术描绘手法来装扮和美化自身形象。适度得体的化妆可体现女性端庄、优雅、自信、大方的气质，以达到振奋精神和尊重他人的目的。

1. 化妆的原则

（1）扬长避短。化妆不是把黑的抹的更黑，红的抹的更红，而是有所选择，如适当强调或渲染漂亮的部分，使之成为注目的焦点；适当掩盖或淡化瑕疵的部分，使之隐而不露。

不要指望使所有的部位都容光焕发。

（2）自然真实。化妆的最高境界是追求自然真实。如化妆可有浓有淡，但化妆的浓淡要视时间、场合而定。白天在工作场合适合化淡妆，如果浓妆艳抹，厚厚的粉底、重重的唇膏，就与周围的工作气氛不相适宜，会让人感觉你工作不认真，甚至会认为你不稳重。在工作场合应去掉雕饰，采用不露痕迹的化妆手法，尽力表现天然和质朴。夜晚在宴会、舞会等社交场合，可使妆色浓一些，以避免皮肤在灯光照耀下惨淡无光、没有血色。

（3）整体配合。化妆以修整统一、和谐自然为准则。恰到好处的化妆，会给人以文明、整洁、雅致的印象，而浓妆艳抹、矫揉造作、过分的修饰和夸张则往往适得其反。面部化妆就是给面部着衣，既要注意面部各基点的配合，又要兼顾点与面的配合，以及面部与年龄、衣着、身份、气质的协调等。

2. 仪容美的礼节

没有规矩不成方圆，化妆也有一定之规。

（1）不要当众化妆。一般情况下不要当着他人的面化妆。应在自己房间、洗手间或无人处化妆，当众化妆是非常失礼的。

（2）不要非议他人的化妆。不要对他人的化妆品头论足。每个人都有自己的审美情趣和化妆手法，如当面点评常常会令人尴尬难堪、心情不爽。

（3）不要借用他人的化妆品。化妆品很难分用与清洗，因而极易携带病菌。借用他人的化妆品，既不卫生也不礼貌。

3. 正确认识自己的外貌

俗话说"知己知彼百战不殆"，对自己面部实施化妆前首先应正确地认识自己的外貌。

传统意义上的美要求人的面部形象要达到"五官端正"，具体是指人的面部五官比例要协调匀称，其比例符合"三庭五眼"。

"三庭"即上庭（天庭）、中庭（人庭）和下庭（地阁）。其中上庭指的是从额头的发际线到眉线的间距，中庭指的是从眉线到鼻底线的间距，下庭指的是从鼻底线到下颌底线的间距。三庭距离应相等。

"五眼"是指从左耳到右耳之间，脸的横向距离应该正好是自己的五只眼睛的宽度。

如果五官比例恰好符合这一要求，就会产生匀称的美感。如果不符合这个比例，可以运用化妆手法进行修饰和弥补。在追求时尚与个性并存的现代社会中，"五官端正"这一特点已不再被强调，人们通过对时尚的理解和对个性的追求来塑造不同定义的美，突显五官的美丽，打造符合时尚潮流的个性妆容已成为化妆的主要目的。

图2-3是"三庭五眼"比例图，化妆前请仔细研读此图，明确自己五官的"长"与"短"，以利化妆时扬"长"避"短"。

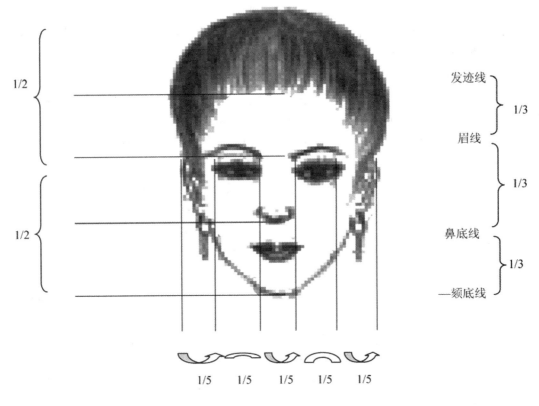

图 2-3 "三庭五眼"图

4. 美容化妆的基本步骤

（1）化妆前的准备。

① 准备好化妆时所需要的化妆品和化妆用具。要准确合理的选择化妆品，选择化妆品主要依据皮肤的类型，如油性皮肤需要选择油脂含量低的化妆用品，而干性皮肤要选择油分含量高的化妆用品，在选择时还应考虑季节因素。

② 掌握好光线和灯光的效果及照射角度。

③ 将头发向后梳理并固定，以免影响化妆。

（2）化妆的基本步骤。

① 洁肤。清晨洁肤，可及时清除夜晚附着在脸上的油脂和代谢废物，保持皮肤清爽，有利于皮肤呼吸、排泄和吸收营养；晚上洁肤，有利于彻底清除日间尘埃、细菌等残存物，去除堵塞毛孔的污垢，有利于皮肤的修复和营养。化妆前的洁肤，可使皮肤处于清爽干净的状态，令妆面服帖自然、不易脱妆。洗脸的频率要考虑自己的肤质、年龄和季节等因素。干性、敏感性肤质和年龄偏大者，应适当减少洗脸次数，并应慎重使用具有去角质功能的洁面化妆品。洁肤过程一定要细心和轻柔，特别要避免过重的清洗动作，避免习惯性的搓、扯、擦等动作，以免损伤皮肤的纤维组织。纤维组织能够使皮肤保持弹性。

② 修眉。眉毛可表现一个人的神情，反映其个性特征，眉形也随着时尚与流行的趋势不断变化。蛋形脸、方形脸、菱形脸等中庸的脸形较适宜自然标准的眉形，长脸形较适宜直线眉形，可使脸部显得略宽，而较宽脸形适宜搭配角度较大的眉形，以达到拉长脸部的

效果。根据自己的脸形修饰眉毛，可依据个人喜好选用拔眉夹或剃眉刀，注意眉尾应与眼角、鼻翼处于同一对角线的位置，眉峰的位置处于眉尾的 2/3 处，尽量做到眉形自然。修眉后要用棉布将碎屑擦净，以免影响化妆。

③ 润肤。润肤是指在清洁后的皮肤上涂抹与肤质相适应的营养液和润肤霜，使皮肤得到滋润，从而起到保护皮肤的作用。

化妆水和润肤霜可滋润皮肤，并在皮肤表层形成保护膜，将皮肤与化妆品隔离，达到保护皮肤和维持妆面的效果。

④ 涂抹粉底与定妆。涂抹粉底是化妆的基础，根据肤质、肤色选用粉底，可使肤色显得自然，并遮盖皮肤上的瑕疵。

定妆即将粉蜜扑在涂过粉底的脸上，可降低粉底的油光感，使皮肤显得细腻爽滑，令妆面保持长久。

⑤ 画眉。在修好的眉毛上随着眉毛的生长走势画眉，眉毛的颜色应比头发的颜色稍浅，画眉峰时比眉头和眉梢重一些能增强立体感。

⑥ 画眼影与画眼线。画眼影即通过色彩深浅对比来修饰和美化眼睛，眼影的色彩虽多变，但也要与服装色彩、肤色、唇色、发色、甚至甲油颜色相统一，以达到协调的整体造型效果。

画眼线可很好地改善眼部轮廓，并使眼部轮廓清晰，根据不同的眼型使用眼线液或眼线笔来勾画眼线，颜色与睫毛膏一致，突显睫毛浓密、眼睛生动明亮的特点。眼线一定要画到睫毛的根部，粗细根据妆面需要进行调整。

使用一般的眼线液或是用眼线笔蘸眼线液，从眼头开始描绘出细细的眼线线条。在眼睫毛根部往眼中描绘，如同填满睫毛根部般的联结出线条，尽量靠近眼皮的边缘，眼尾部分要往上拉，且略为超出眼睛轮廓，使眼睛轮廓更加明显，可以从眼尾往眼中部分画回来。

使用眼线笔时先将笔芯削成扁平状比较容易描绘，同样从眼头部分开始画起，到眼中部分暂停。从眼尾部分往眼中部分画回来，连接到之前从眼头画起的线条，眼尾部分的线条可以比眼头的线条较粗一些。下眼线的部分也可以使用眼线笔画出自然的线条，为了追求彩妆的自然效果，下眼线只要画眼尾到眼中间的部分就可以了。

⑦ 涂腮红。涂腮红可以掩盖脸上的小瑕疵，改善脸形和肤色，增强面部立体感。腮红的色彩可根据脸形、肤色及眼影的色彩来确定。用化妆刷蘸足够的腮红刷在脸颊上颧骨突出的部位。

⑧ 画唇线、涂唇膏。涂唇膏之前可先涂一层润唇膏滋润双唇，再选用与唇膏颜色接近的唇线笔由两侧向中间描画，勾勒唇型，适当修饰唇部轮廓，注意左右两边的对称。然后张开嘴勾画嘴角轮廓，使整个唇型自然衔接。之后用唇刷蘸取唇膏涂抹嘴唇，或用唇膏直接涂抹双唇，唇膏不能溢出唇线范围。一般来说，唇膏的颜色要比腮红的颜色稍重，并与眼影的颜色相协调。最后可刷一层唇彩，以增加光泽度，达到双唇亮丽饱满的效果。

⑨ 涂睫毛膏。睫毛膏是修饰眼部、增添眼部光彩的重要手段，不同品牌、功效的睫毛膏可达到使睫毛浓密、纤长、卷翘等效果，使脸部更具立体感。通常来说亚洲人眼睛偏小，睫毛短、稀疏且较硬，选择睫毛膏的颜色时一般使用黑色的睫毛膏，可使双眸更大、更明亮，也可依据妆面需要选取其他的颜色。若需达到睫毛卷翘的效果，可在涂睫毛膏之前先使用睫毛夹。首先用睫毛夹夹住睫毛根部，慢慢轻压往上移动，然后夹眼尾 1/3 处的睫毛，夹翘之后再换眼头部分的睫毛，最后把睫毛夹的位置，移到睫毛前端，轻轻往上提拉，造

成卷翘的效果。使用睫毛膏时动作轻缓并按刷头结构以旋转的方式将睫毛刷取出,取出后先将多余的膏体在瓶口处刮掉再刷第一层睫毛膏,接着用专用的睫毛梳将粘黏或结块的睫毛梳开,以保证根根分明,之后可依据想达到的效果再刷几层。夏季若需达到耐汗及不怕水的目的可选用防水型睫毛膏,但要配合专业的卸妆液来清洗。

⑩ 妆面检查。整个妆面完成后,先查看整体效果是否和谐统一,色调是否一致,再着重观察重点部位,如睫毛是否有结块,唇膏是否均匀,发现问题要及时修补,以免影响美观。

5. 卸妆及需注意的问题

（1）卸妆用品。卸妆用品有清洁霜和卸妆液,清洁霜主要用于日常淡妆及粉质化妆品的清洁,卸妆液着重用于唇部、眼部的卸妆。

（2）卸妆的顺序。卸装的顺序应从局部到整体（即睫毛→眼线→眼影→眉毛→嘴唇→整个面部）,并做到干净彻底。

① 眼部卸妆。棉签是眼部卸妆的重要工具。如果你经常化妆,一定要用眼部专用的乳液清除眼妆,特别是眼线和睫毛液,不要让化妆品的色素渗透到眼皮里,否则眼睛看起来出现一个黑圈。眉部的卸妆方法比较简单,用沾有卸妆水的棉签轻轻擦拭即可。

卸妆时,如果使用的不是防水睫毛膏,便可以用化妆棉或棉片蘸取眼唇专用卸妆液,在眼部轻按 3 秒,让眼妆充分地溶解,然后按照眼皮的纹理,右眼顺时针,左眼逆时针的方向清洁。

卸除防水睫毛膏时,先将面巾纸或化妆棉用剪刀剪成条状,然后用蘸取了卸妆液的棉棒,轻轻地在睫毛根处停留 5 秒,最后顺着睫毛从上而下清理。下睫毛和下眼线可用棉花棒,蘸取眼部卸妆液做局部清洁。

② 唇部卸妆。唇部的皮肤较薄而且脆弱,但如果不注意卸妆或卸妆不彻底,会引起有害物质的物质沉积,造成唇纹,唇色加深。在清除唇化妆品时应选用卸唇液,这种产品清洁时不会伤害到皮肤,可增强皮肤之韧性及镇静皮肤。一般牛奶卸妆液性质比较温和,最适宜眼部与唇部一起卸妆。

卸妆时,用化妆棉蘸取眼唇专用卸妆液,轻敷双唇数秒,等卸妆液溶化口红后,再以化妆棉横向擦拭唇部。再用沾有卸妆液的化妆棉由嘴角开始往内擦拭,擦拭嘴角时要注意方向是往内转动的。

卸妆后应使用润唇膏保护唇部,避免唇纹加深。也可将蘸取了保湿化妆水或保湿液的化妆棉敷在唇部,约 10 分钟即可。

③ 面部卸妆。面部卸妆是最基本的清洁环节,对面部进行卸妆前,一定要认真阅读卸妆用品说明书,因为不同的产品使用的方法也不尽相同。

卸妆时,首先取适量的卸妆乳,用化妆棉或指尖均匀地涂于脸部、颈部。然后从脸颊、额头开始清洁,用指腹从脸颊的部位以螺旋方式轻轻揉开。鼻子以螺旋状由外而内轻抚,在鼻子两侧要用卸妆乳上下涂抹,卸除脖子的粉底要由下而上清洁,其他部位由内向外轻揉,待污垢完全与卸妆乳融合再擦掉或冲洗掉。然后用面巾纸或化妆棉由内侧到外侧小心擦拭,直到面巾纸或化妆棉上没有粉底颜色为止。

卸妆完毕,应再用性质温和的洗面奶洗脸,并用爽肤水对肌肤做最后的清洁,以平衡肌肤的 pH 值。在选用产品时,最好使用同一品牌的系列产品。

敏感肌肤应选择不含酒精、香料、色素等化学成分且性质温和的卸妆产品,而且卸妆时间不宜过长。

二、皮肤保养与护理

皮肤好比是人体的窗口，通过它，可以折射出人的健康、年龄和情绪状况。健美的皮肤，应该是湿润的、有弹性的、光亮细腻而健康的。健美的皮肤需要科学的护理和保养。

1. 认识皮肤

（1）皮肤的构造。保养皮肤是仪容美的基础，天然的优良肤质，是任何化妆品修饰的皮肤所无法比拟的。要保养好皮肤，必须首先了解皮肤的构造。人的皮肤分为表皮、真皮和皮下组织三大部分，表皮位于最外层，下面是真皮和皮下组织。表皮与美容化妆的关系最为密切。表皮由外向里又可分为四层：角质层、颗粒层、棘状层和基底层。表皮的四个层次不断地新陈代谢，由基底层向角质层生长转化，角质层不断地衰老并脱落。与真皮相接的基底层含有黑色素，形成皮肤的颜色。黑色素能保护深层的组织免受紫外线强烈照射的伤害，但强烈的阳光可以使黑色素增加，从而使肤色变深。

（2）皮肤的健美。皮肤的健美可以用以下四个标准来衡量：

① 皮肤的湿润。皮肤的含水量很高，就皮肤本身来说，水分的重量是皮肤总重量的70%。因此，保持皮肤的水分，是皮肤光滑润泽的前提，是年轻美丽的象征。

② 皮肤的弹性。皮肤富有弹性，就会光泽平整；皮肤失去弹性，就会变得松弛，出现皱纹。

③ 皮肤的色泽和细腻。皮肤白皙，通常都被视为是美丽的皮肤，俗称"一白遮千丑"，其实晒得黝黑的皮肤也是美丽的，有"黑牡丹"之称。而无论皮肤是黑是白，细腻总是最好的。

④ 皮肤的健康。健康的皮肤能够抵御细菌侵蚀、防止感染。皮肤健康是皮肤美丽的基础。

（3）皮肤的性质。人的皮肤可以分为中性、油性、干性和混合性四种类型。不同性质的皮肤应选用不同的化妆品，并采用不同的方法保护。

① 中性皮肤：也称正常皮肤，油脂分泌量适中，皮肤表面柔滑滋润，富有光泽，是比较理想的皮肤。

② 干性皮肤：皮肤外观洁白细嫩，皮肤表面油脂分泌量少，毛孔不明显，不易长粉刺，但脸部无光泽，易起小皱纹。这类皮肤应选用含有保湿成分的化妆品，以保持皮肤的润泽。

③ 油性皮肤：皮肤表面油脂分泌量多，面部油亮光泽，肌纹粗，毛孔明显，易生粉刺，但不易起皱纹。这类皮肤的护理，要注意皮肤表面的清洁。

④ 混合型皮肤：即额头、鼻子、下巴部位偏油性，其他部位偏干性。

随着季节和年龄的变化，皮肤的性质也会有所变化，一般在夏季皮肤普遍偏油，干性皮肤也会显得光泽滋润；冬季皮肤偏干，皮脂分泌量相应减少。随着年龄的增长，皮肤的油脂分泌会逐渐减少，年轻时呈油性或中性皮肤，中年以后会逐渐转向中性或干性皮肤。

2. 皮肤的保养

随着年龄的增长，人的皮肤会老化、失去光泽和柔韧、产生皱纹，这种生理现象是不可避免的。但我们可以采用科学的方法保护皮肤、延缓皮肤衰老。

皮肤的健康与身体的健康、精神的愉快是密切相关的。

① 要保持乐观的情绪，这是最好的"润肤剂"。人在笑的时候能促进血液循环、增强皮肤弹性。

② 要保证充足的睡眠。睡眠充足，会使人感到精神振奋，容光焕发，眼睛光亮、神采奕奕。

③ 要养成多喝水的习惯。多喝水可以保持皮肤的细嫩、滋润，还要注意室内空气的湿润。

④ 要注意合理的饮食。从食物中摄取各种营养成分，其美容功效非任何化妆品所能及，而且所获得的是一种健康的美。

3. 皮肤的护理

皮肤护理在日常生活中至关重要。要使皮肤健美，除培养正确的生活态度、积极的锻炼、充足的睡眠等良好生活习惯外，还可采取以下方法。

（1）用正确的方法洗脸。洗脸水的温度不宜过高，可以早上用冷水、晚上用热水。洗脸的方向应从下向上、从内向外。长期养成习惯，可以防止肌肉下垂。中性及干性皮肤不必每天用香皂，以减少碱性刺激；油性皮肤最好用去污力较强的香皂或洗面乳。

（2）蒸面。即用蒸汽发生器或用开水倒入脸盆中用蒸气蒸面，如加入薄荷、菊花等植物效果会更好。蒸面可以使毛孔张开、体温升高、加速血液循环，使皮肤吸收水分、增加光泽。

（3）面部按摩。按摩可以起到运动皮肤的作用，促进血液循环，活泼面部神经，改善皮肤营养，减缓皮肤的老化过程。按摩的方法很多，一般可以用两手掌相互摩擦发热，然后顺着脸部肌肉的生长方向，逆着皱纹，由下向上，由内向外进行按摩，指法要轻。也可以用经络美容法，按摩有关的经络和穴位，使皮肤健康柔润。

此外，还可以使用各种面膜或营养液敷面，进行皮肤的保养与护理。

三、护发与美发

1. 护发

人们都希望有乌黑、光亮、柔软的秀发，再配上端庄、美观的发型，可以增加仪容美。要使头发健康秀美，必须用科学的方法保护。

护发也应注意心情愉快、营养平衡、睡眠充足。护发是美发的基础，可以从以下几个方面入手。

（1）清洗头发。头发应当适时清洗。洗发可以去除落在头发上的灰尘和头皮的分泌物，有助于头发的生长和健康，尤其是油性头发，更应勤洗。一般一周清洗两三次。应根据自己的发质选择不同的洗发用品。洗发时，要轻揉发根，洗完后最好自然风干，涂上护发素。

（2）梳理头发。梳理头发不仅能使头发整齐美观，而且也是一种健美运动。可以促进头部的血液循环，使头发根部的营养输送到发茎、发梢部分，保持头发的光泽和柔软。坚持每日 50 梳～100 梳，持之以恒，将会对头发大有益处。梳理头发时要轻重适度，以防止损伤头皮。

（3）按摩头部。按摩头部是增进头发健康的重要手段，有利于促进头部的血液循环、促进头发生长、防止头发脱落。按摩时，将十指分开，从前向后做环状揉动，反复多次。

按摩后会产生头皮发热和紧缩的感觉。

（4）不同季节对头发的护理。春天是头发生长最快的季节，但因空气干燥，头发水分易被蒸发，应注意保护头发。夏天出汗多，应勤洗头，外出时戴凉帽，以防止强光损伤头发。秋季气候干燥转凉，头屑多，易脱发，因此要多用护发品加强护发。冬季气温低，头发新陈代谢减弱，应减少洗头次数，给头发补充营养，并适当按摩。

2. 美发

头发的造型对于仪容美起着相当重要的作用。适当的发型会使人容光焕发、风度翩翩。发型设计要与脸形、体型、季节、年龄、职业、气质等因素相适应，体现和谐的整体美。

女士发型式样多、变化大，发型的设计与选择能够体现出一个人的修养和品位，可以使人更加端庄、文雅、美观大方，而且能够起到修饰脸形、协调体型的作用。发型必须根据自己的脸形来设计，椭圆形是东方女性的标准脸形，可选任意发式。圆脸形应将头顶部头发梳高，使脸部增加几分力度，并设法遮住两颊。长脸看起来面部削瘦，发型设计应适当遮住前额，并设法使双颊显得宽些。方脸形应设法掩饰棱角，使脸形显得圆润一些。额部窄的脸形，应增加额头两侧头发的厚度。

发型设计应根据季节变化而有所不同。夏天应留凉爽、舒畅的短发；若留长发，可梳辫或盘髻。冬天衣服穿得厚、衣领高，留长发既美观又保暖。春秋季节发型可长可短，较为随意。

发型应根据职业和环境的不同而设计。礼仪小姐，发型设计应新颖、大方；职业妇女，发型设计应文雅、庄重；参加晚宴或舞会，可使发型高雅、华丽。

第四节 仪态美

人际交往中，人们的感情流露和交流往往借助于人体的各种姿态，这就是我们常说的"体态语言"。达·芬奇说："从仪态知觉人的内心世界，把握人的本来面目，往往具有相当的准确性和可靠性。"用优美的体态表达礼仪，比用语言更能让受礼者感到真实、美好和生动。

一、仪态的概念与特征

1. 概念

仪态是指人在行为中的姿势和风度。姿势是指身体所呈现的样子，风度则属于内在气质的外化。每个人总是以一定的仪态出现在别人面前，一个人的仪态包括他的所有行为举止：一举一动、一颦一笑、站立的姿势、走路的步态、说话的声调、对人的态度、面部的表情等等。而这些外部的表现又是他内在品质、知识、能力等的真实流露。

仪态在社交活动中有着特殊的作用。潇洒的风度、优雅的举止，常常令人赞叹不已，给人留下深刻的印象，受到人们的尊重。在交往中，我们可以通过一个人的仪态来判断他的品格、学识、能力以及其他方面的修养程度。仪态的美是一种综合的美、完善的美，这种美应是身体各部分器官相互协调的整体表现，同时也包含了其内在素质与外在仪表的和谐。容貌秀美、身材婀娜，是仪态美的基础条件，但有了这些条件并不等于就是仪态美。与容貌和身材的美相比，仪态美是一种深层的美。容貌的美只属于那些幸运的人，而仪态的美必将属于出色的人。仪态的美更富有永久的魅力。

2. 仪态的特征

（1）仪态是一种"无声语言"。在日常交往中，人们能通过语言交流信息，但在说话的同时，你的面部表情、身材姿态、手势和动作也在传递信息。对方在接受信息时，不仅在"听其言"，也在"观其行"。仪态语言是一种极其丰富、极其复杂的语言。据研究者估计，世界上至少有70多万种可以用来表达思想意义的态势动作，这个数字远远超过当今世界上最完整的一部词典所收集的词汇数量。信息的传递与反馈，从表面上看，主要是嘴、耳、眼的运用。事实上，表情、姿态等所起的作用，远远超过自然语言交流本身。仪态是一种很广泛很实用的语言，往往比有声语言更富魅力，可以收到"此处无声胜有声"的效果。

（2）仪态是内在素质的真实表露。仪态在表情达意方面也许不像有声语言那么明确和完善，但它在表露人的性格、气质、态度、心理活动等方面却更真实可靠。一个人所说的话可能是真实的，也可能是虚假的，语言可以言不由衷，而人的仪态却总是真实的。也许你嘴上在说着欢迎客人到来的话，可是你的表情、手势、动作却流露出了你的厌倦和无奈，这才是你真实的态度。

在社会交往中，仪态还是一种无形的"名片"，也许你没有随身带着档案、介绍信，但人们却可以通过你的一举一动、一颦一笑，判断出你的身份、地位、学识、能力，并因此而影响对你信任的程度、交往的深度等。只有那些受过良好教育并且在各方面都很出色的人，才可能举止得体、风度优雅。相比之下，穿着时髦、浓妆艳抹、矫揉造作、刻意表现出来的美就肤浅得多。

（3）仪态的习惯性。仪态是人们在成长和交往过程中逐步形成的，因而具有习惯性的特点。

① 仪态的习惯性是指人们对某一动作理解的习惯性。主要表现在：某些动作表情达意的一致性，如人们总是用笑容表现欢乐、友好、喜欢等感情。同一动作由于地域和文化环境的不同而具有不同的含义，如点头在中国和西方表示肯定，而在印度、土耳其等国却表示否定。

② 仪态的习惯性是指每个人的仪态都是在成长过程和生活环境中长期形成的。这种习惯性并不都是先天的，也可以通过后天养成，而一旦形成，就很难改变。仪容的美会随着时间的流逝而失色，而仪态的美却可以随着年龄的增长而日渐成熟、稳重与深刻。

③ 仪态的美是一种更完善、更深刻的美，它不是可以通过外表的修饰打扮得到的，也不是单纯的动作、表情模仿可以体现的。它有赖于内在素质的提高，自身修养的加强，性格、意志的陶冶和能力、学识的充实。仪态的美是长期培养磨炼的结果。只有那些热爱生活、积极进取、自信、自尊、自爱、卓有才华的人，才会拥有真正的仪态美。

二、仪态美的基本要求

在现代人际交往中，对每个人的仪态要求概括起来是：站有站相，坐有坐姿，举止端庄稳重，落落大方，自然优美，彬彬有礼。

具体来说，要求如下。

1. 站姿

站姿是人的最基本仪态，也是其他仪态的基础。是我们日常生活中正式或非正式场合中第一个引人注视的姿态。站姿的基本原则是"站如松"，即人的站立姿势要像青松一样端直挺拔。这是一种静态美，是培养优美典雅仪态的起点，也是发展不同质感动态美的起点和基础。良好的站姿能衬托出美好的气质和风度。

正确的站姿对人体姿态的要求是：挺胸、收腹、立腰、展肩、沉肩、夹臂、双臂自然下垂、中指贴紧裤缝、隔肌上提、下颌微收、双目平视、颈部挺直、面带微笑朝正前方。

（1）标准站立姿态——正步站姿。

① 两脚跟并拢，脚尖打开一拳的距离，身体重心置于两腿上。
② 两腿部肌肉收紧，直立，膝盖不能弯曲。
③ 收腹、收臀、髋向上提。
④ 后背挺直、上立，胸肌向上挺。
⑤ 双肩展开、放松，气往下沉，呼吸自然。
⑥ 手臂自然下垂，放于身体两侧，手指自然弯曲。
⑦ 下颌微收，颈部挺直，双目平视。
⑧ 头略抬起，面部自然微笑朝正前方，精神饱满。如图2-4所示。

（2）丁字步站姿。

① 左脚脚跟靠于右脚脚弓内侧，脚尖打开90度，站成左丁字步，右手后背，左手自然下垂，身体重心可放于两腿上。如图2-5所示。

图2-4　正步站姿

图2-5　左丁字步

② 右脚脚跟靠于左脚脚弓内侧，脚尖打开90度，站成右丁字步，双手合握于腹前，身体重心放于两脚上。
③ 两脚跟并拢，脚尖打开，成小八字步，双手往后背，收腹、收臀。如图2-6所示。

（3）男士分脚式站姿。

① 左脚横向迈半步，两脚尖向正前方，两手合握于腹前，身体重心放于两腿上，身体

直立，收腹，沉肩。

② 右脚横向迈半步，两脚尖向正前方，双手后背，身体重心放于两腿上，收腹，挺胸，立腰。如图2-7所示。

图2-6　小八字步

图2-7　男士分脚式站姿

（4）不良的站立姿态。

① 站立时身体歪斜，两肩一高一低。

② 弯腰、驼背、扣胸，坐髋，挺腹。

③ 随便依墙而站立，左顾右盼趴伏在前台或柜台上，自由散漫。

④ 男士分脚站姿超过肩宽。

⑤ 手臂乱晃，身体随意扭动。

2. 坐姿

坐姿是指人在就座后身体保持的一种姿态，优美、端庄的坐姿给人以稳重、高雅、大方的感觉，体现出本人的文化修养程度。

坐姿的基本原则是"坐如钟"，即入座后端坐如钟的姿态。给人以端正、大方、自然、稳重之感。

坐姿的基本要求是：双腿并拢，身体前倾，腰背挺直，轻轻坐于椅子的中后部。如果女士穿裙子，身体前倾的同时应用双手把裙子的后摆往下抚平直坐，坐下后立腰、挺胸、沉肩，眼睛平视前方，两腿并拢。

（1）女士基本坐姿。

① 双脚并拢，腰部挺直，膝盖靠紧，两小腿垂直于地面，两手平放于双腿之上。如图2-8所示。

② 左脚置于右脚之上，两脚在踝关节处交叉，两脚前段外侧着地，膝部稍收，双手合握于腹前如图2-9所示。

③ 膝部靠紧，两小腿向前伸出45度，两脚平放，双手合握于腹前右侧。如图2-10所示。

④ 左脚前伸，全脚着地，右小腿屈回，脚掌着地，大腿靠紧，两脚前后在同一条线上，如图2-11所示。

图 2-8　女士基本坐姿 1

图 2-9　女士基本坐姿 2

图 2-10　女士基本坐姿 3

图 2-11　女士基本坐姿 4

⑤ 两膝部并拢，两小腿向右侧斜伸出，左脚绷直，左腿重叠于右腿上，左脚挂在右脚踝关节处，两腿收紧，上身左转 45 度，沉肩，挺胸，如图 2-12 所示。

⑥ 髋部左转 45 度，头、胸向右转，右小腿向左侧斜伸出，左小腿向里收，左脚脚尖向下，如图 2-13 所示。

图 2-12　女士基本坐姿 5

图 2-13　女士基本坐姿 6

（2）男士基本坐姿。

① 双脚并拢，小腿稍向前，坐正立腰，双手放在两腿上，眼睛平视前方，如图 2-14 所示。

② 两膝部稍展开不可超过肩宽，小腿垂直于地面，两手合握于腹前，如图 2-15 所示。

图 2-14　男士基本坐姿 1

图 2-15　男士基本坐姿 2

③ 两小腿向前伸，双脚在踝关节处交叉，双手合握于腹前，如图 2-16 所示。

④ 小腿向后屈回，两脚交叉，脚掌着地，双手合握于腹前，如图 2-17 所示。

图 2-16　男士基本坐姿 3

图 2-17　男士基本坐姿 4

⑤ 左小腿垂直于地面，右腿重叠在左腿上，右小腿向里收，脚尖向下，双手交叉放在右腿上。如图 2-18 所示。

（3）坐姿中的入座与离座要求。

① 应让客人先入座，不要自己抢先入座。

② 不能随意坐在桌子上、窗台上、地板上。

③ 注意座位的尊卑，应把尊位主动让给来宾或客人坐。

④ 就座时动作要轻，以免干扰别人。

⑤ 离座时应先用语言或动作向其他在座的人示意，随后方可起身离座。

⑥ 离座时如有他人一同离座，地位高的可先起身离座，地位低的要等地位高的起身离

座后方可起身离座,地位相同的则可同时离座。

⑦ 起身离座后不要匆匆忙忙起身就跑,要从椅子的左侧离去。

图 2-18　男士基本坐姿 5

3. 行姿

行姿是指行走中的姿态,常言道"行如风"就是说走得像风一样轻盈、敏捷。行姿是人体的一种动态,它是以站姿为基础的,在正确优美的站姿基础上进行走的动作姿态。稳健大方的行姿会给人以美的享受,反映出积极向上充满活力的精神状态。

(1) 标准的行姿规范。

正确的行姿要求身体直立、舒展,沉肩,立腰,手臂自然前后摆动,头正,双目平视,走路平稳。其标准的行姿规范是。

① 在站姿的基础上,手臂前后自然摆动,手指自然弯曲,以肩关节为轴,上臂带动前臂。前臂不要向上甩动,前后摆动幅度为 30 厘米～40 厘米。

② 提髋屈大腿带动小腿向前迈出,脚尖正前方略开,重心平稳。

③ 有明确的方向感,尽量使自己在一条直线上行走。

④ 男士每步大约 40 厘米,女士大约每步 30 厘米。

⑤ 行走中注意保持身体造型优美,步伐轻松矫健,两眼平视,立背立腰,昂首挺胸。

(2) 一字步行姿。

① 在站姿基础上,出左脚时稍前送左胯,出右脚时稍前送右胯,两脚尽量行走在一条直线上。

② 两手臂前后自然摆动,前后摆动的距离相等,手自然弯曲。

③ 收腹,挺胸,立腰,沉肩,两肩后展。

④ 头正,微收下颌,眼睛平视前方。

⑤ 迈步送髋时上身保持平稳,不左右摇摆,此行姿适用于女士,如图 2-19 所示。

(3) 平行步行姿。

① 在站姿基础上向前迈步,两脚在两条直线上,出左脚时脚跟着地,迅速过渡到脚尖。

② 右脚动作同左脚,脚尖尽量放正。

③ 收腹,挺胸,立腰,展肩,眼睛平视前方,下颌微收。

④ 两手臂前后自然摆动,不能横摆、后摆,肘关节微屈,此行姿适用于男士,如图 2-20 所示。

图 2-19　一字步行姿

图 2-20　平行步行姿

（4）不正确的行姿。

① 两臂摆动距离不均，横摆。

② 两肩一高一低，走路时身体颤动。

③ 低头含胸，脚尖向里或向外歪。

4. 蹲姿

蹲姿和坐姿都是由站姿变化而来的，是相对静止的体态，蹲姿是由站姿的姿态转变为腿部弯曲和身体高度下降的一种姿态。优雅大方的蹲姿体现了良好的气质和风度。

（1）交叉式蹲姿。下蹲时左脚在前，右脚在后，左小腿垂直于地面，两腿交叉重叠，左脚全脚着地，右脚脚掌着地，两腿前后靠紧支撑身体，臀部向下，上身稍向前倾，下蹲时上身保持站立姿态，这种蹲姿适合穿裙装的女士，如图 2-21 所示。

（2）半跪式蹲姿。半跪式蹲姿又叫单跪式蹲姿，它多用于下蹲时间较长，或为了用力方便之时所采用的一种姿态，下蹲时一腿部膝盖点地，臀部坐在点地腿的脚上，点地腿用脚尖着地，另一条腿全脚掌着地、小腿垂直于地面，双腿靠拢收紧，形成腿部一跪一蹲的姿态，如图 2-22 所示。

图 2-21　交叉式蹲姿

图 2-22　半跪式蹲姿

（3）高低式蹲姿。下蹲时左脚在前，右脚稍后，两腿靠紧向下蹲，左脚全脚着地，小腿垂直于地面，右脚脚掌着地，左膝高于右膝，臀部向下，基本上用右腿支撑身体，上身稍向前倾，在下蹲过程中上身保持站立姿态，两腿部收紧，如图2-23所示。

图2-23　高低式蹲姿

（4）蹲姿的注意事项。

① 下蹲时应与他人保持一定距离。

② 下蹲时的速度不宜过快、过猛。

③ 在他人身边下蹲时，最好是与之侧身相向。正面面对他人或者背部对他人下蹲，通常是不礼貌的。

④ 下蹲姿态一定要背部向下，不能撅背。

⑤ 注意自己的举止，不可蹲着休息。

5. 上下楼梯

上下楼梯时，头要正，背要伸直，胸微挺，臀部要收，脚步要轻，速度要快。

6. 手势

手势是体语中最丰富、最具有表现力的传播媒介。手势的美是一种动态美，若做得得体适度，会给人以优雅、含蓄、彬彬有礼之感，使社交锦上添花。古罗马政治家西塞罗曾说："一切心理活动都伴有指手画脚等动作。手势恰如人体的一种语言，这种语言甚至连野蛮人都能理解。"恰当地运用手势，可以增强感情的表达。

手势的动作要求是：手指伸直并拢，手与前臂成一条直线，肘关节自然弯曲，掌心向斜上方。手势不能过大，也不能过多。运用手势要有个摆动过程，其动作规律是欲扬先抑、欲左先右、欲上先下。

（1）手势的使用应该有助于表达自己的意思，但不宜过于单调重复，也不能做得过多。反复做一种手势会让人感到修养不够。与他人交谈时，随便乱做手势、不住地做手势，会影响别人对你说话内容的理解。应约束自己，讲话时要注意控制手势的运用。

（2）打招呼、致意、告别、欢呼、鼓掌等都属于手势范围，应注意其力度的大小、速度的快慢、时间的长短，不可过度。

（3）在任何情况下，不要用拇指指自己的鼻尖和用手指点他人，谈到自己时应用手掌轻按自己的左胸，那样会显得端庄、大方、可信。用手指点他人的手势是不礼貌的。

（4）介绍某人、为某人指示方向、请人做某事时，应使掌心与地面成45度，手指自然并拢，掌心向上，以肘关节为轴指示方向，上身宜稍向前倾以示尊敬。

7. 禁止的动作

在客人面前打喷嚏、打哈欠、伸懒腰、挖耳鼻、剔牙、打饱嗝、搓泥垢、修指甲，都是非常不礼貌的。咳嗽或打喷嚏时，应用手帕捂住口鼻，转向一侧，避免发出大声。口中有痰要吐在手纸、手帕中或去卫生间，不能乱扔纸屑、果皮、烟头等废物。有病时应避免社交活动。雨天进门应先在门口擦鞋底，雨具应放在门外或门厅。

三、表情仪态

礼仪的情感表达是说人们在讲究礼节时，内心情感在面部上的表现，即表情。表情是人际交往中相互沟通的形式之一。

1. 目光

在人与人之间进行交流时，目光的交流总是处于最重要的地位。交流过程中，双方要不断地应用目光表达自己的意愿、情感，还要适当观察对方的目光，探测"虚实"。交流结束时，也要用目光作一个圆满的结尾。在各种礼仪形式中，目光有重要的位置，目光运用得当与否，直接影响礼仪的质量。

见面时，不论是见到熟悉的人，或是初次见面的人，不论是偶然见面，或是约定见面，首先要以平和的目光正视对方片刻，面带微笑，显示出喜悦、热情的心情。对初次见面的人，还应头部微微一点，行注目礼，表示出尊敬和礼貌。在集体场合，开始发言讲话时，要用目光扫视全场，表示"我要开始讲了，请予注意"。

在与人交谈时，应当不断地通过各种目光与对方交流，调整交谈的气氛。交谈中，应始终保持目光的接触，这是表示对话题很感兴趣。交谈时正确的目光应当是自始至终地都在注视，但注视并非紧盯，否则，会使对方感到尴尬。交谈中，随着话题、内容的变换，做出及时恰当的反应。或喜或惊，或微笑或沉思，使整个交谈融洽、和谐、生动。交谈和会见结束时，目光要抬起，表示谈话的结束。道别时，仍用目光注视着对方的眼睛，面部表现出惜别的深情。

在掌握并正确运用自己目光语言的同时，还应当学会"阅读"对方的目光。从对方目光的变化中，分析他的内心活动和意向。随着交谈内容的变化，目光和表情和谐地统一，表示很感兴趣，思想专注，谈兴正浓。对方的目光长时间地中止接触，或游移不定，表示对交谈不感兴趣，交谈应当很快结束。交谈中，目光斜视，表示鄙夷；目光紧盯，表示疑虑；偷眼相觑，表示窘迫；瞪大眼睛，表示吃惊，等等。目光语言是千变万化的，但都是内心情感的流露。学会阅读分析目光语言，对于正确处理社交活动的进行和发展有着重要意义。运用目光交流时还要注意以下内容：

（1）注视的部位。

① 公务注视：在洽谈、磋商、谈判等场合，眼睛应看着对方双眼或双眼与额头之间的区域。这样注视显得严肃、认真，别人也会感到你有诚意。

② 社交注视：在茶话会，朋友聚会等场合，眼光应看向对方双眼到唇心这个三角区域。这样注视会使对方感到礼貌、舒适。

③ 亲密注视：在亲人、恋人和家庭成员之间，眼光可注视对方双眼到胸部之间的区域。这样注视表示亲近、友善。但对陌生人来说，这种注视有些过分。

（2）注视的方向，如图2-24所示。

① 俯视，即目光向下注视他人。一般表示对晚辈的爱护、宽容，也可对他人表示轻慢、歧视。

② 仰视，即抬眼向上注视他人。它表示尊敬期待，适用于面对尊长之时。

③ 平视，表示理性、平等、自信、坦率。适用于普通场合与身份、地位平等的人之间的交往。

（3）注视的时间。在人际交往中，注视对方时间的长短相当重要。在交谈中，听的一方通常应多注视说的一方，目光与对方接触的时间一般占全部相处时间的1/3。谈话时，若对方为关系一般的同性，应该不时与对方双目对视，以示尊重；如果双方关系密切，则可较多较长地注视对方，以拉近心理距离；如果对方是异性，目不转睛长时间地注视不仅使对方不自在，也是失礼的表现。

图2-24 俯视、仰视与平视

2. 微笑

笑是最美好的形象，是眼、眉、嘴和颜面的动作集合，它能有效地表达人的内心情感。据专家统计，人的面部表情肌有30多种，能做出大约25种不同的表情。就拿人类的笑来说，就可以分为微笑、欢笑、大笑、狂笑、苦笑、奸笑、傻笑、狞笑、嘲笑等，其中最常见、用途最广、效益最大的便是微笑。

微笑之所以动人、令人愉快，除了其在外观上能给人带来美感外，最主要的还在于这种表情所传递、表达的可喜的信息和美好的感情。微笑总是给人带来友好、欢乐和幸福。

（1）微笑的产生。美国"旅馆大王"、希尔顿旅馆的创始人唐纳•希尔顿，于1919年把父亲留给他的1.2万美元连同自己挣来的几千元投资出去，开始了他雄心勃勃的经营旅馆生涯，在得克萨斯州办起了美国第一家旅馆。当他的资产从1.5万美元奇迹般地增值到几千万美元时，他欣然自豪地把这一成就告诉母亲，想不到母亲却淡然地说："依我看，你跟以前根本没有什么两样……事实上你必须把握比5000万美元更值钱的东西：除了对顾客诚实之外，还要想办法去争取顾客的反复光临，若能想出这样一个简单、容易、不花本钱而又行之久远的办法，你的旅馆才前途无量。"母亲的忠告引起希尔顿的苦苦思索，什么办法符合"简单"、"容易"、"不花本钱"又"行之久远"这4个条件，使企业前途无量呢？几经暗访与考证，希尔顿确认只有"微笑"才有如此的魅力。于是他要求企业员工，不论何时都要对顾客"微笑服务"。持之以恒的微笑收到了出人意料的效果。

1930年，世界经济危机袭击了美国，旅馆倒闭了80%，此时希尔顿也受到严重挑战，他要求员工："请各位记住，在经济恐慌的年代，万万不可把我们心里的愁云提到脸上，无论旅馆本身遇到多大困难，我们脸上的微笑应当成为旅客的阳光。" 在经济危机严重的年代，只有他旅馆的员工始终坚持微笑待客，这给人们留下了深刻美好的印象。经济萧条过后，希尔顿率先进入繁荣时期。只有5000美元起家的小旅馆，先后吞并了号称"旅馆之王"、"旅馆皇后"等的大旅馆，使希尔顿旅馆系统扩展到了70家，遍布世界五大洲各大城市，成为全球最大规模的旅馆业务。

希尔顿旅馆之所以发展到如此规模，足以说明"微笑"所产生的巨大吸引力，"微笑"是不见金钱的资本，它确实是生意兴隆的法宝。

微笑，已成为各国宾客都理解的世界性语言。正如罗杰·E.艾克斯泰尔所指出的"有一个世界通用的动作，一种表示，一种交流形式，它存在于所有的文化与国家中，营销人员不分国别、不分种族地使用它，并理解它的含义。它可以帮助你与各种关系的人交往，不论是业务伙伴，还是朋友，它是营销人员交流中唯一最有用的形式，那就是微笑。"

世界著名的酒店管理集团，如喜来登、假日等有一条共同的经验，即服务金钥匙中最重要的一把——就是微笑。美国的麦当劳快餐店老板也认为"笑容是最有价值的商品之一。我们的饭店不仅提供高质量的食品、饮料和高水准的优质服务，还免费提供微笑。"

自称"微笑之邦"的泰国，一切服务工作都是在微笑中进行的。泰国航空公司把微笑写进了广告，"请乘坐平软如纱的泰航飞机，到泰国来享受温暖的阳光和难忘的微笑吧！"泰国人给人们留下了热情待客的印象，正如该国一本供外国游客阅读的旅行指南中所说："当您尽兴离开泰国时，您带走的将是这块充满微笑土地的最美好的记忆！"

日本著名航空公司，空姐上天之前要接受的主要礼仪训练就是微笑。学员要在教官指导下进行长达六个月左右的微笑训练，训练在各种乘客面前，各种飞行条件下，如何保持微笑。

 小故事2-12　　　　　　　　竞选总统与微笑

据说，在美国有一位农民出身的竞选者竞选总统获得成功。舆论认为他的成功在很大程度上取决于他得体的微笑。他重金聘请公关顾问，为自己进行形象设计。本来这位竞选者素以"露齿微笑"为形象，但他的顾问认为，露齿而笑容易产生虚浮、骄傲、伪笑之嫌。于是，他们给这位竞选者设计这样的形象：微笑时双唇收紧，微露下齿，塑造谦逊真诚的形象。这位竞选者闭门苦练，最终以超人的智慧和得体的笑容获得竞选的成功。

（2）微笑的内涵。微笑是人们对美好事物表达愉快感情的心灵外露，是善良、友好、赞美的象征，是对他人的理解、关心和爱的反映，是谦恭、含蓄、自信的象征，是礼貌修养的外现，是心理健康的标志。微笑的内涵是博大的，它具有巨大的感染力。

① 微笑是自信的象征。一个人即使在遇到极严重的危险或困难时也仍然微笑着，好像

若无其事，这种微笑充满着自信，充满着力量。好像有一种超凡的魔力，像阳光一样，可以驱散阴云、驱散黑暗，把忧郁、沮丧、恐惧、苦恼等种种情绪一扫而光。

② 微笑是礼貌的外现。微笑之花常开在脸上，将微笑当做礼物，慷慨地、温和地，像春风、像春雨一样奉献，能使人感到享乐、愉快。微笑服务能极富魅力地感染对方，拨动其心弦，给人以热情好客的良好印象，使各种活动在愉快、和谐的气氛中完成。

③ 微笑是友好的反映。能够与别人相处得很融洽，往往是经常保持微笑的结果。经常笑容满面，和蔼可亲，会使人易于接近；如果人人脸上都有微笑，会使苦恼的人也感到愉快、吉祥，气氛也会融洽平和许多。微笑像一种磁力、一种电波，能使人的心灵相通、相近、相亲。

④ 微笑是健康的标志。一个心理健康的人能真诚地微笑，使美好的情操、崇高的思想和温暖的情怀以及善良的心地水乳交融。发出真诚微笑的人，常常表现出对人的尊重、理解和同情，愿意分担他人的忧伤、减轻他人的痛苦，同时也愿与人分享快乐。正如瑞典的一句谚语"与人分享的快乐是双重的快乐，与人分担的痛苦是减半的痛苦。"

 小故事 2-13　　　　　　相逢一笑泯恩仇

一次在上海飞往广州的飞机上，有两位外国女郎金发碧眼、衣着华丽。可刚上飞机她们就皱起眉头，掩着鼻子直嚷机舱里有怪味。一位空姐微笑着走来，请她们原谅，并递上一瓶香水。香水却被她们扔到了角落里。接着又是一连串的刁难。虽然空姐觉得自尊受到伤害，但仍笑脸相待，一一满足她们的要求。当空姐给她们送来可口可乐时，她们还没喝，就说可口可乐有问题，甚至将可乐泼到空姐身上。空姐强忍这种极端无礼的行为，再次把可口可乐递过去，微笑着不卑不亢地说"小姐，这可乐是贵国的原装产品，也许贵国这家公司的可口可乐都是有问题的。我很乐意效劳，将这瓶可口可乐连同您的芳名及地址寄到这家公司去，我想他们肯定会登门道歉并将此事在贵国的报纸上大加渲染的。"两个女郎目瞪口呆，而那位了不起的空姐还是面带微笑地将其他饮料送给她们。事后这两位女郎留了一封信，信中说自己太苛刻、太过分，而中国空姐的服务、中国空姐的微笑，世界一流、无可挑剔。

（3）微笑的技能要领。练习微笑时要求发自内心、自然大方，显示出亲切，要由眼神、眉毛、嘴巴、表情等方面协调动作来完成。要防止生硬、虚伪、笑不由衷。要笑得好并非易事。

微笑时面部肌肉要放松，嘴角微翘。男士嘴唇微闭。女士嘴唇微启，露出上边六颗牙齿，但应避免露出牙龈。自觉控制发声系统，笑不出声。练习方法如下。

① 照镜训练法。对着镜子，心里想着使你高兴的情景，嘴角两端做出微笑的口型，找出自己认为最满意的微笑，天天练习，使之自然长久地呈现在脸上。

② 词语训练法。默念英文单词 Cheese 或普通话中的"钱"字、"茄子"，这些字、词形成的口型，正是微笑的最佳口型。

（4）笑的禁忌。在正式场合，不能放肆大笑，使人感到没有教养；也不应傻笑，令对方尴尬；不应皮笑肉不笑，使对方无所适从；不应冷笑，使对方产生敌意。总之，笑也要因时、因地、因事而宜，否则毫无美感且令人生厌。

四、人际交往距离

俗话说，人就像冬天的刺猬，太近了刺人，远了又觉得孤独和寒冷。这是对距离最好地诠释了，人就是这样一种存在，既需要距离，又试图超越距离。但人在超越时空距离的同时，却又小心地保持着人与人之间的距离。美国人类学家爱德华·霍尔博士划分了四种区域或距离，各种距离都与对方的关系相称。

（1）亲密距离。亲密距离的范围是50厘米之内，就交往情境而言，亲密距离属于私下情境，只限于在情感上联系高度密切的人之间使用，在社交场合，大庭广众之前，两个人（尤其是异性）如此贴近，就不太雅观。在同性别的人之间，往往只限于贴心朋友，彼此十分熟识而随和，可以不拘小节，无话不谈。在异性之间，只限于夫妻和恋人之间。因此，在人际交往中，一个不属于这个亲密距离圈子内的人随意闯入这一空间，不管他的用心如何，都是不礼貌的，会引起对方的反感，也会自讨没趣。

（2）个人距离。个人距离的范围为50厘米～120厘米之间，任何朋友和熟人都可以自由地进入这个空间，不过，在通常情况下，较为融洽的熟人之间交往时保持的距离在50厘米～80厘米，而陌生人之间谈话则在80厘米～120厘米之间。

（3）社交距离。社交距离的范围为120厘米～360厘米，一般在工作环境和社交聚会上，人们都保持这种程度的距离。如企业或国家领导人之间的谈判，工作招聘时的面谈，教授和大学生的论文答辩等等，往往都要隔一张桌子或保持一定距离，这样就增加了一种庄重的气氛。在社交距离范围内，已经没有直接的身体接触，说话时，也要适当提高声音，需要更充分的目光接触。如果谈话者得不到对方目光的支持，他（或她）会有强烈的被忽视、被拒绝的感受。这时，相互间的目光接触已是交谈中不可或缺的感情交流形式了。

（4）公众距离。这是公开演说时演说者与听众所保持的距离。其范围为360厘米之外，这个空间的交往，大多是当众演讲之类，当演讲者试图与一个特定的听众谈话时，他必须走下讲台，使两个人的距离缩短为个人距离或社交距离，才能够实现有效沟通。

显然，相互交往时空间距离的远近，是交往双方之间是否亲近、是否喜欢、是否友好的重要标志。因此，人们在交往时，选择正确的距离是至关重要的。我们了解了交往中人们所需的自我空间及适当的交往距离，就能有意识地选择与人交往的最佳距离，而且，通过空间距离的信息，还可以很好地了解一个人实际的社会地位、性格以及人们之间的相互关系，更好地进行人际交往。

第五节 本章小结

本章从整体形象的塑造、服饰美、仪容美、仪态美等四个方面，立体地介绍了打造仪表美的基本内容和方法。仪表美是内在美的外化。随着职业化进程的加快。人们不仅要知晓、了解美，更要通过操作、实践来掌握美。

第二章 仪表美

【思考与练习】

1. 谈谈应如何塑造良好的整体形象?
2. 如何理解仪表美的含义?
3. 色彩的配置原则是什么?常用的服装色彩配置方案有哪些?
4. 谈谈应如何根据着装原则安排不同场合的着装?
5. 西装穿着"十戒"指的是什么?
6. 女士着装有何特殊要求?
7. 谈谈饰品佩戴的学问?
8. 化妆的原则有哪些?如何针对自己扬长避短?
9. 站姿训练。

站姿是指人体的一种静立姿态,优美的站姿是全部仪态的基础和根本点,是人们在日常生活中不断追求的,也是服务行业从业人员所必须学习和掌握的。通过站姿训练可使服务人员具有稳重、大方、可信、朴实的礼仪风范,使客人有宾至如归之感。

(1)让学生身穿职业服、半高跟鞋在一间空教室里排队站立。按照站姿的基本要求练习。学生进行自我调整,尽量用心去感觉动作要领。训练时可放些优雅、欢快的音乐,调整学生的心境,使微笑自然。每次训练 20 分钟左右。

(2)贴墙站立。要求学生后脚跟、小腿、臀、双肩、后脑勺都紧贴墙。这种训练是让学生感受到身体上下处于一个平面。

(3)背对背站立。要求两人一组,背对背站立,双人的小腿、臀部、双肩、后脑勺都贴紧。两人的小腿之间夹一张小纸片,不能让其掉下。每次训练20分钟左右。

(4)站姿训练可结合微笑训练一起进行,强调微笑的准确、自然、始终如一,可配上悠扬、欢乐的音乐以调整学生的心境。

10. 坐姿的训练。

学生的着装要求与站姿一样。

(1)练习入座起立。入座时,教师说"请坐",学生说"谢谢",女生双手掠一下裙子,按规范动作坐下。起立时速度适中,既轻又稳。

(2)练习坐姿。按规范的坐姿坐下,放上音乐。练习在高低不同的椅子、沙发,不同交谈气氛下的各种坐姿。训练时,重点强调上身挺直,双膝不能分开,用一张小纸片夹在双膝间,自始至终不能掉下来。

11. 走姿训练。

女生应着西服裙和半高跟鞋进行练习。

(1)走直线。在地上画一直线,行走时双脚内侧稍稍碰到这条线,即证明走路时两只脚几乎是平行的。配上节奏明快的音乐,训练行走时的节奏感。强调眼睛平视,不能往地上看,收腹、挺胸、面带微笑,充满自信和友善。

(2)顶书而行。这是为了纠正走路时摆头晃脑的毛病,而保持在行走时头正、颈直的训练。

(3)练习背小包、拿文件夹、公文包、穿旗袍时的行走。

12. 微笑练习。

微笑是一种健康文明的举止。通过微笑来表达美是可以训练养成的。微笑的基本方法是：肌肉放松，嘴角两端向上略微提起，面含笑意，亲切自然，使人如坐春风。其中亲切自然最重要，它要求微笑出自内心、发自肺腑，而无任何做作之态。也只有这种发自真心和诚意的微笑，才能使与你接触的人都感到轻松和愉快。

首先表现在嘴的两端要平均地向上翘起。在练习时，为使双颊肌肉向里，可念着普通话的"一"字音。如果一个人的嘴上翘时，眼睛仍是冷冰冰的，就会给人假的感觉。眼睛的训练方法是，取厚纸一张，遮住眼睛下边部位，对着镜子，心里尽情回忆过去美好生活，使笑肌抬升收缩，嘴角两端做出微笑的口型。这时，你就会十分自然地呈现出微笑了。随后放松你的面部肌肉，随之恢复原形，但这时的目光中仍然会流露出含笑脉脉的神采。

第三章　日常交往礼仪

本章提要
- 见面礼仪
- 谈吐礼仪
- 做客与会客礼仪
- 馈赠礼仪
- 电话礼仪

引　言

众所周知日常生活的涉及面非常广泛，所以礼仪无时不在，无处不在。由于人际关系是通过人与人之间的交往和联系表现出来的，就像体育运动和游戏需要有规则一样，要使这些交往和联系得以正常进行，就需要用一定的行为规范来调节和增进彼此的关系。随着中国经济和国际接轨的步伐加快，礼仪的重要性也越来越明显，而日常交往礼仪更成为人们社会生活中不可缺少的内容。讲究礼仪，注重礼貌，遵守一定的礼仪规定，是社会不断进步重要标志，更能帮助你在与人交往时树立良好的个人形象，使人与人之间的交往变得融洽而顺畅。

第一节　见面礼仪

见面是交往的开始，人与人在人际交往中的第一礼节就是见面礼，见面礼仪给对方留下的第一印象，是决定双方交往的深度和广度的重要因素。一个人如果举止庄重大方，谈吐幽默文雅，就会在人际交往之初使对方形成牢固的心理定式，从而会对以后的交往产生积极影响。

一、握手礼

握手礼是目前世界上最通用的、最司空见惯的礼节，它看似平常却是人际交往中沟通思想、交流感情、增进友谊的重要方式，是现代交际和应酬的礼仪之一。握手是为了表示对对方的尊重、友好、关心或敬意，有时也表示祝贺、感谢、慰问或鼓励。久别重逢、多日未见的友人相见、辞别时也用握手礼。

热情、文雅而得体的握手能让人感受到愉悦、信任和接受，能促进彼此间的交流。因此，在各种社交场合中应注意正确使用握手礼。

图 3-1　握手礼

1. 握手的时机

见面之初，何时应行握手礼，这是一个复杂而微妙的问题。所以，握手之前要审时度势，听其言观其行，留意握手信号，选择适当时机。比如在以下场合，就是行握手礼的最佳时机：

（1）当被介绍给不相识者时，与其握手，可表示乐于结识对方；
（2）当遇到久未谋面的熟人时，与其握手，可表示久别重逢喜悦；
（3）当在社交场合作为东道主与公众、来宾见面时，与其握手，可表示对对方的欢迎；
（4）在较正式的场合与人道别时，与其握手，可表示依依惜别之情；
（5）在家中、办公室等地迎接、或送别来访者时，与其握手，可表示欢迎或欢送；
（6）当向他人道贺、恭喜时，与其握手，表示祝贺；
（7）当得到他人的理解、帮助、支持、认可或当他人向自己赠送礼品、颁奖时，与其握手，表示感谢；
（8）当对他人表示安慰时，与其握手，则表示慰问之情；

不过在以下情况时，可不必握手，而是采用对方能够理解的其他方式致意效果会更好：

（1）当对方右手负伤时；
（2）当对方携带较多重物时；
（3）当对方正忙于其他事务时；
（4）当对方和自己距离较远时；
（5）当时环境不适宜握手时。

2. 握手的方式

（1）规范的姿势。

行握手礼时，双方相距 1 米左右，双腿立正，上身略向前倾，伸出右手，四指并拢，拇指张开，掌心向内，右手掌与地面垂直，手的高度大致与双方腰部平齐。握手时，适当用力，上下轻摇几次。伸直相握时，双方手臂应大致形成一个直角，虎口交叉。这是标准的握手姿势，也叫平等式握手。

（2）注意事项。

① 神态：握手时，神态应自然、热情、专注。同时要面带微笑，目视对方的脸，亲切问候，以体现对对方的友好和尊重。

握手时一般的问候语是："你好！""认识你很高兴！""恭喜！恭喜！"等。

② 时间：握手时间的长短应因人因地因情而异。在通常情况下，握手的时间应控制在 3～5 秒钟左右，不宜过短或过长。另外，应注意的是，在与异性或初次见面者握手时，握手时间应控制在 3 秒以内，不宜过长，否则容易造成对方的误会或不快。

③ 力度：握手的力度要适中，既不可用力过猛，也不可柔软无力或伸而不握，一般应以不捏疼对方的手为限度。因为用力过猛会使人承受不了，而柔软无力又会给人缺乏热忱、敷衍之感。具体而言，若对方是亲朋好友，握手时力度可稍大些，若对方是异性或是初次见面的朋友，则千万不可用力过猛。试想当对方久久地、强有力地握着你的手，且边握边上下晃动时，则说明他对你的感情是真挚而热烈的；当对方握你手时连手指都不愿意弯曲，只是例行公事般地敷衍一下，没有任何力度，则说明对方对你的感情是冷淡的。另外，男士握女士的手时应该轻一些，不要握满全手，只要握住手指部分即可。

（3）握手的其他姿势。

① 支配式握手。也称控制式握手，即用掌心向下的姿势握住对方的手。用这种方式握手的人是想表示自己的优势、主动和支配地位。因此，采用这种方式握手的人很难同接受者建立平等的友好关系。

② 顺从式握手。也称乞讨式握手或友善式握手。与支配式握手相反，顺从式握手是用掌心向上的姿势与对方握手。这种方式握手表示自己的谦恭、谨慎或对对方的尊重、敬仰，甚至含有几分畏惧的心理。

③ 双握式握手。也称手套式握手，握手时，用右手握住对方的右手，同时再用左手加握对方的手背、前臂、上臂乃至肩部。这种握手方式表达着一种热情真挚，诚恳友好的情感。这种握手方式一般用于亲朋故友之间，表达自己的深厚情意。但对于初识者或异性之间使用这种握手方式则会显得失态。

④ 捏指式握手。这种握手方式主要用于不熟识的异性之间，表示双方的稳重和矜持。采用这种方式握手时只握住对方的手指部分，而不是两手的虎口接触相握。

⑤ 抠心式握手。这种握手方式主要用于恋人或感情深厚的朋友之间，它是指双方两手相握之后，不是很快松开，而是让双方手掌缓缓滑离，当手指滑过对方掌心时作适当停留，已传达彼此间依依不舍地特殊情感。

3. 握手的顺序

在比较正式的社交场合，行握手礼的关键环节就是握手时双方应由谁先伸手发起握手这一动作。倘若对此一无所知，在与他人握手时，轻率地抢先伸出手去，而得不到对方的回应，是非常尴尬的。因此，在握手时要遵守"尊者决定"的原则，即在握手时首先确定双方身份的尊卑，由位尊者先伸手，位卑者及时地作回应。遵守这一原则，既是为了恰当地体现对位尊者的尊重，也是为了维护在握手之后的寒暄中位尊者的自尊。

这一原则的具体体现是，在社交场合中，
（1）年长者与年幼者握手，应由年长者先伸手；
（2）长辈与晚辈握手，应由长辈先伸手；
（3）女士与男士握手，应由女士先伸手；
（4）已婚者与未婚者握手，应由已婚者先伸手；
（5）主人与客人握手，应由主人先伸手；
（6）上级与下级握手，应由上级先伸手。

值得注意的是，当握手双方符合其中两个或两个以上顺序时，一般以先职位再年龄，先年龄再性别的顺序握手。如，一位年长的职位低的女士和一位年轻的职位高的男士握手时，应由这位男士先伸手。

还应该强调的是，上述握手次序，主要用来律己，不可用来苛求他人。在社交场合中，无论谁先向我们伸手，即使他违反了握手礼的先后顺序，我们都应将其看做是敬重、友好的表示，应马上伸手与其相握。拒绝与他人握手，从而使对方难堪实际上是一种变相的失礼，是不符合礼仪规范的。

4. 握手的禁忌

在当今社交场合中，握手礼虽是司空见惯，看似寻常，但并非每个人都能掌握其操作要领。同时由于施礼过程中可传递多种信息，因此在行握手礼时应尽量做到合乎规范。

（1）不可东张西望。握手时应神情专注，不可东张西望、心不在焉或与他人打招呼。

（2）不可坐着握手。行握手礼时，除长者和妇女外，都应起身站立。

（3）不可左手握手。尤其在与阿拉伯人、印度人打交道时，更要注意这一点，因为他们的习俗中，左右手分工不同，在他们看来，左手是不洁净的。所以，一般不用其行握手礼或递接食物。

（4）不可交叉握手。在多人同时握手时，不可交叉握手。当自己伸手时发现别人已经伸手，应主动收回，并说声"对不起"，待别人握完手后再伸手相握。

（5）不可戴着手套握手。在公共场合中，无论男女，与人握手均不能戴手套，即使你的手套十分洁净也不行。但有两种情况例外，一是当女士穿着礼服，戴着长纱手套时。因为此时长纱手套视为礼服的一部分，可以戴着行握手礼；二是军人、武警仪仗队员在执行公务时，可戴所配礼服手套行握手礼。

（6）不可在握手时将另一只手放在衣袋里。

（7）不可用不洁之手与他人相握。当自己的手不干净时，应示意声明，并表示歉意。

（8）不可在握手时戴着墨镜，但是患有眼疾或眼部有缺陷者例外。

（9）不可在与他人握手之后，立即擦拭自己的手掌。

（10）不可拒绝与他人握手，此种举止在任何情况下都是失礼的。

二、致意礼

在当今社交场合中，人们在见面时常常用致意礼来相互传递情感间的敬重、友好与尊重。致意，又可以称作"袖珍招呼"，是指向他人表达问候的心意，用用具体的礼节举止表示出来。它通常是在迎送、被人引见、拜访时作为见面所必施的礼节，它对于社交活动的进行影响很大。礼貌的致意，会使人产生一种友好愉快之感；反之，则会被看做是缺乏教养、不友善的表示。

1. 致意的基本规则

通常，在社交场合，致意应遵循以下规则：下级应先向上级致意；年轻者应先向年长者致意；晚辈应先向长辈致意；男性应先向女性致意。

但是，在实际交往中，也并不一定非要拘泥于以上顺序。有时，长者、上级为了体现自己的谦虚、随和，主动向晚辈、下级致意，无疑会更具亲和力与风度，从而得到对方的尊重与敬仰。

2. 致意的方式

作为一种见面礼节，致意往往因为情况的不同分为：招手致意、点头致意、脱帽致意、注目致意等。

（1）招手致意。招手致意，又称挥手致意。行招手致意礼的准确做法是右臂向前上方伸直，右手掌心朝向对方，轻轻向左右摆动一两下。需要注意的是，行礼时不要将手上下摆动，也不要将手背朝向对方。招手致意礼一般适用于与相距较远的熟人打招呼。

（2）点头致意。点头致意又称颔首致意。它的具体做法是行礼者头部向下轻轻一点，同时面带微笑。注意不宜反复点头，点头的幅度也不应过大。点头致意一般适用于路遇熟人或在影院、会场等不宜与人交谈之处、在同一场合碰上已多次见面者、遇上多人而又无法——问候的场合。

（3）躬身致意。躬身致意又称欠身致意，有两种形式。一种是站姿时，上身微微向前一躬。另一种是坐姿时，在上身前躬的同时，臀部轻起离开坐椅。这种致意方式表示对他人的恭敬，一般适用于见到位尊者时使用。

（4）脱帽致意。脱帽致意，指的是在一些场合，戴帽子的人应自觉主动地摘下自己的帽子，并放置于适当位置。如，升国旗、奏国歌、进入他人居所、正式场合、参加葬礼等等。

（5）注目致意。注目致意的正确做法是起身立正，挺胸抬头，双手自然下垂或贴放于身体两侧，面容庄重严肃，双目正视被行礼对象，并随之缓缓移动。一般来说，在升国旗、剪彩揭幕、大型庆典时行注目致意礼。行礼时不可戴帽子，不可嬉皮笑脸，更不可大声喧哗。

三、介绍礼

介绍是指经过自己的主动沟通或者通过第三者从中沟通，从而使交往双方相互认识、建立联系、增进彼此了解的一种交往方法。介绍最突出的作用，在于能缩短人们之间的距离，以便更好地交谈、沟通和深入了解。

1. 介绍的类型

根据介绍的场合、对象的不同，介绍的分类也有所不同。按照社交场合的方式正式与否可划分为正式介绍和非正式介绍；按照被介绍者的人数多少可划分为集体介绍和个人介绍；按照介绍者的位置不同可划分为自我介绍、他人介绍、为他人介绍。通常情况下，用得较多的是自我介绍、为他人介绍和集体介绍三种类型。

（1）自我介绍。自我介绍是社交场合中运用最多的一种介绍方式。它是指当自己与他人初次见面时，自己将自己介绍给他人，以使对方认识自己。

自我介绍也是商务人员跨入社交圈、结交更多朋友的有效方法。但是要想自我介绍取得好的社交效果还应注意以下问题：

① 时机。人际交往中，何时把自己介绍给他人，是一个复杂的问题，它和场合有关，也和当时的气氛、现场人员的互动情况有关。通常情况下，在以下环境中适宜介绍自己：

当主人无法抽身或忘了介绍，你与周围的人不认识，而又十分想认识他们时，最好的方法就是主动上前进行自我介绍，以表明自己的身份；

当希望结识某个人，又苦于无人引荐时，也可以主动将自己介绍给对方，即自己充当自己的介绍人。需要注意的是，如果拿不定对方是否愿意与你结识时，你不妨先请问对方的尊姓大名，如对方马上告诉你，则说明对方乐于与你认识，此时，你便可以马上向对方介绍自己的情况；

当他人希望结识自己时，也有必要向对方进行自我介绍；

当自己熟悉他人，但又担心他人健忘或不能完全了解自己时，也可以再次向对方简要地介绍一下自己。

② 内容。自我介绍时，应根据当时的具体场合、结识对象以及实际需要来确定自我介绍的内容。通常，自我介绍的内容应简洁明了，但要实事求是，真实可信。在一些场合，除了报上自己的姓名和单位、部门、身份外，再提及与正在进行的活动是什么关系就可以了。如："我是张强，毕业于山东理工大学，现在三玉集团人力资源部任职。"

③ 时间。在自我介绍的过程中，要注意把握介绍的时间。一般来说，自我介绍的时间

控制在一分钟内为宜。进行自我介绍时，态度要自然、友善、随和。

另外，进行自我介绍时还应视场合不同灵活应对。要特别注意一些细小的礼仪环节。比如两人正在交谈，你想加入，而你们又彼此不认识，这时作自我介绍就应选择两人谈话停顿的时候，并说"二位好！非常对不起，可以打扰一下吗？我是××……"。如果是参加一个集体活动迟到了，你又想让大家了解你，这时就应当说："女士们、先生们，你（您）们好！非常抱歉，我来晚了，我是××，是××公司的销售部经理，很高兴与大家在此见面。还请大家多多关照！谢谢！"等。

（2）为他人介绍。为他人介绍，又称第三者介绍，它是指由第三者为彼此不相识的双方所进行的引荐、介绍。此种介绍通常是双向的，即要把被介绍双方各自作一番介绍。有时，也可以进行单向的他人介绍，即只把被介绍者中的某一方介绍给另一方，这样做的前提往往是前者认识后者，而后者不认识前者。在为他人做介绍时，要注意以下几个问题：

① 介绍者的确定。一般情况下，介绍者是由单位专门负责此事的相关人员担任，如秘书、办公室主任、公关礼宾人员或专职接待人员等。

当有外单位人员来访，但来访者又与本单位其他人员不认识时，一般由和对方有业务联系的相关人员担任介绍者。

作为主人，一般有主动充当介绍者的义务。

如果来访者身份、地位较高，本着"身份对等"的原则，通常应由东道主一方在场人士中身份最高者担任介绍者，以示对被介绍者的尊重。

有时，需要征求某一方的意见，看他是否乐意把自己介绍给某人，此时，应先征求身份较高者的意见。

② 介绍时的顺序。在为他人介绍时，先介绍谁，后介绍谁，是一个比较敏感而复杂的礼仪问题。虽然在商务交往中，所有的人都应当是平等的，但是，人与人之间仍然有许多不可少的顺序和先后关系。这就必须遵守"尊者优先"的原则，也称为"尊者先知"（尊者有优先知情权），即在为他人介绍前，先要确定双方地位的尊卑，然后先把位卑者介绍给位尊者，后把位尊者介绍给位卑者，这样做，可以让位尊者优先了解位卑者的情况，以便见机行事，在交际中掌握主动权。

目前，国际上公认的为他人介绍的顺序是：

先将年轻者介绍给年长者；

先将晚辈介绍给长辈；

先将男性介绍给女性；

先将主方人士介绍给客方人士；

先将未婚者介绍给已婚者；

先将晚到者介绍给早到者；

先将职位低的人介绍给职位高的人。

值得注意的是，当所要介绍的双方符合其中两个或两个以上顺序时，一般以先职位再年龄，先年龄再性别的顺序做介绍。如，要为一位年长的职位低的女士和一位年轻的职位高的男士作介绍时，应该将这位女士介绍给这位男士。

③ 内容和方式。需要注意的是，正式介绍他人之前，最好先了解一下双方是否有乐于结识的愿望，切不可冒昧引荐。最得体的介绍方法是先以询问的口气问位尊者，如"李经理，我可以介绍小张和你认识吗？"，"请允许我为您介绍……"，"让我来为您介绍一下"等礼貌

语。介绍时，应面带微笑，说话简洁明了，介绍的基本内容应包括姓名、单位、部门、职务。

规范的介绍表述是："章总，请允许我为您做介绍，这位是宏达集团公司的陈勇主任；这位是林安集团的总经理林凯先生。"

当介绍者走上前为被介绍者做介绍时，被介绍双方应起身站立，面含微笑。

一般来说，介绍时，介绍者位于中间，介绍时用右手，五指伸开朝向被介绍者中的一方，此时，介绍者的眼睛要看着另一方。

介绍完毕，双方应依照礼仪顺序握手，彼此问候，"您好！"、"认识您很高兴。"、"久仰久仰！"、"幸会，幸会！"等是最常见的问候语。

（3）集体介绍。集体介绍是指介绍者在为他人介绍时，被介绍者其中一方或者双方不止一人甚至是许多人在场。因此，集体介绍可分两种：一种是为一人和多人作介绍；另一种是为多人和多人作介绍。

集体介绍时，若被介绍者双方地位、身份大致相同或难以确定时，应遵循"少数服从多数"的原则，即先介绍人数较少的一方或个人，后介绍人数较多的一方。在介绍人数较多一方时，仍应由尊而卑逐一介绍。有时，也可只介绍前者，而不必再向前者一一介绍。

若被介绍双方地位、身份存在明显差异，这时应以地位、身份高者为尊，即使尊者人数少或甚至只有一人，仍应被置于尊贵的位置，最后加以介绍。

2．介绍时应注意的问题

（1）介绍时，应面带微笑，目视对方，举止端庄得体。

（2）介绍时，要注意采用规范、准确的措辞，第一次提到单位时要用全称，再次提到时可用简称。如不要讲"人大"，而应讲"中国人民大学"。

（3）为他人介绍时，语言应简洁明了，以便让双方记住对方的姓名及简单资料。

（4）为他人介绍时，要记住加上被介绍者的头衔，如经理、局长、处长等。在介绍时头衔应冠在姓名之后，如：李明总经理。

（5）为他人介绍时，被介绍者双方应起身或欠身，以示相互尊重。介绍后，双方应主动握手，可寒暄几句，也可交换名片。

（6）为他人介绍后，介绍者应略停片刻，引导双方交谈后再离开。

四、名片礼

名片，是中国人使用最早的礼仪信物之一。早在西汉时期，人们削竹、木为片，在上面写上姓名，供拜访者通名报姓之用，当时称之为"谒"，东汉时改叫"刺"，又称"名刺"，以后又以纸张为材料，曰"名纸"。现在普遍称"名片"。

名片是一种经过设计、能表示自己身份、便于交往和开展工作的卡片，同时由于它印制规范、文字简洁、使用灵活、携带方便、易于存放，而且可以不分老幼尊卑均可使用，所以应用范围非常广泛。

在人际交往中，正确使用名片，对个人形象乃至组织形象的提高都有着极为重要的作用。

1．名片的设计与制作

在人际交往中，名片常常作为一种"介绍信"和"联络卡"，用来证明身份、结交朋友、联系业务等,所以,名片的设计应仔细斟酌、精心设计,力求体现使用者的风格。如何设计一款既符合礼仪规范又能体现个人风格的名片呢?

(1) 规格。目前国内最通用的名片规格为9cm×5.5cm,即长9cm,宽5.5cm,此外,国外的名片有10cm×6cm的,8.0cm×4.5cm的名片多为女士专用。

(2) 色质。名片用纸张,最好选用耐折、耐磨、美观、大方的白卡纸、麻点纸、香片纸或布纹纸为好;在色彩的选择上,应尽量选择白色、米色、淡蓝色、灰色等庄重朴素的色彩,并且一张名片最好只用一种基础色,使用杂色名片,看起来会令人眼花缭乱,一般不要用红色、紫色、绿色印制名片。

(3) 图文。名片上的图案,除了纸张自身的纹路外,最多两个:一是可选择企业标志,二是企业主导产品等。没有必要将自己的玉照印到上面。名片上的文字,一般宜选用简体汉字,不用繁体字。在国内少数民族聚居区、外资企业以及境外使用的名片,可酌情使用少数民族文字或外文。最佳做法是在一枚名片的两面,分别以简体汉字和少数民族文字或外文印制相同的内容。但不要把两种文字交替印在名片的同一面上。同时,内容上尽量不要出现名言或警句,如"走自己的路,让别人去说吧","难得糊涂"等。

(4) 版式。名片的版式一般有两种,即横式和竖式。横式的名片行序由上而下,字序由左而右;竖式的名片行式由右而左,字序由上而下。两种版式各有其特点,设计时可根据自己的兴趣爱好进行选择。需要注意的是,不能在一枚名片中既使用竖式又使用横式。

2. 名片的分类

根据名片的用途不同,可将名片分为个人名片和单位名片。其中个人名片主要有应酬式名片、社交式名片和公务式名片。在正式的社交场合,可以根据不同的交往对象,使用不同的名片进行交往。

(1) 应酬式名片。应酬式名片,又称本名式名片。其内容通常只有个人姓名一项,或再加上本人的籍贯与字号(如图3-2)。应酬式名片一般在以下社交场合中使用:拜会他人时说明身份;馈赠时替代礼单;用作便条或短信。

(2) 社交式名片。社交式名片,主要用于社交场合,用于自我介绍与保持联络。内容主要包括姓名及联络方式两项(如图3-3)。其中个人姓名应以大号字体印于名片中央。联络方式主要包括家庭地址、邮政编码、个人电子信箱、住宅电话号码等。一般来说,社交式名片不印办公地址,以示公私分明。

李黎明	张　扬 家庭住址:上海华亭路 121 号 电　　话:021-31266785 电子信箱:zhangyang118@sina.com 邮政编码:200002
图 3-2　应酬式名片	图 3-3　社交式名片

（3）公务式名片。公务式名片，指的是在正式的公务场合交往中所使用的个人名片。它是目前社会交往中最常见的一种名片。公务式名片主要包括个人称呼、所属单位、联络方式等三个方面内容（如图3-4）。

```
┌─────────────────────────────────────┐
│  《交际之友》杂志社                  │
│                                     │
│       葛如慧    主任编辑             │
│                                     │
│       单位地址：北京市海淀区成府路205号│
│       办公电话：010-861062725678     │
│       传    真：010-861062765012     │
│       邮    编：100035               │
└─────────────────────────────────────┘
```

图 3-4　公务式名片

① 个人称呼。个人称呼主要由本人姓名、职务、学术头衔等三部分组成，后两项可根据实际需要进行取舍，但内容不宜过多。

② 所属单位。这项内容主要由单位名称、组织标志、所在部门等三部分构成，名片上单位名称及所在部门名称应采用全称。

③ 联络方式。这项内容由单位地址、邮政编码、办公电话、传真等几部分组成，在这里一般不提供家庭住址与住宅电话。而本人的手机、电子信箱等信息是否提供，则根据自己的实际情况而定。

一般来说，名片上"个人称呼"应以大号字体印在名片中央，"所属单位"与"联络方式"则分别以小号字体印在名片的左上角与右下角。如有必要，还可在名片的另一面印上本单位的经营范围或所在方位示意图（如图3-5）。

（4）单位名片。单位名片，因其多为公司企业所用，故又称企业名片。它主要用于公司企业对外宣传、推广活动。单位名片的内容主要包括两项：一是单位的全称及其标志，二是单位的联络方式，由单位地址、邮政编码、单位电话、传真、网址等构成（如图3-6）。同样，也可在名片的另一面印上本单位的经营范围或所在方位图。

```
┌─────────────────────────┐
│  《交际之友》杂志社       │
│  欢迎投稿、订阅、刊登广告、形象宣传 │
│    欢迎代理发行、广告业务 │
│      邮发代号：21-121    │
└─────────────────────────┘
```

图 3-5　公务式名片的背面示意图

```
┌─────────────────────────────────────┐
│        鸿达制衣有限公司              │
│                                     │
│     公司地址：济南济大路172号        │
│     办公电话：0531-82010888          │
│     传    真：0531-82010888          │
│     邮    编：250000                 │
│     网    址：http://www.hongda.com  │
└─────────────────────────────────────┘
```

图 3-6　单位式名片

3. 递接名片的礼仪规范

在人际交往中，规范的使用名片可以树立一个人良好的礼仪形象。

（1）名片的放置。随身携带的名片应使用较为精致的名片夹，且应放置在方便拿出的地方，不要与其他杂物混在一起，以免用时手忙脚乱，甚至拿不出来。具体而言，在穿西装时，名片夹只能放在左胸内侧的口袋里。因为名片是一个人身份的象征，而左胸是靠近心脏的地方，将名片放在靠近心脏的地方，其含义是对对方的一种礼貌和尊重。在不穿西装时，名片夹可放置于自己随身携带的公文包里。将名片放置于其他口袋，尤其放在后侧袋里是一种很失礼的行为，由于在社交活动中需要接受的名片很多，所以，最好将他人的名片与自己的名片分开放置。否则，一旦慌乱中将他人的名片误作自己的名片送给对方，是很尴尬的。

（2）名片的递送。

① 递送的顺序。名片递送的先后顺序并没有太严格的讲究。一般来说，遵循"位低者先行"的原则，即由职位低的先向职位高的递送名片，晚辈先向长辈递送名片，男士先向女士递送名片。当对方人数不止一人时，应先将名片递给职位较高或年龄较大者，如果分不清职位高低和年龄大小时则可先和自己对面左侧方的人交换名片。总之，在与多人递送名片时，应讲究先后顺序，由尊而卑、由近而远，顺时针依次进行。

名片代表一个人的身份，在未确定对方的来历之前，不要轻易递出自己的名片。否则，不仅有失庄重，而且可能日后名片被他人冒用。同样，为了尊重对方的意愿，尽量不要向他人索要名片。

② 递送的方式。向他人递送名片时，应面带微笑，双目注视对方，将名片的正面朝向对方，用双手的拇指和食指分别持握名片上端的两角送给对方，并说"这是我的名片，请多关照！"等寒暄语。注意，在递送名片时，如果是坐着，应当起身或欠身。

（3）名片的接收。接收他人递过来的名片时，除了长者、女性外，均应尽快起身或欠身，面带微笑，用双手接住名片的下方两角，并说"谢谢！"、"认识您很高兴！"等寒暄语。名片接到手后，应十分珍惜，认真看一下、妥善保管好。切不可在手中摆弄，或随意放置在桌上，更不能放在手中揉来揉去。如果是初次见面，最好将名片上的重要内容（如对方的职务、头衔等）读出声来，以示尊重。如果对方的组织名气大或个人知名度高，也可只重读组织名称或对方姓名。

另外，接到名片后，应立即将自己的名片递出。如果自己没有名片或没带名片，首先向对方表示歉意，再说明理由。

名片在当今社会交往中，已经成为最有效的交际工具。有一位名人曾经说过："在现代生活中，一个没有个人名片，或是不会正确使用个人名片的人，就是一个缺乏现代意识的人。"他的这句话并非小题大做，而是切中要害。可以说，这句话充分说明了名片的重要性。

 小知识 3-1　　　　　　　　其他见面礼仪

1. 鞠躬礼

鞠躬礼，又称打躬礼，是中国、日本、朝鲜等国的传统礼节。一般是下级对上级、晚辈对长辈、服务人员对宾客、朋友之间、主人与客人之间，为了表示对对方的尊重所施的礼节。

常见的鞠躬礼分为一鞠躬礼和三鞠躬礼。一鞠躬礼可适用于所有场合，行礼时身体向前倾15°～45°，随即恢复原状。三鞠躬礼比较正规，行礼前应脱帽，身体立正，身体向前倾45°～90°，然后恢复原状，这样连续三次以示庄重。

正式场合行鞠躬礼的具体做法是：身体立正，以腰为轴，上身前倾，目光随身体下弯而下垂。男士的双手应贴于两腿外侧的裤线处，女士的双手则应下垂，交叉于小腹。鞠躬的幅度越大，表示的敬重程度就越大。一般的问候、打招呼弯15°左右，迎客、送客等表示诚恳之意弯30°～45°，90°的大鞠躬常用于悔过、谢罪等特殊情况。

2. 亲吻礼

这是西方国家常用的一种见面礼。它作为一种西方礼俗，起源于古罗马。据说，当时罗马帝国的战士出征期间，对留在家中的妻子约束甚严，包括禁止饮酒。有的战士回来，第一件事就是要凑到妻子嘴边闻一闻，检查她是否喝了酒。后来，这个动作逐渐成了夫妻间的见面礼。还有一种说法认为，亲吻礼起源于婴儿与母亲碰嘴的情感交流方式。

行亲吻礼时，双方的关系不同，亲吻的部位也不同，亲吻的部位也不一样。长辈吻晚辈，应当吻额头；晚辈吻长辈，应当吻下颌或面颊；同辈之间、同性及异性朋友之间应当吻面颊。接吻，即吻嘴唇，仅限于夫妻与恋人之间，不能滥用。

有时，亲吻礼与拥抱礼同时采用，双方既拥抱又亲吻。应注意，行亲吻礼时忌讳发出亲吻的声音，而且不应将唾液弄到对方脸上。

3. 吻手礼

吻手礼是流行于欧美上流社会异性之间的一种高层次的礼节。近年来，在我国都市婚礼等场合也偶有所见。

行吻手礼的具体做法是：男士行至女士面前立正致意，双方相距约一步（75cm左右），女士先将右手轻轻向左前方抬起约60°，作下垂姿势，男士以右手或双手轻轻捧起女士的右手，略俯身、低头，以自己微闭的嘴唇象征性地轻吻一下对方的手背或手指，再缓缓松开。行吻手礼时，男士一定要稳重、自然，动作不能粗俗，姿势不可过分夸张。吻对方手背时绝对不要发出声音，以免造成对方难堪。

4. 拥抱礼

在西方、特别是欧美国家，拥抱礼是十分常见的见面礼与道别礼。熟人之间、生人之间、同性之间、异性之间、新知故友间的见面，都可以行拥抱礼，彼此间热烈地抱一抱，或轻轻地搂一搂。拥抱礼不仅是西方人们日常交际的重要礼节，也是各国政府首脑外交场合中常见的见面礼节。拥抱礼是通过身体的某一部分的接触来传递彼此的情感。可以说，拥抱礼是一种近距离的握手礼。人们在拥抱的同时，可以感受到对方全身心的力量。

正式场合行拥抱礼的具体做法是：两人相对站立，张开双臂，彼此都右臂偏上、左臂偏下，右手扶着对方的左后肩、左手扶着对方的右后腰，各自都按自己的方位，两人头部及上身都向左侧相互拥抱，然后再向右侧拥抱，最后再向左侧拥抱，一共拥抱三次才算礼毕。在一般场合行拥抱礼，可以不必如此讲究，次数也不必要求如此严格。应注意，作为礼节的拥抱，双方身体并不贴得很紧，拥抱的时间也很短，更不能用嘴去吻对方脸颊。

在涉外交往中，我们还应该注意交往对象的民族习惯。如在美国及大多数拉美国家，拥抱礼是十分常见的。而在有些国家，如印度，人们不仅不喜欢拥抱，男女之间连握手也不行。此外，在日本、英国以及东南亚许多国家，人们见面时都不大喜欢用拥抱来表达感情。

第二节 谈吐礼仪

语言是人们表达思想感情和进行交流的重要手段和工具,"言为心声",人们的思想、品德、情操、志趣、文化素养等都可以通过语言得到一定的表现。

高尔基说:"作为一种感人的力量,语言真正的美,产生于言辞的正确、明晰和动听。"所以,我们如果在人际交往中能够根据不同的对象、场合等,恰当的运用语言,就能和对方进行有效的沟通。

一、礼貌用语

在人际交往中,是否尊重别人和被别人尊重,标志着一个民族的文化素养和社会的进步程度。这种尊重体现在语言中,便是礼貌用语。我国的礼貌用语丰富多彩,表现在许多方面,经常使用的有以下几种:

1. 称谓用语

指的是人们在日常交往应酬时采用的彼此之间的称呼语。社交场合中,选择正确、恰当的称呼,既是对他人的尊重,又反映了社交人员的修养。常见的称呼方式有:

(1)一般性称呼。一般性称呼也叫性别称呼。这是最简单、最普遍、最常见的称呼,尤其是面对陌生人时常用。如称呼男性为"同志"、"先生"等,称呼女性为"小姐"、"夫人"、"太太"、"女士"等等。在国际上,"先生"、"小姐"、"夫人"、"女士"是使用频率最高的称呼。一般来说,未婚女子统称"小姐",已婚女士统称为"夫人"或"太太"。

(2)职务性称呼。以交往对象的职务相称,表示对对方身份的敬意,这是一种常见的称呼。运用此法有三种情况:称职务,如"部长";在职务前加上姓氏称呼,如"张经理"、"李局长"、"王部长"等;在职务前加上姓名(适用于极其正式的场合),如"李济洲部长"、"张兆天校长"等。

(3)职称性称呼。对于具有职称者,尤其是具有高级、中级职称者,在工作中直接以其职称相称,如"张教授"、"李工程师"等。

(4)职业性称呼。在工作中,有时可以根据对方所从事的职业进行称呼。对于从事特定职业的人,可以直接称呼对方的职业,如老师、会计、医生等。也可以在职业前加上姓氏或姓名,如"张老师"、"李医生"、"王律师"等。

(5)姓名性称呼。在工作岗位上称呼姓名,一般仅限于熟人、同事之间。有三种情况:可以直呼其名;只呼其姓,通常在其姓前加上"老、大、小"等前缀;如"老张、大张、小张"。只呼其名,不呼其姓,这种称呼一般限于同性之间,尤其是上级称呼下级,长辈称呼晚辈,在同学、亲友、邻里之间也可以使用这种称呼。

(6)亲属性称呼。在人际交往中,对于非亲属的交往也可以用亲属称呼,如"张叔叔"、"王阿姨"、"李伯伯"等。

遇到外宾时,介绍、问候时的称呼应合乎礼仪,体现尊重与友好。在正式场合,可称其职务，或是对方引以为荣的头衔。

对地位高的官方人士，按各国情况不同可称"阁下"或"先生"，如"主席先生阁下"、"总统先生阁下"，也可直接简称"阁下"。而美国、德国、墨西哥等国则没有称呼"阁下"的习惯，可统称先生。在美国直接称呼"总统"是不礼貌的，应使用"总统先生"。在日本则只有对教师、医生、年长者、上级和有特殊才能的人才称先生。

在社交场合，人们对别人如何称呼自己是十分敏感的，称呼得当，能使双方产生心理上的相容，交际就会变得顺利起来。正确地称呼是成功社交的第一步。因而，我们除了解上述称呼外，在具体使用时还必须注意以下事项。

第一，称呼必须符合对方的年龄、性别、身份、职业等具体情况，并应注意讲究礼貌。

第二，称呼要符合交往的场合与当地的风俗习惯。比如在正式场合对前来进行业务洽谈、开会的人都应以职务相称，以体现执行公务的严肃性、合法性；而在平时交往和生活中，则可较为随便。

第三，在被介绍给他人时，并且需要与多人同时打招呼时，称呼要注意有序性。一般来说先长后幼，先上级后下级，先女后男，先疏后亲为宜。特别在涉外场合，称呼的次序更为重要。

第四，称呼要考虑与对方关系的亲疏远近，注意区别。

称呼问题有时不是一下子就能搞清楚的，在介绍时，假如不能准确掌握某一方称呼时，不妨礼貌地问一下："请问我怎么称呼您？"，千万不能凭自己的主观臆断而称呼之，使被介绍者处于尴尬的境地。例如，当介绍到某一位年纪较大却又没有结婚的女士时，介绍者仅凭自己的直觉，而将那位女士以"太太"相称，一定会令那位女士生气的。

小故事 3-1　　　　克林顿出访韩国两次失礼

美国前总统克林顿出访韩国时，曾按女士出嫁后从夫姓的美国习惯，称呼韩国总统金泳三的夫人为"金夫人"，成为国际笑料。因为在韩国，女士结婚后是保留本姓的。在国宴上，克林顿在发表演讲前，突然叫翻译走近他身旁，站在他本人和金泳三之间，又一次失礼。因为在韩国，任何人站在两国元首之间都被认为是一种侮辱。克林顿两次不经意的失礼，原因在于他的礼仪顾问未能及时了解韩国的风俗习惯以提醒总统。由此可见，称呼不仅要符合交往的场合更要符合当地的风俗习惯。所以，学习、掌握并正确地运用礼仪，对我们来说是非常重要和必需的。

2. 问候用语

问候，又叫问好或打招呼。它主要适用于人们在公共场所里初见时，彼此向对方致以敬意，表达关切之意。

进行问候，通常应当是相互的。在正常情况下，应当由身份较低之人首先向身份较高之人进行问候。如果被问候者不止一人时，则对其进行问候时，有三种方法可以借鉴：

一是统一对其进行问候，而不再一一具体到每个人。例如，可问候对方："大家好！""各位上午好！"

二是采用"由尊而卑"的礼仪惯例，先问候身份高者，然后问候身份低者。

三是以"由近而远"为先后顺序，首先问候与本人距离近者，然后依次问候其他人。

当被问候者身份相似时，一般应采用这种方法。

在问候他人时，具体内容应当既简练又规范。通常采用的问候用语主要分为下列两种。

标准式问候用语。即直截了当地向对方问候。其常规做法是，在问好之前，加上适当的人称代词，或者其他尊称。例如，"你好"、"您好"、"各位好"、"大家好"等。

时效式问候用语。即在一定的时间范围之内才有作用的问候用语。它的常规做法是在问好、问安之前加上具体的时间，或是在二者之前再加以尊称。例如，"早上好"、"中午好"、"下午好"、"午安"、"晚上好"、"晚安"等。

问候语用得好，不仅能让人感到舒心、温暖，还可以缩短人与人之间的情感距离。使用问候语时，一定要注意自己的语气和音调。

3．迎送用语

迎送用语又划分为欢迎用语与送别用语，二者分别适用于迎客之时或送客之际。

首先，使用欢迎用语时，应注意两点：

（1）欢迎用语往往离不开"欢迎"一词的使用。在平时，最常用的欢迎用语有："欢迎！""欢迎光临！""欢迎您的到来！""见到您很高兴！""恭候光临！"

（2）在使用欢迎用语时，通常应当一并使用问候语，并且在必要时还须同时向被问候者施以见面礼，如注目、点头、微笑、握手等。

其次，在使用送别用语时，最为常用的送别用语有"再见"、"慢走"、"走好"、"欢迎再来"、"一路平安"、"多多保重"等。

4．祝贺用语

祝贺语是指节日或别人有喜庆之事时的用语。祝贺用语非常之多，根据庆祝的内容不同，主要有以下两种具体形式：

（1）应酬式的祝贺用语。它往往用来祝贺对方顺心如愿。常见的应酬式祝贺用语主要有："祝您成功"、"祝您好运"、"一帆风顺"、"心想事成"、"身体健康"、"事业成功"、"生意兴隆"、"全家平安"、"生活如意"，等等。除此之外，"恭喜，恭喜"，"向您道喜"，"向您祝贺"，"真替您高兴"等等，亦属应酬式的祝贺用语。

（2）节庆式的祝贺用语。它主要在节日、庆典以及对方喜庆之日时使用。它的时效性极强，通常缺少不得。例如，"节日愉快"、"活动顺利"、"仪式成功"、"新年好"、"春节快乐"、"生日快乐"、"新婚快乐"、"白头偕老"、"福如东海，寿比南山"、"旗开得胜，马到成功"等。

5．致谢用语

又称道谢用语、感谢用语。在人际交往中，使用致谢用语，意在表达自己的感激之意。一般来讲，在下列六种情况下，理应及时使用致谢用语，向他人表示本人的感激之情。

（1）获得他人帮助时；

（2）得到他人支持时；

（3）赢得他人理解时；

（4）感到他人善意时；

（5）婉言谢绝他人时；

（6）受到他人赞美时。

致谢用语在得到实际运用时，内容会有变化，不过从总体上讲，它基本上可以被归纳为三种基本形式。

标准式的致谢用语。通常只包括一个词汇——"谢谢！"，在任何需要致谢之时，均可采用此种致谢形式。在许多情况之下，如有必要，在采用标准式致谢用语向人道谢时，还可以在其前后加上尊称或人称代词，如"谢谢您！"等。这样做，可以使其对象性更为明确。

加强式的致谢用语。有时，为了强化感谢之意，可在标准式致谢用语之前，加上某些副词。最常见的加强式致谢用语有："十分感谢！""非常感谢！""多多感谢！""多谢！"

具体式的致谢用语。具体式的致谢用语，一般是因为某一具体事宜而向人致谢。在致谢时，致谢的原因通常会被一并提及。例如，"有劳您了"、"让您替我们费心了"、"今天给您添了不少麻烦"等等。

6. 道歉用语

道歉用语对于消除误解、弥补感情上的裂痕或增进友谊有积极作用。道歉用语有多种多样，在需要使用时，要根据不同对象、不同事件、不同场合而认真地进行选择。

最为常用的道歉用语主要有："抱歉"、"对不起"、"请原谅"、"失礼了"、"失陪了"、"失敬了"、"请多包涵"、"打扰了"、"太不应该了"、"真过意不去"等。

7. 征询用语

征询用语，是指在征求他人意见时用的礼貌用语，也叫做询问用语。下述五种情况一般采用征询用语：

（1）主动提供服务时；

（2）了解对方需求时；

（3）给予对方选择时；

（4）启发对方思路时；

（5）征求对方意见时。

通常情况下，应用最广泛的征询用语主要有三种。

（1）主动式的征询用语：它多适用于主动向对方提供帮助之时。例如，"请问需要帮助吗？"、"请问我能为您做点儿什么？"、"请问您需要什么？"它的优点是节省时间，直截了当。缺点则是稍微把握不好时机的话，便会令人感到有些唐突、生硬。

（2）封闭式的征询用语：它多用于向对方征求意见或建议之时。它往往只给对方一个选择方案，以供对方及时决定是否采纳。例如，"您觉得这件衣服怎么样？"、"您不来上一杯咖啡吗？"、"您是不是很喜欢这种颜色？"、"您不介意我来帮助您吧？"

（3）开放式的征询用语：它的做法是提出两种或两种以上的方案，以供对方有所选择。这样做，既可以表达清楚自己的意思，又能给对方留下选择的余地，从而取得较好的沟通效果。例如，"您需要这一种，还是那一种？"、"这里有红色、黑色、白色三种，您喜欢哪一种颜色的？"

8. 推托用语

拒绝别人，也是一门艺术。在拒绝他人时，如果语言得体，态度友好，拒绝者仍会觉得你是一个通情达理的人,从而使被拒绝者的失望心理迅速淡化。反之,如果拒绝得过于冰冷、生硬,直言"不知道"、"做不到"、"不归我管"、"问别人去"、"爱找谁找谁去"等,则很有可能令对方感到尴尬、不快、不满。

通常情况下,人际交往中,适宜采用的推托用语,主要有三种形式。有时,它们亦可交叉使用。

(1)道歉式的推托用语。当对方的要求难以被立即满足时,不妨直接向对方表示自己的歉疚之意,以求得对方的谅解。如:"很抱歉,我实在无能为力","对不起,让您失望了"。

(2)转移式的推托用语。所谓转移式的推托用语,就是不具体地纠缠于对方所提及的某一问题,而是主动提及另外一件事情,以转移对方的注意力。例如,"您不再要点别的吗?"、"这件东西其实跟您刚才想要的差不多"等。

(3)解释式的推托用语。解释式的推托用语,就是要求在推托对方时,说明具体的缘由,尽可能地让对方觉得自己的推托合情合理。例如,"您的心意我领了,但东西我不能收"、"我下班后需要休息,不能接受您的邀请"等。

9. 请托用语

通常是指在请求他人帮忙或是托付他人代劳时使用的礼貌用语。在一般情况下,人际交往中经常使用的请托用语主要有三种:

(1)标准式请托用语。它的内容主要是一个"请"字。当我们向对方提出某项具体要求时,只要加上一个"请"字,例如,"请稍候"、"请让一下"等,往往更容易为对方所接受。

(2)求助式请托用语。最常见的有:"劳驾"、"拜托"、"打扰"、"借光"及"请多关照"等。它们往往是在向他人提出某一具体的要求时,比如请人让路、请人帮忙、打断对方的交谈,或者要求对方照顾一下自己时,才被使用。

(3)组合式请托用语。有些时候,服务人员在请求或托付他人时,往往会将标准式请托用语与求助式请托用语混合在一起使用,这便是所谓组合式请托用语。"请您帮我一个忙"、"劳驾您替我照看一下行李"、"拜托您为这位大爷让一个座位"等,都是较为典型的组合式请托用语。

10. 赞赏用语

主要适用于人际交往之中称赞或者肯定他人之时。当需要对对方使用赞赏用语时,讲究的主要是少而精和恰到好处。

在实际运用中,常用的赞赏用语大致上分为下列两种具体的形式。有时,它们可以混合使用。

(1)评价式的赞赏用语。它主要适用于对对方的所作所为,在适当之时予以正面评价之用。经常采用的评价式赞赏用语主要有:"太好了"、"真不错"、"对极了"、"相当好"、"太棒了"等。

(2)回应式的赞赏用语。它主要适用于当对方夸奖自己之后,由后者回应对方之用。例如"哪里""我做得不像您说的那么好"等。

二、交谈礼仪

交谈,是社交活动必不可少的内容,更是一门艺术,既要注意谈话时的态度、措辞,顾及周围的环境、场合，更要讲究所谈的内容。掌握好交谈的气氛，不但有利于结识新朋友，还能增进彼此间的了解，逐步建立持久、深入的友谊。要想取得轻松愉快的交谈效果，需要注意以下几点：

1. 交谈的基本要求

交谈的基本要求大致有以下几个方面。

（1）态度真诚。人们用语言相互交谈，但语言并非是交谈的全部。能否打动别人，使交谈顺利进行，关键取决于交谈者的态度，交谈的态度有时比交谈的内容更为重要。

怀有诚意是交谈的前提。推心置腹、以诚相见的态度会使人感到和谐、融洽。诚意是打开对方心灵之窗的钥匙。

真诚的态度，应该是平易、稳重、热情和坦诚的，而不是傲慢、轻浮、冷淡和虚假的。真诚是言谈的基础，只有诚心待人，才能赢得对方的信任和好感，才能为进一步的交谈创造融洽的气氛。

（2）语言文明。语言是交谈的载体。语言文明是交谈的最基本的规则，它要求语言要礼貌、规范，所以，交谈忌粗话、脏话、黑话、荤话、气话。

粗话：是指有些人，为了显示自己为人粗犷、豪爽、出言必粗，如把爸妈叫"老头儿""老太太"、把漂亮女孩说成"盘儿亮"、"条儿顺"。

脏话：是指讲脏话，说话骂骂咧咧，出口成"脏"，讲脏话的人，非但不文明，而且体现了自己的素质低下、缺乏教养、更让人反感。

黑话：是指流行于黑社会的话，如把10元、100元、1000元分别叫做"一棵"、"一吨"、"一方"。讲黑话的人，自以为见过世面，可以以此唬人，实际上却显得匪气十足，令人望而却步。

荤话：是指说话者时刻把绯闻、色情、男女关系之事挂在口头，说话"带色"、"贩黄"。爱说荤话者，是对自己的自我贬低，也是对交谈对象的不尊重。

气话：是指说话者闹情绪、发牢骚。在交谈中说气话，不仅无助于沟通，而且很容易得罪人、伤人。

交谈语言除了文明更要准确。语言准确首先是指发音要准确、清晰，不能有错字错音。其次是指音量适中、语速快慢适度。

交谈语言还应规范得体。许多文明礼貌用语多是约定俗成的常用语，在使用时，具有一定的规范性。如：初次见面说"久仰"；好久不见说"久违"；等候客人用"恭候"；请人勿送说"留步"；求人原谅用"包涵"；请人批评用"指教"；老人年岁用"高寿"；小姐岁数用"芳龄"等。在这些方面，不允许胡编乱造。但在使用敬语时，要注意区分对象并符合其所在地的风俗习惯，否则，就会弄巧成拙。

 小故事 3-2　　　　老夫人为什么不高兴了？

我国江南的一座城市，有次在接待外宾时，因为我方人员在讲话中违背了西方国家礼仪，导致双方不欢而散。事情的经过是这样的：外宾在游历当地风景时，兴致颇高，他们谢绝乘坐东道主的专车，坚持徒步而行。尤其是一位担任副团长的女士，尽管白发苍苍，依然健步如飞、谈笑风生，令人钦佩。当时在场作陪的当地的一位副市长，见到这番情景，便由衷地对那位女士说："夫人，您身体真好，真是老当益壮啊！您老人家今年高寿？"这位副市长讲话之初，这位女士还笑容可掬地聆听着。可是在译员翻译完之后，对方竟勃然变色，拂袖而去。因为在西方国家，推崇年轻、讳言年老。中国人爱听的"老人家"一词，对他们来讲就非常刺耳，甚至含有讽刺人家"日薄西山、气息奄奄"的意味。另外在国外，问女士年龄，也是极不礼貌的。

（3）神态专注。言谈中，出于对他人的尊重，有必要对自己的神态加以约束，特别是要注意自己的眼神和手势。当你对别人讲话时，不要东张西望，不要不敢看对方，也不要一边对人讲话，一边摆弄手指、修指甲、掏耳朵、伸懒腰、看电视、翻报纸、问时间、看手表等，这些都是带有明显的"驱赶"性的动作，会让对方产生被轻视、不受欢迎的感觉。

神态专注，并非就是一动不动地凝视或逼视对方，而是应态度亲切、神情自然地让目光平稳柔和地望着对方。否则，会让对方精神紧张，造成心理上的压力，这同样也是失礼的。

2. 交谈的语言技巧

交谈是一种语言的沟通，对于一般人而言，交谈的要求只是将自己的信息正确地传达至对方，使对方听懂、理解即可。而对于商务人士来讲，由于职业的要求，其言谈不仅要使对方听懂、理解，而且还应使对方认清事实，同意你的观点，进而改变其态度，修正其行为，这便是人们常说的语言技巧。

（1）赞美的技巧。在人际交往中，要建立良好的人际关系，恰当的赞美他人是必不可少的。美国一位著名社会活动家曾推出一条原则："给人一个好名声，让他们去达到它。"事实上被赞美的人宁愿作出惊人的努力，也不愿让你失望。由此可见，赞美能激发他人满足自我的强烈需求。赞美是对他人的行为、举止及进行的工作给予正面的评价，赞美是发自内心的肯定与欣赏。赞美的目的是传达一种肯定的信息。你所赞美的人会因有了激励更自信，想要做得更好。

赞美常用的技巧有以下几种：

① 态度要真诚。每个人都珍视真心诚意，它是人际沟通中最重要的尺度。美国专门研究社会关系的卡斯利博士曾说过："大多数人选择朋友都是以对方是否出于真诚而决定的。"古人说得更好："精诚所至，金石为开。"如果你在与人交往时不是真心真意，那要与他建立良好的人际关系是不大可能的。所以在赞美时，你必须确定你赞美的人确实有此优点，并且要有充分的理由赞美他。不能偏离事实，更不能无中生有，否则将弄巧成拙，招致误解。也不能言过其实，乱给别人戴高帽子，否则就会变成一种讽刺。

② 内容要具体。赞美要依据具体的事实评价，除了用广泛的用语如："你很棒！""你表现得很好！""你不错！"最好加上具体事实的评价。例如："你做的关于促销的企划很有创意"，"你这次处理客户投诉的态度非常好，自始至终婉转、诚恳，并针对问题提出可行的解决方案，你的做法正是我们所期望的。"

③ 注意场合。在众人面前赞美，对被赞扬人而言，当然受到的鼓励是最大的，这是一个赞扬他人的好方式，但公开赞扬最好是能被大家认同及公开评价的事项。例如：业务竞赛优胜者，或是社会大众认同的义举，对公司做出重大的贡献，在公司服务的资深员工等，这些值得公开赞扬的行为都是在公平竞争下产生的，或是已被社会大众或公司全体员工认同的。

④ 运用间接赞美的技巧。所谓间接赞美就是借第三者的话来赞美对方，这样比直接赞

美对方的效果往往要好。比如你见到一位业务员，对他说："前两天我和刘经理谈起你，他很欣赏你接待客户的方法，你对客户的热心与细致值得大家学习。好好努力别辜负他对你的期望。"无论事实是否真的如此，但他对你的感激肯定会超乎你的想象。

（2）幽默的技巧。幽默能使谈话气氛轻松、活跃。古希腊著名哲学家苏格拉底一次正与朋友高谈阔论时，他的妻子突然闯进来，大吵大闹，还把一盆水浇到他头上。朋友们非常惊讶，不知如何是好。苏格拉底却风趣地说："我早已料到，雷声过后，必定有倾盆大雨。"朋友们大笑，气氛一下子又轻松、活跃了起来。由此可见幽默语言的作用。

幽默是智慧的闪现，是社会语言中高级的艺术，也是一个人的文化修养、道德、机智、心理、气质和语言驾驭能力等多方面素养的综合反映。幽默能使人们的关系和谐亲切；使严肃紧张的空气变得轻松活泼，能改变局促、尴尬的场面；使交谈逸趣盎然；能消除误会、化解矛盾。

常用的幽默方式有以下几种。

① 否定式幽默法。否定式幽默法，是甲乙两种相互对立的事物，从肯定甲事物出发，随之加入乙事物的内容而达到否定甲事物的方法。

例如：在公共汽车上，一位姑娘不小心踩了小伙子一脚，姑娘神色紧张，慌忙道歉："对不起，我踩了你！"那小伙子风趣地回答："不，是我的脚放错了地方"，小伙子的幽默化解了紧张、尴尬的气氛。

一位顾客在某饭店吃饭，米饭中有很多沙子，他不得不将它们吐在桌子上。服务员看到这种情况抱歉地说："尽是沙子吧！"那位顾客摇摇头微笑地说："不，也有米饭。"顿时，两个人都笑了。顾客用奇在意外、巧在理中的回答，消除了服务员的不安心理和尴尬情态，更让人透过笑的影子，觉察到必须纠正的问题。

② 岔道式幽默法。岔道式幽默法，是通过逻辑的方式造成笑料的方法。

甲：你对我的演讲有什么看法？

乙：很精彩。

甲：真的！精彩在哪里？

乙：最后一句。

甲：为什么？

乙：当你说"我的演讲完了"，大家都转忧为喜，热烈鼓掌。

上面是用故意违反同一律的方法，运用偷换概念的形式，造成幽默氛围，从而取得良好的实际效果。

③ 双关式的幽默法。即利用一个词的语音或语义同时关联两种不同的意义并进行曲解的方法。

例如：某食品商店经理在全体职工大会上说：每一名员工都要端正经营作风，加强劳动纪律，做到公私分明，特别是那"甜蜜的事业"——糖果柜台。在这里甜和蜜的本意是指糖和蜜的味道，转意是幸福、愉快的意思。那位经理的讲话，看似是利用其表层意义——点明是哪个柜台，实质上是批评了该柜台的工作看做是享口福的"事业"的人，让职工们在笑声中反省自己，这种批评不至于太伤职工的自尊心，容易让人接受。

（3）拒绝的技巧。在交往中，有时会碰到一些较复杂的情况：想拒绝对方，不想损伤他的自尊心；想吐露内心的真情，又不好意思表达得太直露；既不想说违心之言，又不想直接顶撞对方。要适应各种不同的情况，就要技巧地掌握拒绝语言，学会说"不"字。因此，在用语言交流时，心理潜意识中要有足够的勇气和自信，不要顾忌太多，心里是怎么想得就尽可能地表达出来，重要的是要讲究表达的方法方式，即把拒绝融于情理之中，既表达了自己的原则和态度，又保持了对方的自尊心和面子，切忌断然拒绝和颠三倒四言不尽意。为了达到不说"不"而达到"不"的目的，生活中有许多巧妙的做法：

① 使用迂回寓意法。即：抓到对方的语病，或偷换概念，反被动为主动。例如：一次，陈毅在记者招待会上，有位外国记者问他："陈毅市长，中国已成功地发射了第一、第二颗人造卫星，请问第三颗何时发射？"陈毅微微一笑，很坦诚地说："我不知道这是不是秘密？"记者说："不是。""那么，既然不是秘密，你肯定知道了。"陈毅镇定自若地回答了记者有意刁难的问题。

② 使用敬语，扩大心理距离法。即言谈中采用客套的敬语，拉开与对方的情感距离，让对方知难而退，见机行事。必要的时候，可以转移对方的注意力，并补偿对方的心理损失。例如：美国前总统罗斯福当海军军官时，一次有位好友向他问及有关美国新建潜艇基地的情况。罗斯福不好正面拒绝，就问他："你能保守秘密吗？""能。"那人答。罗斯福笑着说："我也能。"对方一听也就不再问了。他机智而含蓄地拒绝了对方的要求。

（4）提问的技巧。提问是引导话题、转换话题的好方法。它可以通过发问来了解自己不熟悉的情况，可以把对方的思路引到某个要点上，可以打破冷场避免僵局。当然，发问应首先注意内容，不要问对方难以应付的问题。同时，提问的方式也不能忽视，查户口式的一问一答只能窒息友善的氛围。

3. 交谈禁忌

为使交谈顺利进行，除了要掌握交谈的基本技巧外，还应了解交谈中应注意的问题和禁谈的话题，不能凭感觉想当然地愿怎么谈就怎么谈，否则，就有可能使正常进行的交谈产生危机，出现卡壳，从而导致交谈失败。

不应自吹自擂、炫耀自己。否则只能令别人反感。这种强烈的自我表现欲，无视别人的存在，很难得到对方的配合。

不应恶语伤人。交谈中出现意见分歧是常有的事，甚至争辩都有可能。遇到这种情况，首先要冷静，不可动怒，不得失礼，更不可出言不逊，甚至讥讽辱骂、恶语伤人。一旦到此地步，后果将难以挽回。正所谓"良言一句三冬暖，恶语伤人六月寒"。在商务活动中，此种语言乃是商界一大忌，所以，必须予以杜绝。

不应妄下结论。市场经济千变万化，人际关系错综复杂，交谈中不要一听到某事、见到某种现象就主观臆断妄下结论。这样做的结果，往往不是搅乱了人们的视野，就是增加了人与人之间的矛盾，对人对己都没有什么好处。

不应言而无信。人离不开交际，交际少不了信用，治理国家、结交朋友、经营业务都需要讲信用。"志不强者智不达，言不信者行不果"、"一诺千金"，讲的都是一个"信"字。正所谓：一朝失信，终生无友。为避免失信，我们在平时说话时要做到不轻易许诺，答应的事就要千方百计去兑现，否则，说了不算，言而无信，最终将成为孤家寡人。

不应飞短流长。谈话一般不应涉及他人的是是非非，不要在别人背后说三道四。更不要不负责任地传播小道消息。

交谈的内容应以双方共同感兴趣、需要商量的事为宜。对别人不愿谈及的事或容易引起悲痛伤心的事，应尽量回避，以免使对方情绪不快。如不得已而提及，语言也应婉转含蓄。

不应提及对方的生理缺陷。一般说来，谈话中除非出于必要，均不宜涉及此类话题，即使出于关心也是如此。因为它易使当事人因此而产生沮丧、痛苦、自卑等消极情绪。

如果在交谈中无意地涉及某些话题，刺伤了对方，应立即道歉，请求原谅，这是社交中应有的风度。

4. 聆听的艺术

在交谈过程中，每个人既是言者，又是听者。有一句名言说得好："善言，能赢得听众；善听，才会赢得朋友。"可以说，善于说是一种天性，而认真倾听是一种修养，它体现了对人的尊重，它能创造一种与说者心理交融的谈话气氛。因此，听别人说话也是一门学问。在聆听时注意以下几个问题：

（1）神情专注有礼。当与别人谈话时，应目视对方，全神贯注。还可以通过点头、微笑及其他体态语言的运用，使对方感觉到这一点。对外界造成的种种干扰，要尽量做到视而不见，听而不闻。主观上产生的心理干扰，也要尽量控制。一个出色的聆听者，本身即具有一种强大的感染力，能够引起对方的谈话兴趣。

（2）注意呼应配合。认真倾听，不是毫无反应的傻听，而应是随着谈话者情感和思路的变化而呼应配合：当对方讲到精彩处时，可以击掌响应；当对方讲到幽默处时，可以以笑回之；当对方讲到紧张处时，要避免弄出声响；当交谈者所表达的观点与自己的观点一致时，还可以轻轻点头以示赞同。呼应配合在某种程度上可极大地调动说话人的情绪。

（3）进行正确判断。倾听对方谈话，弄清其意图是很重要的。要善于体味对方的话外之音，要注意听清对方话语的内在含义，以便正确判断其真正的意图。当自己还不能完全摸透对方意图时，切不可自以为是，以免曲解或误会对方的本意。比如可用"你的意思是说……"、"我理解你的意思是……"从而使信息接受得更准确，并且，还会给对方留下一种你听得很认真的良好印象。

总之，交谈是一种双向的行为。无论是哪一种的交谈，都离不开"说"与"听"双方的积极配合。

小知识 3-2　　　　　　　　敬语与客套话

1. 敬语

敬语，亦称"敬辞"。它与"谦辞"相对，是表示尊敬和礼貌的词语。敬语通常较多地用于以下一些场合：（1）比较正规的社交场合；（2）与师长或身份、地位较高的人交谈；（3）与人初次打交道或会见不太熟悉的人；（4）会议、谈判等公务场合，等等。使用敬语，既是礼貌上的必需，又体现出一个人的文化修养。

平常与人谈话或写信时，称呼对方的亲属常用"令"、"尊"、"贤"等敬称。除此之外，在日常的社会交往中，还常使用一些敬语。例如："贵姓"——询问对方姓名；"贵庚"——询问对方年龄；"高寿"——用于询问老人的年纪；"华诞"——尊敬别人的生辰；"惠顾"——指对方到自己这里来，多用于商家对顾客；"呈上"——恭敬地送上去，用于晚辈对长辈或下级对上级；"呈正"——把自己的作品送给人批评改正，也作"呈政"；"赐教"——尊称长辈或上级对自己的教诲；"垂念"——尊称长辈或上级对自己的挂念；"高就"——指人离开原来的职位就任较高的职位；"拜望"——探望；"拜服"——佩服；"拜辞"——告别；"奉告"——告诉；"奉还"——归还；"奉陪"——陪伴；"恭候"——恭敬地等候;"请便"——请对方自便;"宽衣"——用于请人脱衣;等等。

2. 客套话

客套话是表示客气的话,恰当地使用客套话是有礼貌的表现。常用的客套话主要有以下几种:

(1)久仰——仰慕已久(初次见面时说)。
(2)久违——好久不见了。常用于久别重逢或书信中。
(3)借光——用于请别人给自己方便或向人询问。
(4)劳驾——用于请别人做事或让路。
(5)拨冗——用于请别人推开繁忙的事务,抽出时间(做某事)。
(6)少礼——称自己礼貌不周或请人不拘小节。
(7)少陪——对人表示因事不能相陪。
(8)失敬——向对方表示歉意,责备自己礼貌不周。
(9)留步——是客人告辞时对主人说的话。
(10)慢走——用于送客人时的客套话。

第三节 做客与会客礼仪

做客与会客又称拜访礼仪,是最常见的社交形式,是人们联络感情,扩大信息,增进友谊,发展自身的重要交际活动。拜访是双向性的活动,在拜访中,做客的一方为客人,也叫来宾;作为待客、接待的一方为主人。只有主客双方都遵守礼仪的规范,拜访活动才能圆满成功。

一、做客礼仪

在做客时,做一个深受欢迎的客人并不容易。讲究做客的礼仪,最重要的是要尊重主人,做到客随主便。

1. 做客前的准备

(1)事先有约。前去他人的单位或居所拜访必须事先约定,这是做客之道的首要原则。

做客前要用电话或书信与主人约好时间,以防扑空或打乱主人的日常安排。不打招呼,贸然闯去是很失礼的。

约定时间首先考虑的是主人是否方便,一日三餐吃饭时间、午休时间、早晨七点前、晚上十点后都不适宜拜访他人。与主人预约后,一般情况下不应擅自取消约定,如果因特殊原因不能如期赴约或改期,应该及时通知主人,并将取消的理由向对方详细说明。最后勿忘向对方表示歉意。

(2)准备谈话内容。拜访都有一定的目的性。需要商量什么事情,你请对方做哪些工作,自己需要做些什么准备,如何同对方交谈等等,都应事先做好认真的设想和安排。同时正式拜访前,要准备好自己的服饰,做到服装整洁、庄重,仪表端庄大方,以示对主人的尊重。

(3)准备礼品。拜访对方或看望亲朋好友,如需要带上适当的礼品,也要事先准备,以免"临时抱佛脚",在挑选礼品时应有意识地避开价格过高或过低的物品,以使被拜访者感到承受不起或产生被轻视的感觉。

2. 做客的礼仪要求

（1）准时到达。做客的人要准时到达做客地点，这是做客的基本礼节。

（2）叩门按铃。到达朋友家或拜访对象的办公室，应按铃或敲门，敲门要把握好力度和节奏，敲门的声音不应太大，轻敲两三下即可；按门铃的时间不应太长，响两三声即可。

（3）注意物品的搁放。有时拜访者需要带一些物品或礼品，或随身带有外套、雨具等，这些都应该放到主人指定的位置，不应随意放置。

（4）进门问候。到达拜访地点，不应直入屋内，除了向主人问候寒暄外，还要同主人的家属及其他在场的客人打招呼。待主人安排或指定座位后再坐下，同时要注意坐的姿势。

（5）接受烟茶及果品。坐下后，主人送上茶水，应从座位上欠身，双手接过，并表示谢意；主人送上水果或点心，应等到其他客人或年长者取用后，再取，果皮果核不要乱扔乱放；主人递烟，应尽量克制或征得在场女士的同意，烟灰烟蒂应弹在烟缸内。

（6）把握交谈技巧。和主人交谈前，先要寒暄几句，再切入正题。不能一见面就喋喋不休或沉默不语，使人不知你因何事来访。交谈时除了表达自己的思想观点外，还要注意倾听对方的谈话内容、对方的情绪和周围环境的变化。如对方谈兴正浓，交谈时间可适当长些，反之可短些；对方表达自己的观点时，应认真地听，并适当插话或附和；不要谈得太多，应注意留给对方插话或发表意见或建议的时间与机会。

（7）辞行的机会。在与主人谈话过程中，如果发现主人心不在焉，蹙眉皱额或不时看表，来访者应寻找"刹车"的话题并告辞。告辞不应在对方说完一段话后立即提出，可选在两人沉默的空当。如果主人有新客人来访，应同新客招呼之后，尽快告辞，以免妨碍他人。

（8）告辞的方式。告辞之前要稳，不要显得急不可待。辞行时应向主人及其家属和在场的客人一一握手或点头致意。如果来访的客人很多，自己有事提前离开，就低声向主人告辞并表示歉意，以免惊动其他客人，如果已被其他客人发现，就应礼貌地致歉和告别。提出告辞后，就应态度坚决，不要"走了"说了好几次，却迟迟不动。出门后，就应主动请主人留步并握手告别，表示感谢。不要任凭主人远送，也不要在门口与主人没完没了地话别，要懂得"客走主安"的道理。

二、会客礼仪

在生活中，我们除了经常被热情的朋友邀去做客外，还经常要邀请一些朋友来做客。如何得体而又有礼貌地邀请接待客人，这是社交礼仪的重要内容，也是每个人应该掌握的基本常识。

1. 认真准备

如果知道有客人来访，要提前做好准备工作，以免客人到来时，手忙脚乱。如搞好室内卫生、摆放好室内物品，创造一个良好的会客环境；注意自己的仪容和着装，要干净整洁；要准备好会客的物品如茶水、水果、点心等，让客人有"宾至如归"的感觉。根据需要，还要做好食宿、交通工具的准备。如果客人突然临门，室内来不及清理，应向客人致歉，但不宜急忙打扫。

2. 迎接问候

对于来访的客人，主人应根据需要亲自或派人在大门口、楼下、办公室或住所门外迎接。对于常来常往的客人，一旦得知对方到达，应立即起身相迎于门外。

与客人相见，都应热情地与其握手、问候并表示欢迎，如有同事、朋友、家人或有其他客人在场，主人也应予以相互介绍。引导客人进入客厅，安排就座。主人应把"上座"留给客人，就座时应请客人先行入座，以示对客人的尊重。

3. 礼待宾客

对待客人应主动、热情、周到、善解人意。要一心一意对待客人，不要冷落客人。同客人交谈时要精力集中，不要表现出心不在焉使客人感到不被尊重。

敬茶递烟。客来敬茶是中国待客的传统习俗，且形成了一套独特的饮茶礼节。正规的敬茶方式是茶水要斟七分满为好，所谓"茶七酒八"，就是茶水不要斟得太满。敬茶时要将茶杯放在托盘上，用双手奉上，茶杯应放在客人右手的上方，如果客人不止一位时，第一杯茶应敬给德高望重的长者，当然，熟人可以不必过于讲究。

递烟也是我国待客的一种传统习俗，一般情况下，来客坐下后应马上递烟，尤其是男士。递烟时要注意，尽量不用手指直接抓吸嘴，如果客人不吸烟，不必强行递送。点烟时，若用打火机点烟，点燃两支后应熄灭一次再点；如用火柴点烟，一根点燃的火柴最多只为两个人点烟，否则就是失礼。如果为多位客人点烟，顺序应是身份高者、年长者和女式优先，其次是左右，最后是自己。

4. 陪客交谈

客人坐下，递烟敬茶后，应立即与客人交谈，交谈的内容应根据来访者的目的、身份、职业、兴趣而定，不要谈一些对方不太熟悉或不感兴趣的话题，不能让客人独坐一隅，有冷清之感。

5. 礼貌送客

客人告辞时，主人应婉言相留，若客人执意要走，也要等客人起身告辞时，再站起来相送。不要在客人未起身前，主人先起身相送，也不要主动先伸出手来同客人握手告别，使客人感觉有逐客之嫌。

送客时要把客人送到门口或电梯口，重要的客人要送到大门口、楼下或其乘坐的车辆驶离之处。同客人告别时，要握手并对其来访表示感谢。客人离去时要挥手致意，目送客人远去。

第四节 馈赠礼仪

俗话说"千里送鹅毛，礼轻情义重"，人们常以送礼的方式来表达情意。赠送就是指人们为了向他人表达某种个人意愿，而将某种物品不求报偿、毫无代价地送给对方。赠送不仅是一种礼节形式，更是人与人之间以诚相待、表达尊重和友情的见证。因此，成功的馈赠可以恰到好处地向受赠者表达自己的友好、尊重和某种特殊的情感，同时也能使对方满意、高兴，从而增进相互间的感情和友谊。

馈赠礼仪，就是指在礼品的选择、赠送、接受的过程中所必须遵循的惯例与规范。

一、馈赠者礼仪

1. 礼品的特征

（1）针对性。针对性即投其所好，就是指选择礼品时要充分了解受礼者的情况和特征，根据受礼者的性别、年龄、兴趣爱好、文化层次等精心挑选礼物。比如，给爱好集邮的朋友送一套他至今还没有的邮票，给一位爱好垂钓的朋友送一个精致的钓鱼竿等。一般情况下，敬老人以实用为主，比如保健用品；赠恋人以纪念为主；送朋友以趣味为主；给小孩，以益智为主；对外宾，则以具有民族特色的工艺品为主，如玉饰、蜡染、真丝服饰、瓷器等；探望病人，以愉悦其精神为主。

（2）纪念性。纪念性即礼轻情重，送礼不是为满足某人的欲望，也不是为显示自己的富有，而是为了表示对他人的祝贺、慰问、感谢的心意。常言道"礼轻情义重"。真正好的礼品不是用价格来衡量的，人们送礼的心意应着重于礼品本身的精神价值和纪念意义，即礼品有价而人情无价。正所谓"江南无所有，聊赠一支梅"，礼物虽轻，但情意深重。

（3）便携性。用作馈赠的礼品，应该轻重适当、便于携带，笨重、易碎之物如大件的玻璃、陶瓷制品不适宜作礼品。

（4）独特性。独特性即礼品应独具匠心，具有新、奇、特等特点。好的礼品最忌"千篇一律"、大同小异、没有特色。如果选择的礼品有艺术特色、民族特色、地方特色、别具一格，让人耳目一新，会让对方更深刻体会到送礼者的一番情意。

（5）时尚性。即选择的礼品，还要十分注意时尚，不要落后于时代。如果用过时的、落后的物品赠送他人，不但说明自己的观念落后，更会让受礼者产生被轻视和应付的感觉。

2. 馈赠时机的选择

古诗云："好雨知时节，当春乃发生"，馈赠礼品也应选择恰当的时机和场合。以下几种情况便是馈赠的最好时机：

（1）喜庆嫁娶。乔迁新居、过生日做大寿、生小孩、嫁女娶亲等亲友喜庆日子，应考虑备礼相赠，以示庆贺。亲友去世或遭不幸，也要适当送礼以帮助解决困难，表示安慰吊唁。

（2）欢庆节日。我国传统节日春节、端午、中秋、重阳等，西方的圣诞节、情人节、母亲节感恩节等都可作为送礼的时机。

（3）探望病人。去医院或别人家中探望病人应带点恰当的礼物。

（4）酬谢他人。当自己在生活中遭到困难或挫折，亲朋好友对你伸出过援助之手，事后应考虑送点礼物以表示感谢。

（5）亲友远行。为了祝愿亲友一路顺风，安心离开家人远出外地求学、工作送上一份礼品以表心意，表示纪念。

（6）拜访、做客。当你拜访或做客时，一方面对打扰对方表示歉意或接受对方款待表示感谢，一方面向对方表示自己的问候，往往也要带上一份礼物登门。

（7）还礼。接受过对方的礼物，就等于欠着对方一个人情，可以在对方送礼离开时还附一份自己的礼物，或者事后在类似的场合向对方送上一份礼品。

3. 礼品的选择

馈赠之前,要对礼品进行认真选择,第一件事就是考虑对方有什么爱好、兴趣和禁忌;其次要考虑送礼的原因和目的,尽量使礼品恰如其分。

下面针对不同受礼对象介绍有关礼品选择的技巧。

(1) 结婚礼物。要注意要等到收到对方的请柬或通知后再携礼登门祝贺;礼品宜以家庭用品、床上用品、餐饮用具或字画等工艺品为好,也可事先征求主人意见再选购;如果用金钱代替礼品,可在封套上写明"贺仪"等字以示庄重。

(2) 生子礼物。可送婴儿用品,如衣服、鞋帽或玩具、生肖纪念章等,也可送产妇滋补营养品等。

(3) 生日礼物。父母长辈生日做寿,可送寿联、寿糕或营养品、衣服布料等,夫妻生日可送鲜花、化妆品、饰物、领带等礼品,朋友生日可送贺卡、工艺品、学习用品、鲜花、影集等小物件。

(4) 节日礼物。如春节送礼盒,端午节送粽子,中秋节送月饼,情人节送玫瑰花等等。

(5) 病丧礼物。探望生病的亲友,应携带一些适宜病人食用的食品,如滋补品、水果等,也可送鲜花,但在送水果时要根据病情来选购。丧中可送花圈、挽联或"帛金"(即金钱),如送物品应以不留纪念的一次性易耗品(如烟、酒、食品等)为原则。

(6) 远行礼物。毕业升学远行时,可选择书籍、学习用品、生活用品等礼品。

(7) 迁居礼物。乔迁之喜以对联、字画、工艺品、家庭装饰品为礼最佳。

4. 送花常识

花是常见的一种礼品,人际交往中,人们常以各种花卉传递感情,抒发胸臆。如考试及第誉为"折桂",送别或赠别则称为"折柳",奉献桃子祝老人长寿,赠石榴是愿新婚夫妇多子,至于"松、柏、竹、菊、莲"等,皆依其个性而各有明确固定的含义。因此,送花是一门学问,送花更是一门艺术。作为礼物,人们可送鲜花,也可送盆花、插花等。要把握送花的学问,首先就要了解花语花意。

鲜花的寓意是指人们一般认为某种鲜花因品种、色彩、数目和搭配,而具有某种含意。如果不了解鲜花的寓意,那么送花时肯定会出差错,闹笑话。

(1) 花语。古往今来,人们根据花卉的性格和艺术形象,创造了"花的语言",花语是鲜花的通用寓意。花语一旦形成之后,便流传开来,须人人了解,个个遵守,不能自造,也不能篡改。例如:

白丁香——纯洁;　　　　　水仙花——清纯、自尊;
郁金香——幸福、博爱;　　紫罗兰——青春永驻;
柏　树——永葆青春;　　　含羞草——知廉耻;
银　杏——古老文明;　　　紫　荆——兄弟和睦;
红　豆——相思;　　　　　玫　瑰——爱情;
勿忘我——永恒的爱;　　　杨　柳——依依不舍;
并蒂莲——夫妻恩爱;　　　百　合——百年好合;
马蹄莲——永结同心;　　　文　竹——永恒;
菊花、竹、兰花——高洁;　山　茶——质朴;

蔷薇花——美德； 牡　丹——华贵；
向日葵——仰慕； 腊　梅——坚贞不屈；
木棉花——英雄之花； 黄月季——胜利；
葡　萄——宽容、博爱； 桂　花——友好、吉祥；
铁　树——庄严； 金　橘——招财进宝；
茉　莉——和蔼可亲； 红　枫——热忱；
石　榴——子孙满堂； 富贵竹——吉祥、富贵；
万年青——友谊长存； 秋海棠——诚挚的友谊；
龟背竹——健康长寿； 大丽花——大吉大利；
一品红——共祝新生； 杉　木——正直；
昙　花——美好的事物不长远；白菊花——悲伤。

（2）鲜花的民俗寓意。同一种鲜花，在不同的国家和地区，因文化、语言、风俗习惯等差异，有不同的含意。鲜花的民俗寓意，主要体现在鲜花的品种、色彩和数量上。

① 品种。同一品种的鲜花，在不同的风俗习惯中，含义大不相同。在跨地区、跨国家的人际交往中，如以鲜花赠人，则必须首先了解禁忌。比如我国喜爱黄菊，但千万不要送给西方人，因为在西方，黄菊代表死亡，是葬礼的专用花卉。再如中国人喜欢荷花，但是在日本，它也代表死亡。

在我国的广东、海南、港澳地区，送人金橘、桃花，会令对方笑逐颜开。而以梅花、茉莉、牡丹花送人，则必定会招人反感。因为在那里人们爱"讨口彩"。金橘有"吉"，桃花"红火"，所以让人来者不拒。而梅花、茉莉、牡丹则音同"霉"、"没利"、"失业"，故而令人避之不及。

② 颜色。花的颜色多种多样，五彩缤纷。一般而言，红色表示热情，白色表示纯洁，金黄色表示富丽，绿色表示青春与朝气，蓝色表示欢乐、开朗与和平，紫色表示高贵。

但在不同的地区和国家，对于鲜花的色彩也有不同的理解。比如，我们喜欢象征大吉大利、兴旺发达的红花，在新人成婚时，也以红色鲜花相赠，但在西方人眼中，白色鲜花象征纯洁无瑕，将它送给新人，是对他们最好的祝福。如果要给中国新人送白色鲜花，则会被认为太不吉利。

③ 数量。送花的具体数目，因不同国家、不同地区的文化传统、风俗习惯的不同有所不同。在中国，喜庆活动中送花要送双数，意即"好事成双"。在丧葬仪式上送花则要送单数，以免"祸不单行"。

在西方国家，送人的鲜花则讲究是单数。比方说，送 1 枝鲜花表示"一见钟情"，送 11 枝鲜花则表示"一心一意"。只有作为凶兆的"13"才是例外。

有些数字，由于读音或其他原因，在送花时也是忌讳出现的。比如，在欧美国家，送人的鲜花不能是"13"枝。而在日本、韩国、朝鲜，以及中国的广东、海南、香港、澳门、台湾地区，送"4"枝花给人，也会招人白眼，因为其发音与"死"相近。

 小故事 3-3　　　　　　该送什么花？

梅婷和张斌同在一个公司工作，两人是好朋友。梅婷邀请张斌参加她的婚礼。为了表达心意，张斌考虑要送给梅婷一份特别的礼物。思来想去，张斌觉得送鲜花既时尚又浪漫，最合适，而且要送红玫瑰，以表示对新婚夫妇甜蜜爱情的祝福。这天，张斌捧了一大束红玫瑰参加婚礼，可当他将花束送给梅婷时，梅婷面部表情发生了急剧的变化，迟疑地不肯去接鲜花，而梅婷的新婚丈夫脸色难看，令张斌十分难堪。这件事引起了梅婷丈夫误解，破坏了他们新婚甜蜜的气氛，梅婷做了多番解释，才消除了丈夫的误会。由此梅婷对张斌心生怨恨，无论张斌如何解释，梅婷都不肯原谅他，两人关系渐疏。

5. 礼品的馈赠

选择一件满意的礼品，仅仅是馈赠活动的开始。如何把礼品合乎礼仪地馈赠给对方，是整个馈赠行为成功的关键环节。

（1）精心包装。我国传统对礼品的包装并不十分讲究。中国人更注重礼品的内容，而非它的形式，往往很高档的礼品用报纸一包就行。这是不符合礼仪规范的。包装是礼品的外衣，精美的包装是礼品的重要组成部分，通过包装可以反映出送礼者的情趣和心意。不重视包装，会导致礼品本身的"贬值"，甚至使受礼人有被对方轻视的感觉。在国际交往中，尤其要加以注意。

（2）选择时机。不论在国内，还是在国外，赠送礼品如果选准了时机，会让双方皆大欢喜。国内赠送礼品，一般要选择节假良辰、婚丧喜庆之时，向对方表示祝贺、感谢、慰问之情。在涉外交往中，应根据国际惯例和来宾的风俗习惯，视具体情况具体安排。如会见会谈时，如果准备向主人赠送礼品，一般宜安排在起身告辞之时；参加道喜道贺的活动时，如拟向对方赠礼，最好在双方见面之初相赠，等等。赠礼要巧于安排时机，合乎惯例和规范。

（3）具体方法。礼品最好当面赠送。如因某种原因本人不能当面赠送，可委托他人赠送或者邮寄。此种情况下，应附上一份礼笺，署上姓名，并简单说明馈赠的理由。

赠礼时，馈赠者要神态自然、举止大方，双手把礼品送给受赠者。同时，还要简短、热情、得体的加以说明馈赠的原因和态度，如有必要可对礼品稍作介绍。另外，对自己带去的礼品，不应自贬自贱。如切忌说"不是什么好东西，凑合用吧"、"顺路买的，不值几个钱"等。

二、受赠者礼仪

在社交场合，接受别人馈赠的礼品也同样要讲究礼仪规范。

1. 接受礼仪

一般情况下，对他人诚心诚意的礼品，只要不违反法律、法规，最好大大方方、欣然接受。

受礼者在接受礼品时通常应站立双手相接以示对对方的礼品和诚意的尊重，并说些客气或感谢的话。如"您太客气了"、"让您破费了，真不好意思"或者是说声"谢谢"。

按照国际惯例，接过礼品后，如果条件允许，受赠者可以当面打开并表示赞赏。它既表示对对方的尊重，也表示欣赏对方赠送的礼品。

2. 拒收礼仪

由于种种原因，不能接受他人赠送的礼品时，要讲明原因，婉言拒收。要讲究方式方法，依礼而行，要给对方留有退路，不要使对方产生误会或难堪。

一般情况下，拒收礼品应当场进行，最好不要接受后再退还。当看到对方赠送的礼品不能收时，一是要对对方的好意表示感谢，二是要坦率地或者是委婉地讲明不能接受的原因和理由，将礼品当场退还。

如果确因一些原因很难当场退还，也可以采取收下后再退还的办法。退还礼品时，一是要及时，最好在24小时之内将礼品退还本人，二是要保证礼品的完整性，不要拆启封口后再退还，更不能试用之后再退还。

3. 回赠礼仪

在人际交往中，要讲究礼尚往来。所谓"来而不往，非礼也"，虽然馈赠者赠送他人礼品不应有希望他人回报的心理，但收到他人的礼品要及时回赠，才是合乎礼仪的。回赠时，一是把握好回赠的时间。回赠时间过早，会给人以"等价交换"的感觉，但是时间拖得过久，又显得遥遥无期。因此，回赠要把握好时机，如在对方有喜庆活动、节假日时等。二是要把握好形式。在回赠礼品的选择上，可以用对方赠送的同类礼品作为回赠礼品，可以用与对方所赠物品价格大致相当的物品作为还礼。另外，也可以用其他的方式向对方还礼，如接受礼品后，可以打电话或写信向对方表示感谢，同样可以起到促进彼此之间友好交往的作用。

三、馈赠的禁忌

禁忌，是因为某种原因而对某些事物所产生的顾忌。禁忌的产生一是纯粹由受赠对象个人原因所造成；二是由风俗习惯、宗教信仰、文化背景、职业道德等原因所形成。因此在选择礼物时，必须慎重对待，不能随心所欲不假思索地拿一件礼物了事。

1. 我国内地的一些馈赠禁忌

一般来说，我国在国内、国际正式社交活动中，因公馈赠礼品时不允许选择以下物品作为正式赠与交往对象的礼品：一是现金、信用卡，有价证券；二是价格过高的奢侈品；三是烟酒等不合时尚、不利健康的物品；四是易使异性产生误解的物品；五是触犯受赠对象个人禁忌的物品。

在我国，看望病人不能送盆花，因为盆花有根；看望老人不能送钟，因为"钟"与"终"谐音；友人之间忌送伞，因为"伞"与"散"谐音；乌龟虽然长寿，却有"王八"的俗名，也不宜做礼品相送。

2. 港台馈赠禁忌

在港台风俗中，丧事后以毛巾送吊丧者，非丧事一律不能送毛巾；剪刀是利器，含有"一刀两断"之意，以剪相送会使对方有威胁之感；甜果是祭祖拜神专用之物，送人会有不祥之感；港台话中"雨伞"音同"给散"，若送雨伞会引起对方误解；扇子是夏季用品，台湾俗称"送扇无相见"；台湾的居丧之家习惯不蒸甜食、不裹粽子，如果以粽子相送，会被对方误解，十分忌讳。

此外，香港人青睐红木制作的小型棺材摆件，寓意为"升官发财"但是在中国内地的人馈赠礼品却不会送"小棺材"。

3. 国外部分馈赠禁忌

日本人忌"9"、"4",因为"9"与"苦"音同,"4"与"死"音同;日本人不能送菊花,菊花是日本皇室专用;日本人忌讳绿色,认为绿色不祥。

给美国女性不能送香水、化妆品、衣物、假首饰,那会以为你看不起她;美国人以绿毛龟为宠物;而在中国人看来,这样的礼物是天大侮辱。

西方人喜单数却忌"13";英国人不能送百合花,以为有"死亡"之意;荷兰人不能送食品;意大利人忌讳送手帕,因为手帕是亲人离别时擦眼泪的不祥之物;此外,法国人不送、也不接受有明显广告标记的礼品,而喜欢有文学价值和美学内涵的礼品。

在中东,回教教徒严禁偶像崇拜,洋娃娃等外形类似人像的东西禁止放在家里当装饰品。因此,在这些国家,绝不能把洋娃娃当礼物,否则会被认为是瞧不起他们的宗教。

小知识 3-3　　　中国主要城市(特区)市花(区花)

北京——月季、菊花　　　成都——木芙蓉
天津——月季　　　　　　贵阳——兰花、紫薇
上海——白玉兰　　　　　昆明——山茶花
哈尔滨——丁香、玫瑰　　拉萨——玫瑰
长春——君子兰　　　　　济南——荷花
沈阳——玫瑰　　　　　　合肥——石榴花、桂花
包头——小丽花　　　　　南京——梅花
石家庄——太平花　　　　杭州——桂花
太原——菊花　　　　　　福州——水仙花
郑州——月季　　　　　　南昌——瑞香
洛阳——牡丹　　　　　　武汉——梅花
西安——石榴花　　　　　长沙——荷花
兰州——玫瑰　　　　　　广州——木棉花
西宁——丁香　　　　　　桂林——桂花
银川——夹竹桃　　　　　香港——紫荆花
乌鲁木齐——玫瑰　　　　澳门——荷花

第五节　电话礼仪

现在社会是信息社会,作为主要的通信工具的电话早已在人们的工作、生活中十分普及了。人们常常使用电话相互联系,沟通信息、交流思想。电话是人们在社会交往中使用最频繁、最重要的沟通渠道,是人们工作、生活中不可缺少的交际工具。

每一个人都可以很容易地学会用电话,但正确的使用电话却不是每个人都能做得很好的。正确的使用电话,不仅要熟练地掌握使用电话的技巧,更重要的是要掌握接打电话的礼仪,注意维护自己的"电话形象"。

所谓电话形象,是指人们在使用电话时,留给通话对象以及其他在场人的总体印象。即人们在通电话的整个过程之中的语言、声调、内容、表情、态度、时间感等的集合。它能够真实地体现出个人的礼貌修养、待人接物的态度以及通话者所在单位的整体形象。因此在社会交往中,应该十分讲究和注意电话礼仪,塑造良好的电话形象。

电话礼仪要求在使用电话时,务必要对维护电话形象的问题倍加关注。要做到这一条,必须在打电话、接电话及使用移动通信工具时,自觉自愿地做到知礼、守礼、待人以礼。

一、打电话礼仪

在人际交往中,打电话的一方称作发话人,是主动方,因此,当我们准备拨打电话时,首先考虑的问题是:这个电话是否该打、如何打。

需要通报信息、祝贺问候、联系约会、表示感谢等时,都有必要利用一下电话。而毫无意义的"没话找话"式的电话,则最好不要打。即使非常想打电话聊聊天,也要两厢情愿,征得对方的同意,并选择合适的时间。切忌不要在单位打私人电话。而那些在公用电话亭"目空一切"极富表演欲地"煲电话粥",也是令人十分厌恶地表现。如确需打电话,要注意以下问题:

1. 通话前的准备

(1)选择合适的通话时间。通话时间包括打电话的适宜时间和通话的时间长度。

打电话时,首先要选择合适的通话时间。一般情况下,如果打电话到对方家里,不要选择过早、过晚或对方休息的时间。如:早晨7点前、晚上10点后、一日三餐的吃饭时间、节假日。因紧急事宜打电话到别人家里去,通话之初先要为此说声"对不起",并说明理由。另外,因公事打电话,尽量不要打电话到对方家里,尤其是晚上。打电话到海外,还应考虑到此地与彼地的时差问题。

如果需要打电话到对方工作单位,要想使通话效果好一些,使之不至于受到对方繁忙或疲劳的影响,则通话时间应选择在周一10点左右至周五3点左右,而不应是在对方刚上班、快下班、午休或快吃午饭时,不识时务地把电话打过去。一般来讲,周一上班一个小时没有重要事情不要打电话,因为此时大多数单位要开例会安排一周的工作日程或处理一些重要事务。周五下午下班前不要打电话,因为临近下班时间人们的心理状态处于疲劳期,此外,不要因私事打电话到对方单位。

其次,要把握好通话的时间长度。电话被称为"无形造访的不速之客"。在很多情况下,它都有可能"出其不意"地打搅别人的正常工作或生活。因此,打电话的人务必要有一个明确的指导思想,每次打电话的时间不应超过三分钟。在国外,这叫做"通话三分钟原则"。如果确实需要很长时间,一定要征询对方此时通话是否方便,否则,应与对方另行约定时间。所以,打电话时要注意长话短说、废话不说,不能啰里啰唆没话找话。

(2)准备好通话内容。为了使通话简洁顺畅,打电话前,尤其是打重要电话或国际长途,应首先作好通话内容的准备。如:把要找的人名、职务、要谈的主要内容进行简单归纳,写在纸上,这样就可以做到通话时层次分明、条理清楚,不至于通话时丢三落四、语无伦次,让对方不得要领。通话内容要简明扼要、干净利落,不能吞吞吐吐、东拉西扯,不着边际,否则,既浪费了对方的时间,又会给对方留下"办事不干练"的不良印象。此外,与不熟悉的单位或个人联络,对对方的名字与电话号码应当弄得一清二楚,以便"胸有成竹",免得因为搞错而浪费时间。

2. 打电话时的礼貌态度

在打电话时,对一个人的电话形象影响最大的,首先是发话人的语言与语调。从总体上来讲,它应当简捷、明了、文明、礼貌。

在通话时,声音应当清晰而柔和,句子应当简短,语速应当适中,语气应当亲切、自然。说话时要面带微笑,使声音听起来更有热情。用清晰而愉快的语调接打电话,能体现出说话人的职业风度及可亲的性格。打电话时所使用的语言,应当礼貌而谦恭。打电话时,每个人开口所讲的第一句话,都事关自己给对方的第一印象,所以应当慎之又慎。如果电话接通后,自己所说的头一句话是"喂,喂"或"宏达公司吗?"、"小李在不在?",则既不礼貌,也不规范。

电话打通后,首先应问候对方"您好",然后报出自己的姓名或工作单位,并说出你要找的人。自报家门的做法是十分必要的,这是对接话人的尊重。即使是你熟悉的人接电话,也应主动报出自己的姓名,因为接话方往往不容易通过声音准确无误地确定打电话人的身份。

如果你与受话人的关系非常密切,深信对方能通过你的声音判断你是谁也可以不自报家门;如果只是一般性的交往电话,只需报出自己的姓或姓名;如果是工作电话,除了报出自己的姓名,还应报出自己的所在单位的名称,便于对方正确确认。

比较常用的自报家门方式有两种。

第一种适用于正式的商务交往中,要求礼貌用语与双方的单位、职衔、姓名"一同道来"。其规范的"模式"是:"您好!我是正大律师事务所的律师李明,我要找东岳化工进出口分公司经理高曙光先生。"

第二种适用于一般性的人际交往,在使用礼貌性问候以后,应同时准确地报出双方完整的姓名。其常用的"模式"是:"您好!我是司宁,我找李娅。"

"你好!我是×××单位××,麻烦您请××先生(小姐)接个电话。"

"你好!我是×××,请帮我找一下××先生(小姐)。"

"你好!我姓×,×××在吗。"

在通话时,若电话中途中断,按礼节应由发话方再拨一次。拨通以后,须稍作解释,以免对方误会,以为是打电话者不高兴挂断的。

一旦自己拨错了电话,要对无端被打扰的对方道歉,老老实实地说声"对不起"。不要连个"回音"都不给,就把电话挂了。

当通话结束时,别忘了向对方道一声"再见",或是"早安"、"晚安"。挂断电话时,应双手轻放,不要末了再给对方的听觉以震耳欲聋的"致命一击"。

按照惯例,当通话双方地位、职务相近时,一般是在对方放下话筒后接听者再放下自己的话筒。当通话双方地位、职务存在较大差异时,则应由其中地位较高的一方首先挂断电话。例如与上司通话时,应由上司先挂断电话;与客户通话时,应由客户先挂断电话。

二、接电话礼仪

在通电话的过程中,接听电话的一方显然是被动者,尽管如此,我们在接听电话时,也需要专心致志,彬彬有礼。

1. 注意自己的态度与表情

虽说通电话是一种"未曾谋面"的交谈，表面上看，我们接电话时的态度与表情对方是看不到的，但是在实际上对于这一切对方其实完全可以在通话过程中感受到。

电话铃声一响，受话方就应及时接听电话。在国外，接电话有"铃响不过三遍"一说。但现实生活中，有人明明就在电话边上，偏偏要"沉住气"，"摆摆谱"，让电话铃声先响上一通再说。这种态度，无疑是怠慢对方的。如果因特殊原因，致使铃响许久才接电话，应在通话之初就向发话人表示歉意。在日常生活和工作中，正常情况下，不允许不接听他人打来的电话，尤其是如约而来的电话，因为这关系到一个人的诚信问题。

接电话时，态度应当殷勤、谦恭。在办公室里接听电话，尤其是有外来的客人在场时，最好是走近电话，双手捧起话筒，以站立的姿势，面含微笑地与对方友好通话。不要坐着不动，把电话抱在怀里，夹在脖子上通话。也不要拉着电话线，边走边接听通话；也不要坐在桌角、趴在沙发上或是把双腿高抬到桌面上，大模大样地与对方通话。接听电话时，速度快，态度好，姿势雅，才是合乎礼仪的。

2. 注意自己的语言和语气

拿起电话后，要热情问候对方并主动自报家门。问候对方是礼貌，自报家门则是为了让对方验证是否拨错了电话，找错了人。日常生活中，很多人接听电话的第一句话就是以"喂，谁呀"，"你找谁呀"作为"见面礼"。更有甚者一张嘴就毫不客气地查一查对方的"户口"，一个劲儿地问人家"你找谁"，"你是谁"或者"有什么事儿呀？"

这是不合乎规范的，规范的做法是："您好，我是×××，请问您是哪位？"，"您好！马丽娅，请讲。"

在办公室中，接听电话时拿起话筒所讲的第一句话，也有一定的规矩。接听电话时所讲的第一句话，常见的有两种形式。

第一种，是以问候语加上单位、部门的名称以及个人的姓名。它最为正式。例如："您好！林安集团公司人事部姜超，请讲。"

第二种，是以问候语加上单位、部门的名称，或是问候语加上部门名称。它适用于一般场合。例如："您好！惠仟佳公司广告部，请讲"或者"您好！人事部。请讲"。后一种形式，主要适用于由总机接转的电话。

万一对方拨错了电话或电话串了线，也要保持应有的风度，切勿发脾气"耍态度"。确认对方拨错了电话，应先自报一下"家门"，然后再告之电话拨错了。对方如果道了歉，不要忘了以"没关系"去应对，而不要训斥对方。如有可能，不妨问一问对方，是否需要帮助他查一下正确的电话号码。如果你真的这样做了，不是"吃饱了撑的"，而是借机宣传了自己以礼待人的良好形象。

在通话过程中，不要对着话筒打哈欠，或是吃东西。也不要同时与其他人闲聊。否则会让对方感到自己在受话人的心中无足轻重。

3. 遵守惯例，礼貌地结束通话

在通话时，接听电话的一方不宜率先提出中止通话的要求，按照惯例应由打电话者先挂断电话。如果对方还没有讲完，你就挂断电话，是很不礼貌的。尤其在与位尊者或女士通话时，一定要等对方先挂电话，以示对对方的尊重。如果你确实有急事需要挂断电话，可向其略微说明原因，表示歉意，并再约一个合适的时间，届时由自己主动打电话过去。约好了时间，即须牢记并遵守。在下次通话时，还要再次向对方致以歉意。

如果遇上不识相的人打起电话没完没了，非得让其"适可而止"不可的话，语言也应当委婉、含蓄，不要让对方难堪。比如，不宜说："你说完了没有？我还有别的事情呢。"而应当讲："好吧，我不再占用您的宝贵时间了。""真不希望就此道别，不过以后真的希望再有机会与您联络。"

4. 代接电话时的态度

代接电话时，讲话要有板有眼。被找的人如果就在身旁，应告诉打电话者："请稍候"，然后立即转交电话，不要抱着恶作剧或不信任的态度，先对对方"调查研究"一番，尤其是不允许将这类通话扩音出来。

如果被找的人尚在别处，应迅速过去寻找。不要懒于行动，却蒙骗对方说"人不在"，或是大喊大叫"某人找某某人"，闹得"世人皆知"，让他人的隐私"公开化"。

倘若被找的人不在，应在接听电话之初立即相告。并礼貌地征询对方是否自己可以"代为转告"。不过应当先讲"某人不在"，然后再问"您是谁"或"您有什么事情"，切勿"本末倒置"。以免让打电话者疑心：他要找的人正在旁边，可就是不想搭理他。

代接电话时，对方如有留言，应当场笔录下来。电话记录的内容大体包括：来电的时间、来电人姓名、所在单位、来电事由及处理方式。之后，还应再次复述一次，以免有误。并做到及时传达。

三、移动电话礼仪

目前，在各种现代化的通信设备中，移动电话日益普及，成为通信工具的重要组成部分，其功能也随着科技进步而日益完善。使用移动电话时大体上有以下几个方面的礼仪规范。

1. 放置到位

按照惯例，放置手机的最佳位置有二。一是随身携带的公文包里，二是上衣口袋之内。穿套装、套裙之时，切勿将其挂在衣内的腰带上。否则撩衣取用或观瞧时，即使不使自己与身旁之人"赤诚相见"，也会因此举而惊吓对方。

大凡正式的场合，切不可有意识地将其展示于人。比如把它们握在手中，别在衣服外面，放在自己身边，或是有意当众对其进行摆弄，这些举动都会给人一种轻浮、俗气的不良印象。

2. 遵守公德

人际交往中，使用手机时，一定要讲究社会公德，尤其是在公共场所，尽量不要使用手机。当其处于待机状态时，应使之静音或转为震动。需要与他人通话时，应寻找无人之处，而切勿当众自说自话。公共场所是公众公有共享之处，在那里最得体的做法，是人人都要自觉地保持肃静。因此，在公共场所里手机狂叫不止，或是在那里与他人进行当众的通话，都是侵犯他人权利、不讲社会公德的表现。在参加宴会、舞会、音乐会，前往法院、图书馆，或是参观各类展览时，尤须切记此点。

在工作岗位上，也应注意不使自己的手机使用有碍于工作、有碍于别人。尤其是在开会、会客、上课时，必须要自觉地令自己的手机噤声不响。在必要时，可暂时将其关机，或者委托他人代为保管。这样做，既表明了自己对交往对象的尊重和对有关活动的重视，也体现了自己的良好修养。

3. 重视私密

众所周知，通讯自由是受到法律保护的。在通信自由之中，秘密性，即通信属于个人私事和个人秘密，是其重要内容之一。使用手机时，对此亦应予以重视。一般而言，手机的号码不宜随便告之于人。即便在名片上，也不宜包含此项内容。因此，不应当随便打探他人的手机号码，更不应不负责任地将别人的手机号码转告他人，或是对外界广而告之。考虑到相同的原因，随意借用别人的手机也是不适当的。

4. 注意安全

使用手机时，对于有关的安全事项绝对不可马虎大意。在任何时候，都切不可在使用时有碍自己或他人的安全。

按照常规，在驾驶车辆时，不宜忙里偷闲地使用手机接打电话。否则，极有可能导致交通事故。

乘坐客机时，必须自觉地关闭本人随身携带的手机。因为它们所发出的电子信号，会干扰飞机的导航系统。

在加油站或是医院里停留期间，也不准开启手机。否则，有可能酿成火灾，或影响医疗仪器设备的正常使用。此外，在一切标有文字或图示禁用手机的地方，均须遵守规定。

5. 正确使用个性化铃声

随着手机使用的普及，个性化的手机铃声也正迅速走俏。这些个性化的铃声为生活增添了色彩，人们选择它无可非议。但是应该注意正确使用个性化的铃声在办公室和一些严肃的场合，不合适的铃声不断响起的话，对周围的人是一种干扰。如果确实喜欢用，就应当适时将铃声调到振动上。现在很多公司都租用写字楼作为办公室，几十人在同一工作平台区工作，有些人的手机铃声怪异，当大家埋头工作时突然传出"老公，快接电话呀！"等搞笑声音，这对于其他人来说是一个不小的干扰。此外，一些同志把手机铃声设置得又怪异又吵闹，当周围的人陷入沉思或者专心工作时，猛然铃声大作吓人无数。所以，彼此之间应该相互体谅避免干扰。

（1）铃声内容不能有不文明的内容。比如像"有话快说，有屁快放"，既显得不雅，也让拨打者尴尬。

（2）铃声不能给公众传导错误信息。

 小故事 3-4　　　　　　如此铃声要慎用

在广州市，曾经发生这样一件令人啼笑皆非的事。一位巡警在经过一辆豪华旅游车时，突然听到一阵急迫的呼救声："救命呀，抢劫呀！"巡逻经过此地的边防官兵听到后，急忙将这辆旅游车拦住，可官兵们上车一看，乘客们全都在呼呼大睡。忽然，"救命呀……"的"喊声"再次响起。官兵们寻声找去，原来这"呼救"是从一名熟睡的乘客手机里传出的。可想而知，如果这样的铃声到处都是的话，公众秩序一定大乱。

（3）铃声要和身份相匹配。相对来说，过于个性化的铃声与年轻人的身份比较匹配，一些长者或者有一定身份的人如果选择与自己身份不太匹配的铃声，会损害自己的形象。

（4）铃声音量不宜太大。无论是座机还是手机铃声，声音都不宜过大，以离开座位两米可以听见为宜。有些人的铃声像是"凶铃"，在大家埋头干活时突然刺耳地响起，让人心跳都会加快。还有在医院、幼儿园等场所，过大的铃声会成为一种公害。

（5）不要用手机偷拍。照相手机是手机中最新的功能，不要因为拍得方便就随意拍照。在用手机拍照或者摄像时，应该征得对方的同意，如果对方允许你拍照存在你的电话簿里，也不能未经对方同意将他（她）的照片转发给其他人欣赏，甚至传到网络上广为传播。

第六节　本 章 小 结

本章是人际交往场合中最常用、最重要的内容。在握手的学习和练习时，除了要注意握手次序和方式外，还要注意握手时机的把握。名片礼仪，贵在运用，贵在表现出对对方的尊重和赞赏。努力塑造得体的谈吐，提高与人有效沟通的能力。介绍他人和自我介绍时，要把握好态势语言，要用合适场合的面部表情与对方沟通。懂得并遵守做客与会客的礼仪规范才能促进彼此之间的友好交往。馈赠要把握好时机、选择最有意义的礼品，要注意馈赠时的禁忌。掌握接、打电话的礼仪。

【思考与练习】

1. 分析题：请判断情景中人物做法的正误。在题后的（　　）内写"对"或"错"。

情景1：甲男甲女两白领在门口迎候来宾。一轿车驶到，乙男士下车。

甲女上前，道："陈总您好！"呈上自己的名片。

又道："陈总，我叫谢菲，是华阳集团公关部经理，专程前来迎接您。"

乙男道谢。

甲男上前："陈总好！您认识我吧？"。乙男点头。

甲男又道："那我是谁？"。乙男尴尬不堪。

情景2：乙女陪外公司一女（丙女）进入本公司会客厅，本公司丙男正在恭候。

乙女首先把丙男介绍给客人："这是我们公司的刘总。"

然后向自己人介绍客人："这是四方公司的谢总。"

甲男（　　）　甲女（　　）　乙男（　　）　乙女（　　）

情景3：

请判断情景中对电话的使用有哪些不符合礼仪。

（1）一男士夜间休息，电话铃响，被惊醒。

（2）一男士接听电话："您好！华夏公司。您找正泰公司？抱歉！您拨错了。需要的话，我可以替您查一下正泰公司的电话。"查手册，又道："它的电话是81178456。不客气，再见。"

（3）一男士接电话："你好！华夏公司。你找正泰公司？下次看清楚，我们是华夏公司!"

（4）音乐厅里美妙的音乐刚刚响起，一手机铃响，另一手机铃又响，之后，铃声大作。

2. 判断题：

介绍他人的顺序	是否触犯了规则
介绍上级与下级认识时，应先介绍下级，后介绍上级	□是　□否
介绍长辈与晚辈认识时，应先介绍晚辈，后介绍长辈	□是　□否
介绍年长者与年幼者认识时，应先介绍年幼者，后介绍年长者	□是　□否
介绍女士与男士认识时，应先介绍男士，后介绍女士	□是　□否
介绍已婚者与未婚者认识时，应先介绍未婚者，后介绍已婚者	□是　□否
介绍同事、朋友与家人认识时，应先介绍家人，后介绍同事、朋友	□是　□否
介绍来宾与主人认识时，应先介绍主人，后介绍来宾	□是　□否
介绍与会先到者与后来者认识时，应先介绍后来者，后介绍先到者	□是　□否

3. 情景模拟：

（1）模拟一般朋友见面、老朋友见面、女士与男士见面、领导与下属见面、长辈与晚辈见面时的握手场面。

（2）模拟三人介绍并握手寒暄的场面。

（3）模拟多人介绍并握手寒暄的场面。

（4）模拟正确地递送名片与不正确地递送名片场面。

（5）模拟打、接电话的场面。

4. 综合练习：

编写一部包含介绍、握手、谈话、递送名片、接、打电话等内容的剧本，以小组赛的形式表演并竞赛。

5. 问答题：

（1）在社交场合中，常用的日常见面礼仪有哪些？

（2）在社交场合中，握手应注意哪些问题？

（3）简述在不同场合致意的方式？

（4）试分析名片在社交场合的重要作用。自制一张公务式名片。

（5）礼品选择应注意什么问题？赠礼的时机有哪些？

（6）使用移动电话应注意哪些礼仪？

第四章 校园礼仪

本章提要

- 师生关系礼仪
- 同学之间交往的礼仪
- 校园其他礼仪
- 求职与应聘礼仪

引 言

校园礼仪是和谐校园建设的一个重要组成部分，是在校学生的行为规范。对此，我国政府历来十分重视，早在1989年11月，国家教育委员会就提出了"高等学校学生行为准则"15条。从中可以看出，学生的行为准则是校园礼仪的基础，校园礼仪是行为准则的具体体现。

学校是培养人、教育人的场所，是老师"传道、授业、解惑"的地方。朱熹说："古者小学，教人以洒扫、应对、进退之节；爱师、敬长、隆师、亲友之道；皆所以为修身、齐家、治国、平天下之本。"由此可见，校园生活的各个方面，个人的言谈举止，都有礼仪的约束，都与家与国的兴衰、个人事业的成败密切相关。所以，作为新时代的大学生，更要认识到讲究校园礼仪的重要性。

在校期间，大多数高职高专学生开始步入成年，这时是人生观和世界观形成的重要时期。如果我们能认真地学习和实践校园礼仪规则，自觉并严格地按照礼仪要求去做，这对于提高个人素质修养、构建和谐校园、展示学校形象、净化社会风气、促进整个民族的文明，都将具有重要的意义。

第一节 师生关系礼仪

"春蚕到死丝方尽，蜡炬成灰泪始干。"人们常把老师比作"照亮别人燃烧自己的蜡烛"、"塑造人类灵魂的工程师"，或是培育人才桃李满天下的"园丁"。由此可见老师人格的高尚和工作的重要。尊师是中华民族的传统美德，也是礼仪规范的一项传统内容。教育是传承文明、培养人才的神圣事业，老师理应受到全社会的尊重。作为深受老师教诲的学生，更应该热爱和尊敬自己的老师。古语道："师同父母"、"滴水之恩，必当涌泉相报"。任何不尊重老师的言行，都会受到舆论的谴责。

教育重在育人，进行礼仪教育，不仅能有效地加强学校管理工作，促进学校素质教育工作，而且更重要的是能够继承和发扬祖国的优良文化传统。有"礼"走遍天下，无"礼"寸步难行，"礼仪可以助你成功"，已成为世人的共识。今天的大学生将是21世纪祖国建设的主力军，同学们的礼仪行为如何，是否具有理解、宽容、谦让、诚实的待人态度，以及庄重大方、热情友好、谈吐文明、讲究卫生的言行举止,这一切都至关重要。而其中处理好与老师的关系以及同学之间和谐相处的礼仪,更是每一位学生必须遵循的礼仪规范。

一、课堂礼仪

尊敬师长,是每个学生最起码的道德。尊师是中华民族的优良传统,学生越尊敬老师,越能激发老师的热情,老师才能更好地把真才实学教给学生。这种教和学两方面的互动融合,是整个教学过程的良好基础。

1. 上、下课的礼仪

学生上课前应带好上课所需要的书籍和记录本进入教室,做好上课准备。上课铃响要停止一切活动,静候老师的到来,这是对老师的尊重与礼貌。如果在铃声响过多时才进教室,或是在老师已经开始讲课时,才气喘吁吁地跑来,这不仅是自己的失礼,也会使其他同学不得安宁,更是对正在讲课老师的一种干扰。尤其是上合堂课,桌、椅欠缺时,晚到的同学再现去寻找桌、凳,那对课堂教学秩序的影响将会更大。上课前同学之间还要注意相互谦让,对视力差的同学在位次上应予以照顾,而不应哄抢座位。教室是学习的地方,不得大声喧哗,也不得穿背心、拖鞋进入教室,更不得在教室里吸烟、吃零食。当老师走向讲台时,班长应喊"起立",全班同学要迅速整齐地起立、站直,向老师行注目礼或问好。起立时,动作不要迟缓,也不能半站半坐,躬身低头,更不能未等老师答礼,就提前坐下。老师答礼后,方可再坐。坐下时动作要轻,尽量不要使桌椅碰出响声。

同样,下课铃响后,老师宣布下课,同学应该全体起立,恭敬地目送老师走出教室,然后才可自由活动。还应注意,不要在老师未离开之前,抢先闯出或与老师争路。假如下课铃响后,老师还未讲完,学生应安心听讲,而不应忙着收拾书、本,或不停地看表,更不能坐立不安地摇晃桌椅,弄出响声。

而作为老师,也应在上课前携带好教案、教具、点名册、教室日志等,提早进入教室,并利用课前的两分钟,巡视学生的准备情况。必要时,可提醒学生注意做好哪些准备工作。这时,老师还要整理好授课思路,准备全身心地投入到讲课中去。老师如果带有手机,应关闭,以免上课时听到呼叫,影响正常的上课秩序,分散学生的注意力。老师只有这样,才能以忘我的精神和无私奉献的心情,将自己所掌握的知识有重点、有逻辑地传授给学生。

2. 迟到时的礼仪

学生应当按时到教室上课,这是遵守纪律的基本要求。假如确因特殊情况导致迟到,需特别注意举止的文明和礼仪的周到。

如果学生迟到了,应在教室门外轻轻停下脚步,假如教室的门关着,首先应敲门,然后再喊"报告"。与老师取得联系后,以简洁的语言说明迟到的原因,并对由于迟到而影响了教学的正常进行表示歉意。在得到老师允许后,才能进入教室。入座时速度要快,脚步要轻,书本、文具轻拿轻放,尽量保持课堂安静。这一切,都必须行动敏捷,不能过多影响他人,以免耽误大家更多的时间。切不可鲁莽地推门而入,惊扰老师和同学上课。

当老师询问迟到原因时,要实事求是地报告给老师。如果受到老师的批评,应诚恳地承认错误,接受批评。如果老师误会、委屈了你,也应等到课后,平心静气地当面向老师解释清楚,也可写书面材料交给老师,或在事后寻找适当的场合、时机加以说明。相信老师了解实情后,会向同学作出合理解释的。与老师发生矛盾时,一般不要当场解释、争辩,更不能当众反驳、顶撞，这样做才是一个懂礼仪、讲文明的好学生。

而老师迟到是最忌讳的事。发生迟到现象的老师，必须在正式上课前，向学生做出歉意性的解释或说明，以求得学生的谅解。

3. 课堂中的礼仪

（1）为了讲好每一节课，老师都要精心备课，花费很大心血。因此，学生应集中精力，以饱满的情绪来认真听好每一节课。这是对老师艰苦劳动的最大尊重，也是对老师最起码的礼节，更是学生获取知识的重要途径。老师提问时，学生应积极思考，踊跃举手。老师点到自己的名字时，要立即起立、站直、动作大方、表情自然地回答问题，以表示对老师的尊重。在回答问题时，要语音清晰，声音洪亮，使老师和其他同学都能听清楚所回答的内容。切忌起立动作迟缓，起立后东张西望，或双手玩弄文具等不文明的行为。当不会回答时，应以抱歉的口吻，诚实地说明自己不会回答这个问题。而不要低头不语，更不要因此对老师恼怒。当老师为你提示或纠正答案时，应点头微笑表示感谢。听到老师让"坐下"后，才可坐下。

（2）如果听课中遇到问题，应先举手示意，待老师同意后，才可发问。这既是一个礼节问题，同时也是影响到老师的教学能否继续正常进行的问题。上课时，如果有个别同学因有急事、疾病，需要中途离开教室，应先举手向老师说明，待老师允许后方可离开。而那些在课堂上随意交谈、左顾右盼、吃零食、玩手机、听音乐、或阅读与上课无关书籍的行为，都是不尊重老师的劳动和人格的表现。课堂纪律的价值就在于规范课堂秩序，从而能保证课堂教学的顺利进行，违反课堂纪律应该受到道德的谴责。另外，课间时还应注意不准在教室、走廊内打闹，要保持教学楼内肃静。课后，值日生应主动把黑板、课桌擦干净，离开教室时，要注意关电扇、电灯等。

（3）老师布置的作业，是课堂教学的继续和巩固，同样蕴涵着老师的一片苦心。学生应认真、独立地完成各种作业，并要按时上交。这是尊重老师教学的表现，而不做作业则是不礼貌的行为。当做课堂作业有不懂的问题或课堂答疑自由提问时，应举手示意。当老师巡视到你身边，向你问话或讲题时，应起立答话。如老师讲的时间稍长，要请老师坐下，千万不可老师站着，学生却坐着。

（4）坦诚相见的关键是诚、诚意、诚恳和真诚，人与人之间的关系应该建立在相互理解和信任的基础上。"金无足赤，人无完人"，老师也不是一贯正确的。现代科技日新月异，知识不断更新。在教学中，老师的知识面再广博、阅历再丰富也是有限的，教学中不可总是一贯正确的，讲课中局部与现实有个别差异也是在所难免的，学生应该体谅老师，并把发现的问题与老师坦诚交流。只要你说话合情合理，态度真挚诚恳，老师一定会由衷地感谢并欣然接受。

 小故事 4-1　　　　　　　程　门　立　雪

宋代学者杨时，四十岁那年来到洛阳。当时洛阳城里住着一位著名的学问家，名叫程颐。虽然杨时已到中年，学问事业也取得了一定的成就，却还是好学不倦。他同一个叫游酢的人拜程颐为师，继续深造。

有一天，天气很冷，杨时和游酢去向老师求教。到了那里，他们看到程颐恰巧很疲倦，闭着眼睛坐在堂上，迷迷糊糊地将要睡去。为了不打扰老师，杨时和游酢便恭恭敬敬地站在门外等候。

过了很久,程颐一觉醒来,看见杨时和游酢静悄悄地、毕恭毕敬地在门外侍立着,连忙说道:"你们二位有什么事?快请进来吧!"

这时,只见门外漫天大雪,地上的积雪已经有一尺多深了,杨时和游酢全身也都白了。

从此以后,"程门立雪"的故事,被人们作为尊敬师长的典故,而流传下来。

二、出入办公室的礼仪

办公室是老师工作和休息的地方,因此,学生有事进出要有礼貌。进入办公室前,应在门口喊"报告",得到允许后方可进入。千万不要不敲门、不喊"报告",轻轻推开门,伸进脑袋四处张望,然后悄悄地进去或退出,这样做都是不文明的行为。

进入办公室后,对每一个相识或不相识的人都应彬彬有礼。如果你找的老师不在,应礼貌地询问一下办公室的其他老师,根据情况可先说明自己的姓名或所在的系、班,找老师有什么事,何时再联系等,然后道谢离开。切忌用学科代替称谓来询问办公室的其他老师,如:"我们的英语老师来了吗?"让人感到对老师缺乏应有的尊重。如果确实不知道你所找老师的姓名,事先也应作一番"调查了解"才好,这也是人际交往中起码的礼节。

在有事找老师,而老师正在开会或处理公务时,除非紧急,你就应当有礼貌地等待或下次再来,不要轻易打断会议或干扰老师处理公务。如果你找的老师正在谈话、打电话、或正专心于某个事情时,应在旁边静候一会儿。如有急事,可以说:"打扰一下可以吗?"待老师允许后再与老师交谈。谈话要简明扼要、意思明确;而不要含含混混、转弯抹角。应用简练的语言表述清楚你所要表达的意思,这既是一种礼貌,又是文化素质和能力的体现。谈话中,如有其他人有重要事情要找正与你谈话的老师时,应主动中断谈话,让别人先谈。如果自己暂时占用了其他老师的桌椅,看见老师来了要主动归让。用了老师的文具,离开时应放回原处,并向老师致谢。

在办公室接受和递送东西时要用双手,到办公室替老师取东西或借东西时,应向在场的老师说明。如果东西不在明处,应请其他老师帮着找,不要自己到处乱翻,更不要随便开老师的抽屉和柜子。在办公室里,学生切忌随意翻阅桌上的材料、文件,尤其是老师的私人信函等,否则,是十分失礼的。举止不当、言行无状,也同样失礼。另外,不可在老师办公室停留时间过长,以免影响老师的工作。

 小故事 4-2   张 良 纳 履

辅佐汉高祖刘邦夺得天下的张良,在年轻时,有一次步游到下邳桥上。有一位老人故意坠其鞋子于桥下,意思是让张良给他拾起来。张良二话没说下桥拾起鞋子,并恭恭敬敬地给老人穿上。老人说:"孺子可教矣!"后来就把《太公兵法》这部奇书传给了张良。

荀子《劝学篇》里有:"礼恭而后可与言道之方,辞顺而后可与言道之理。"意思是说,一个人只有待人谦恭有礼,才能得到别人的帮助,才能在事业上得到别人的支持。外国谚语也有:"礼貌不花钱,却比什么都值钱。"的说法。"张良纳履"这个故事表面说的是礼貌,更深一层,表达的却是张良的善意和爱心。

三、老师对学生的礼仪

老师应该始终热爱自己的学生,因为热爱学生是老师最重要的职业道德。没有真诚的爱,就不会有真诚的教育。对学生没有热情,绝不会成为一个好老师。老师热爱学生,要热爱每一个学生,了解每一个学生,对任何学生不偏爱、不歧视、做到"一碗水端平"。老师要像耕耘者爱护禾苗一样,对学生充满深情的爱,这对学生的健康成长至关重要,同时也可以使老师在精神上获得满足和快乐。

著名教育学家陶行知曾经说过:"你的教鞭下有瓦特,你的冷眼中有牛顿,你的讥笑中有爱迪生。"在师生交往中,老师应多接触和了解学生,帮助学生解决思想问题,并对学生严格要求,这是老师教书育人的职责。针对个别学生表现出的学习目的不明确、学习态度不端正、或纪律松懈、违反校纪校规,甚至影响正常的教学秩序的现象,老师应指出学生的缺点、弱点或不足,帮助学生及时改正。老师对学生进行适当的批评、教育,这是正常的,是同爱护学生的原则相一致的。这是关心、爱护、严格要求学生的具体体现。

孔子说:"温而厉,威而不猛,恭而安。"即温和而又严肃,威仪而不猛烈,恭敬而又安详。比如老师在与学生谈话时,应表示出师长的爱抚和关怀,而不应表现出与学生过分亲昵、交头接耳、勾肩搭背。当与学生发生矛盾时,即使学生不够礼貌,老师也应该表现出宽容和大度,而不应疾言厉色,暴跳如雷。作为老师,一举一动都要显得持重稳当、端庄大方,喜、怒、哀、乐应都能掌握好分寸。

 小故事 4-3   **孔子的内疚**

《吕氏春秋》里有一个关于孔子的故事,大意是这样的:孔子率领弟子周游列国,来到陈国与蔡国之间,因兵荒马乱,旅途困顿,三餐以野菜果腹,大家已七日没吃一粒米饭了。有一天,颜回好不容易要到了一些白米下锅煮。饭快熟时,孔子看到颜回掀起锅盖,抓些白饭往嘴里塞。孔子很生气,但是他当时装作没看见,也没有去责问。饭煮好后,颜回就请孔子进餐。孔子假装若有所思地说:"我刚才梦到祖先来找我,我想把干净的、还没有人吃过的米饭,先拿来祭祖。"颜回顿时慌张起来说:"不可以的,这锅饭我已先吃过几口了,不可以祭祖先了。"孔子严厉地问:"为什么要先吃?"颜回涨红脸,嗫嚅地说:"刚才煮饭时,不小心掉了些烟灰在锅里,有一些米饭染上烟灰,丢了太可惜,所以挑出来自己先吃了,我不是故意先吃的。"孔子听了,恍然大悟,对自己的观察错误感到十分内疚。孔子之所以内疚,是因为他在没有弄清事实真相的情况下,就怀疑起了自己的弟子。所幸的是孔子确实是位高人,在内心生气的情况下,也没有直接去批评弟子。否则,那将会给弟子颜回的心灵造成多大伤害呀!

教育技巧的全部奥秘,就在于如何爱护学生。作为老师,我们要有孔子那样的修养,在任何情况下都不对学生发火,都能小心翼翼地呵护学生的心灵,不让其受到伤害。当然,更理想的境界是要力求避免孔子那样的"内疚"。

第二节 同学之间交往的礼仪

在学校生活中,同学们朝夕相伴、以礼相待、和睦相处、互相帮助、共同成长。同学之间的感情就是在这种相互尊重、相互帮助、相互爱护的基础上形成的。这深深的友情,是一笔丰厚的财富,能给人带来无穷的力量。越是这样,越应该珍惜这种感情,万不可轻易伤害。这就好像是一个大家庭,大家既是亲密的朋友,又情同手足,彼此间应注意讲究文明礼貌。与同学相处得如何,直接关系到自己学习的进步与发展。如果同学之间关系融洽、和谐,就会感到心情舒畅,有利于学习的顺利进行。反之,同学之间关系紧张、经常发生摩擦、相互拆台,就会影响正常的学习和生活,阻碍学业的正常发展。要想处理好同学之间的关系,应注意以下几点。

一、打招呼的礼仪

相互尊重是处理好任何一种人际关系的基础,同学之间的关系也是这样。同学关系不同于亲友关系,它不是以亲情为纽带的社会关系。亲友之间一时的失礼,可以用亲情来弥补。而同学之间的关系是以学习和生活为纽带的,一旦失礼,创伤难以愈合。所以,处理好同学之间的关系,最重要的是要尊重对方。

平时遇见同学一定要打招呼。打招呼时,可以直称姓名,也可略姓称名,但不能用"哎"、"喂"或"大哥"、"小弟"等来代替称呼,更不能称乳名或给同学起绰号,异性同学不宜略姓称名。打招呼时,应面带微笑,眼睛要正视对方,动作要文雅。不能表情冷漠、目光斜视它方,更不能带着手套甚至用湿手、脏手与别人相握。总的要求是要做到热情、诚恳。

同学取得成绩或受到表扬,打招呼时要表示祝贺;同学遭受挫折或遇到不幸,打招呼时要予以劝慰、开导或鼓励。如果同学病愈返校,自己应主动先打招呼,询问病情及康复程度,并说些安慰、鼓励的话语,使同学心里感到宽慰,同时也觉得你很有教养。

同学休假返校,见面打招呼时,要询问家庭情况及父母亲身体状况。与同学久别重逢,打完招呼还应热情地询问同学的学习、生活情况。遇到同学和其家长在一起时,与同学打完招呼,还应问候其家长。

如果得知某日是某同学的生日,打招呼时要说些诸如"祝你生日快乐"的祝愿辞。而且不要主动提议让对方请客,也不必向对方送礼物,那样会使对方为难。

以上这些,都是学生应该做到的基本的交往礼仪。

二、同学之间交谈的礼仪

同学之间经常交谈,能促进相互间的沟通和了解,但一定要注意交谈时的礼节。

年轻人喜欢争强好胜,钻牛角尖,尤其是男生。所以,在谈话时首先要尊重别人,对不合己意的可以据理力争,也可以委婉解释。但不能无理狡辩,非要争个高低,这很容易伤和气。古人说得好:盛喜时,勿许人物;盛怒时,勿誉人言;盛喜之时,多失信;盛怒之时,多失体。

与同学交谈时,要本着平等的态度,不可口大气粗、盛气凌人;也不可装腔作势、故弄玄虚；而要诚恳、谦虚、说话语调平和；自己发表议论，要有根据，不可信口开河，妄加评论；叙述或回忆事情经过时，要有顺序，不可颠三倒四；闲聊、乱侃时，要幽默风趣，不要使人厌倦；交谈中要注意观察对方的兴趣和情绪，适时中断或改变话题。

在听同学说话时，态度要认真，不要东张西望、心不在焉；不要表示倦怠，如打哈欠或焦急、频繁地看表；不要轻易打断别人的话，插话或提问要先打招呼；如果同学说话欠妥或说错，要恳切、委婉地指出。

同学间谈话内容应真实、健康、正确，要有积极意义，应实事求是地说出自己的心里话。不说讨好、恭维的话；不说揭人之短、伤人自尊的话；也不说挑拨是非、引起矛盾的话；更不能说黄色污秽和政治上反动的话。

说话要注意场合和分寸，即便是开玩笑，也要注意不侮辱他人的人格，不说不文明的话语。每个人都有隐私，隐私与个人的名誉密切相关。背后议论他人的隐私，会损害他人的名誉，引起双方关系的紧张甚至恶化，因而这是一种不光彩的、有害的行为。

三、同学间相互借用钱物及致谢、道歉的礼仪

同学们离家住校，远离父母，相互之间借钱、用物，是互帮互助，体现友情的表现。但是，如果不注重礼仪，反而会引起矛盾。因此，要学会致谢、道歉，这样能增进友情，化解矛盾。

1. 同学之间相互借用钱、物时的礼仪

古训有："人亲财不亲"之说，所以，即使是亲密无间的好友，在钱财上也不要过于随便，在物质上的往来应该是一清二楚。同学之间可能有相互借钱、借物或馈赠礼品等物质上的往来，但切忌马虎，每一项都应记得清楚明白。即使是小的款项，也应记在备忘录上，以提醒自己及时归还，以免遗忘、引起误会，这就叫做"亲兄弟，明算账"。现实中有好多例子表明，那种"花钱不分你我，用物不分彼此"的交往，长此以往，必生间隙，导致同学的疏远或厌恶，友谊的淡化或恶化。因此，应注意：

（1）不要轻易向同学借钱或较贵重的物品。日常生活中较常用的物品，自己要备齐。假如自己暂时没有，需要向同学借用，要向物主说明情况，待允许后再用。用时要爱惜物品，用后一定要及时归还，并向物主致谢，请物主验收。物主不在房间时，不要自行拿用。如果自己有急用，而且与物主关系密切，可向在场的其他人打个招呼，并讲清你借用物品的数量及完好程度，用后再向物主解释并致歉意。

（2）借用物品不能及时归还的，要向物主说明并经其允许。如有损坏或丢失，要照价赔偿。借用别人东西时要注意：与物主不太熟悉不要去借；贵重物品不要去借；物主心爱的东西不要去借。否则，会使物主为难，这也是自己不礼貌的表现。

（3）向别人借钱时，要说明原因、数量、归还的时间。同学答应时，要主动地写借条并真诚地致谢，以增进同学对自己的信任。假如所借钱、物不能及时归还，要主动向同学说明原因，并承诺下次归还的日期。也可先归还一部分，总之，"好借好还，再借不难"。在物质利益方面，无论是有意或者无意地占了对方的便宜，都会在对方的心理上引起不愉快，从而降低自己在对方心目中的人格。

2. 致谢时的礼仪

同学相处，谁都离不开他人的帮助，相互之间应主动对同学的困难表示关心，对力所能及的事尽力帮忙。这样会增进双方之间的感情，使关系更加融洽。这种帮助，无论大小、无论何时何地、无论是谁，甚至是微不足道，但只要是别人为你付出了时间、精力、劳动，都要向对方表示感谢，不能敷衍了事。而且致谢时的表情、语调、体态，一定要透露出真诚。

当别人向你实施帮助时，你要及时向对方致谢。这意味着你已认识到别人提供的帮助，忽略了这一点，就非常失礼。那会使对方在客观上造成一种错觉，似乎你把别人的帮助看成是理所当然的，或者你对他的帮助表示不够满意。如果别人向你提供帮助时付出了钱或物，则应视情况适量偿还。

致谢的方式多种多样，有口头致谢、书面、电话，或由他人转达谢意等。常用的致谢语是："谢谢"、"多谢"、"非常感谢"、"太感谢您了"等等，这是礼貌用语中最基本和最简单的词语。当别人向自己致谢时，一般应回答："没关系"、"不必客气"、"这是我应该做的"、"谁见了都会这么做的"等等。

总而言之，大家要学会习惯向别人致谢，这将有助于在校园形成一种乐于助人的良好风气。

3. 道歉时的礼仪

向人致谢是有礼貌的行为，做错了事主动向人道歉同样也是有修养的表现。俗话说："智者千虑，必有一失"、"人非圣贤，孰能无过"，同学之间经常相处，一时的失误在所难免。当发现自己做错了事或妨碍、影响了别人时，当别人指出你的过错并批评你时，一定要冷静，虚心接受，并真诚地道歉，以取得对方的谅解。对双方的误会应主动向对方说明，不可小肚鸡肠、耿耿于怀。学会道歉是消除误会、弥补过失、化解矛盾的重要形式。

那么，什么情况下应向别人道歉呢？

（1）当你不小心说错了话，做错了事，或者是无意间损害了别人的利益时，必须向别人道歉。

（2）当有失礼貌，受到了别人的质问或谴责时，应主动说明情况，并表示歉意。

（3）参加集体活动时，由于迟到、早退，使大家等得心急，或因其他过错影响了工作时，应主动表示歉意。

（4）如在事先估计到可能会影响别人的学习、工作或休息时，应提前表示歉意。

表示歉意的词语主要有"对不起"、"实在对不起"、"请原谅"、"打扰您了"、"这是我的错"、"真是过意不去"、"请您多包涵"等等，还应注意道歉时的态度要诚恳。而当别人向自己道歉时，则应回答："不要紧的，您别太在意"、"谁都难免会有错"等等。

总之，这里强调同学之间要讲礼仪，并不是说在一切情况下，都要僵守不必要的烦琐的客套和热情，而是强调同学之间要相互尊重，不能过于随便，以免引起隔阂与矛盾。

 小故事 4-4 　　　　　倒 屣 相 迎

蔡邕，女诗人蔡文姬的父亲，他是东汉文学家、书法家，通经史、音律、天文，善辞赋、散文，长于碑记。蔡邕一生好客，重视朋友情谊。他有个好朋友叫王粲，是汉末文学家，为建安七子之一。有一次，王粲登门拜访蔡邕，蔡邕正在床上休息。当家人来报"客人王粲已在门外"时，迎客已经来不及了。蔡邕一骨碌从床上跳了下来，心里着急，慌忙中拖着一双鞋子就往门外走去，因为匆忙的缘故，鞋子反穿着还颠倒了。王粲看着蔡邕这副模样，忍不住笑了。

"倒屣相迎"的故事，就成为热情接待好友的典故，留传至今。

四、异性同学交往的礼仪

社会学家们指出，异性交往是人际交往的重要内容，如果没有异性交往，那么人类社会就要停止。但是如何交往，这又是大学生必须学习的课题。青年人随着年龄的增长，生理的成熟，对与自己朝夕相处、同窗几载的异性同学，由隔阂而亲近，又因亲近而变得外冷内热，这是一个正常而又有趣的交际现象。这时的异性之间的相处，充满了神秘、朦胧、向往、害羞等多种复杂的感情，更需要在礼仪规范上严格要求。男女同学之间相处一定要十分注意礼仪修养，应把中华民族的传统习惯和国际通行的礼仪要求有机地结合起来。

大学生男女同学之间的交往应该在老师、家长的指导下，积极健康地进行，学校和老师更应主动为异性同学之间的交往创造良好的环境和氛围，这不仅有利于提高大学生们人际交往能力，而且对于稳定教学秩序，避免意外事故地发生，创建和谐校园，都有积极的意义。

（1）男女同学之间的交往应平等相处、互相尊重、互相学习、互相帮助、团结友好，还要像一个大家庭中的兄弟姐妹一样相互照顾。现在，全社会都注意尊重和照顾女性，这已成了社会公德。高等学校本应是社会上最讲文明礼貌的地方，尊重和照顾女同学是男同学应有的礼貌。如从事体力劳动和打扫卫生时，男生应多照顾女生；上下车时，应让女生先上、先坐；遇到脏、累、苦、重和危险的工作或事情时，男生要积极、主动冲在前，照顾和保护女同学。这种照顾应是大方、自然、严肃、有分寸的。这既显示了男子汉的实力与风度，也是一种礼貌和美德。而女同学则一定要自爱、自尊、自重，不要将男同学的帮助、照顾，看做是应该的或者是理所当然的。甚至连一些自己该做的事情也懒得动手，等着男同学来代劳，这些都是不对的。应该是根据当时、当地的情况或条件，男女生分工合作，互相帮助，相互尊重。只有这样，男女同学的交往才能融洽、和谐，建立的友谊才会永久。

（2）异性同学之间的交往还要有分寸。在交际举止上，男生应彬彬有礼，女生应落落大方，都不要过分做作或虚伪。对待异性同学的举止要大度得体，不扭捏作态或做一些不雅的小动作。不可拍拍肩膀，打打闹闹，随便轻浮，双方态度要端庄。也不要拿对方开心，应该尊重对方。异性同学之间说话应本着健康、文明的原则，言语要客气、平和，切忌说脏话、粗话。也不要背后议论、评价异性同学的长相、身材或打分。男女生交谈的地点、时间最好公开，不要在阴暗、偏僻的场所，不要在晚上单独交往。交谈时保持一定的距离，两人之间不应过于亲热，时间不宜过长，免得别人议论。异性同学之间的交往，不论是游泳、散步、跳舞、旅游或其他活动，应尽量提倡集体性。

总之，大学学习期间正是同学们学习、成长的黄金时期，同学之间应塑造一种文明、积极的氛围，异性同学之间的交往应适度、有益、健康。

第三节 校园其他礼仪

一、图书馆礼仪

图书馆、阅览室是广大师生学习和交流知识的地方,这里陈列的大量书籍、报刊、杂志,都是阅读、教学、科研的重要参考资料。能否爱护书籍,进行文明阅览,讲究礼貌公德,体现出一个人的文化礼仪素养,这里就是检验一个学生是否具有这些良好礼仪修养的重要场所。

(1)进入图书馆、阅览室,应衣着整齐,不要穿背心、拖鞋,不要为朋友占座,走动时脚步要轻,不得大声说笑,阅读时也不要出声。借阅图书应按规定填写好借书单,借书时应耐心等候。同图书管理员交谈时,要放低声音,不可对工作人员大呼小叫,连声催促,这样既影响其正常工作,又有失礼仪。而图书馆的主要礼仪就是保持室内安静,因此,不要发出干扰他人学习的任何动静。在图书馆阅览区域内,应保持安静,要在进入阅览区域前,将随身携带的手机关闭,或调至振动挡。

(2)要养成遵守图书馆管理制度的好习惯,心中应有他人。例如:在图书馆学习,不要占用太大的桌面,应尽量多让出桌面给别人。在别人暂时离开座位时,不要因为人家的位置好而抢占。图书是公共财物,为了能让别的同学也阅读到整洁、卫生、内容完整的书籍,看书以前,最好能洗一洗手,以保持借阅图书的整洁。爱护书籍是对借阅者的起码要求,所以,不要在书上圈点、批注、折角、涂抹或作各种标记,更不能把自己认为有用的资料、图片撕下或"开天窗"挖掉一块,这些行为都是很不道德的。遇到有价值的文献资料,应与管理人员联系,经同意后才可复印或照相。对开架书刊应逐册取阅,不要同时占有多份,还是看一本,取一本为好,这样可以让更多的同学查阅到想要的资料。阅读完毕,要将书籍放回原处,以免影响别人阅览。未经管理员允许,不得将书刊、资料带出室外。借阅书刊应按期归还,"热门书"要速看速还。

(3)在电子网络阅览室,要严格遵守《中华人民共和国计算机信息网络国际互联网管理暂行规定》,不看和不输入有损于国家、学校尊严、有悖于四项基本原则、黄色淫秽的网上内容。为了保证计算机网络畅通,防止病毒侵入,严禁私自携带光盘、磁盘进入图书馆使用。如需录用有关数据或资料,应将自备磁盘交工作人员进行技术处理后,在工作人员指导下使用。

(4)假如需要在图书馆里整天学习,并自备了午餐,要到休息室、目录厅或室外去吃。还应注意,不要随地吐痰、乱扔纸屑。一定要讲文明、讲卫生、自觉遵守图书馆各项规章制度,保持馆容整洁,以维护好图书馆里的良好气氛和环境。

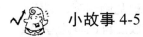 小故事 4-5　　　　　一张借书条

列宁同志虽然身居高位,但他却十分注意与人平等相处,在一件小事上也可反映出他的谦逊作风。有一次,他为了研究一个问题,需要查一本外国的大辞典,而这本辞典在莫斯科只有一个图书馆有。但图书馆的工具书都陈列在阅览室里,供大家翻阅,一般不外借。可是

列宁工作太忙,实在抽不出时间到那儿去看,因此,需要向图书馆借阅。他以特有的谦虚态度在借条上写道:"如果按图书馆规定,参考书不准带回家。那么在晚上,当图书馆下班以后,可否借出看一夜,明早送还。"在"明早送还"下面,列宁还特意加上了着重号。

二、食堂就餐礼仪

"民以食为天",一日三餐不可少。在食堂就餐是否讲究礼仪,是检验一个人素质修养的重要时机,这里也是加强和提高文明礼仪的主要场所。作为大学生,理应遵循就餐礼仪规范、自觉维护就餐秩序。

1. 按规定时间就餐

学校食堂,就餐人数多,就餐时间集中,工作人员往往比较繁忙。因此,要自觉维护公共秩序,互相礼让,不要提前到食堂门口吵闹、敲门、敲碗;进出食堂时要相互礼让,不要拥挤;当同时有女生或学校教职工时,要主动请他们先进。在窗口买饭时,要自觉按先后次序排队购买,不要拥挤或插队,更不应打闹、起哄或出现其他不文明的行为。

2. 进餐时的礼仪

(1)进入食堂,买好饭菜,自己寻找空位入座,不要争抢座位。如果餐桌上已有先到的同学,应先礼貌地问一声:"请问,这里可以坐吗?"在得到肯定的答复后才可坐下。入座时,抽出坐椅的动作要轻巧,不要乱拉乱拖,乒乓作响。还要注意在自己的座位和邻座间留出通道,以方便其他同学入座。如果有同学想和自己同桌用餐,应表示欢迎。同时,不妨酌情移动一下座位,让后来者可以宽敞舒适地就餐。

(2)就餐时的坐姿要端正,千万切不要可坐桌子、踩椅子。进餐时要特别注意自己的"吃相"和举止,吃饭时要细嚼慢咽,嘴里不要发出声音,不要边吃边讲话,尤其不要面对别人大声讲话。如果牙里塞了东西,可到卫生间去漱口,而不应当着别人的面剔牙。假如要剔,也应用左手挡着嘴,用右手剔,并注意不要边剔边吐。如果同学之间不小心相互碰撞,弄洒了饭菜,弄脏了衣服,要相互原谅,并道歉,千万切不要可互相指责、谩骂,甚至动手打架。馒头假如若不小心掉在地上,应捡起,不要碍于面子而显得过于"大方"、"潇洒",一脚踢开,以显示自己多么"高贵"。所购买的饭菜,以吃饱为度,不要超量购买,防止以免吃不了造成浪费。

(3)结束进餐,如要退席时,应向仍在就餐的同学道别。如果同桌学生不认识,可以不必说什么。但是,应注意轻轻离座,不要妨碍他人。走出食堂后,步态要正常,不要一边剔牙一边走,尽量控制一下饱嗝,否则有失体面。

3. 应注意公共卫生

进入食堂后,不可随地吐痰,不可向地上泼水、扔杂物,不可随地乱倒剩菜、剩饭。对不爱吃的菜以及肉骨、鱼刺等物,不可吐在地上,要放在餐桌上,饭后自己将这些残渣倒在食堂规定的地方,注意保持食堂的公共卫生。

另外,假如发现饭菜有异物或质量问题时,可找有关的管理人员礼貌地说清楚,以帮助食堂改进工作,提高服务质量。不可感情冲动,大发脾气,失去理智,吵闹不休。如果一味坚持粗暴无礼的态度,那么就是不讲礼仪、没有修养的表现,同时也在众人面前降低了自己的威信。

 小故事 4-6　　　　　用餐的细节决定成败

　　一位才貌双全的小伙子应聘外贸公司总经理助理的职务，过五关斩六将，终于取得了最后由总经理直接拍板的机会。经过交谈，总经理对他很满意。此时，已经到了午餐时间，总经理邀请他共同进餐。小伙子非常高兴，欣然接受。在餐桌上，总经理为他点了一碗面条，小伙子津津有味地吃了起来。分手回家后，小伙子正在为自己能顺利通过面试而沾沾自喜时，接到了外贸公司人力资源部的来电，通知他落选了。原来，这位小伙子失败在细节处：吃面条时呼呼啦啦作响，影响了别人的安静，不能文明进餐。

　　一滴水能折射阳光，一件小事能反映一个人的文明修养。所以，同学们要从小事做起，养成良好的文明习惯。

图 4-1　爱护公共卫生环境

三、学生宿舍礼仪

　　宿舍主要是供学生休息的场所，学生在校期间约一半的时间是在宿舍中度过的。宿舍的环境与秩序，是学校精神文明建设的组成部分。良好的宿舍环境和秩序，有助于良好道德和情操的形成，有助于更好地休息、学习和生活。因此，学生要自觉遵守宿舍礼仪规范，维护好这里的环境与秩序。

　　大学生在被录取入校时，接触到的第一个天地就是大学校园里的这个小小的宿舍，一个宿舍里的同学就像是一个家庭内的兄弟、姐妹，美好的大学生活要在这里相处度过。宿舍里的学问很广，每个同学都在讲课，也都在听课。每个同学在受他人影响的同时，也在影响着他人。可以说，宿舍是大学生的"第一社会、第二家庭、第三课堂"。因此，每个大学生都有责任把第一社会的风气搞好，把第二家庭的生活过好，把第三课堂的课上好。

　　1．要创造一个整洁、美观、舒适、充满生活情趣的生活环境

　　宿舍是大家共同生活的场所，是反映人们精神面貌的重要窗口。因此，这里的良好环境需要大家来共同设计和保持，这可以从室内公共部分和个人小天地两个部分来加以美化。公共部分一般以花卉、盆景、书画等来装饰，这一部分确定了寝室的基调。个人天地的美

化是对该基调的丰富和深化，要突出个人的生活情趣，富于幻想和创造，不必拘泥于统一的形式，一般可用图片、手工艺品、小型字匾来美化。还应注意，个人小天地的美化要注意与整个宿舍的美化相协调，不可过于强调自己的个性，从而破坏了整体的和谐美。

住集体宿舍要注意搞好个人卫生和公共卫生，应该勤洗澡、换衣服、消除异味，保持室内的整洁、清新、舒适，不要因为个人卫生状况而影响到同室人的正常生活。值日生要认真负责搞好卫生，勤打扫，勤开窗通风，不乱倒垃圾，维护好宿舍内外的环境卫生。

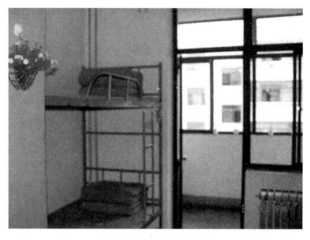

图 4-2　整洁的宿舍

2. 宿舍内的言行礼仪

（1）文明的语言。古人说："言，心声也；书，心画也"。语言是一个人道德情操和知识水平的反映，是人们的心灵之窗。如果说大学生平时对自己的语言还多少有些约束的话，但一回到宿舍，尤其是在"卧谈会"上，便会毫无顾忌，语言不文明的现象表现得非常明显，如：有的同学语言粗俗野蛮，稍不满意就出言不逊，轻则讽刺挖苦，重则辱骂；有的同学语言庸俗，给同学起外号，开不健康的玩笑；还有的同学脏话不离嘴，开口、闭口带着难听的口头语。语言的粗野和无聊，是与大学生这个名称极不相称的。大学生在宿舍待人应谦恭有礼，早晨与同学见面宜问一声"早晨好"，晚上就寝前可相互道声"晚安"。在宿舍里如能坚持使用文明礼貌、诙谐的语言，同学们之间的关系必然能和睦融洽，生活也才会感到舒心和温暖。

（2）高雅的举止。中华民族是"礼仪之邦"，彬彬有礼的风度历来备受人们的称誉，"以礼相待"是家喻户晓的格言。《礼记》中"有礼则安，无礼则危"的名言，深刻地揭示了"礼"的巨大社会作用。待人彬彬有礼，就能在人与人之间架设一条互相尊重和友爱的桥梁，使生活充满愉悦与和谐。相反，待人粗暴无礼，只能带来不满与怨恨。例如，上铺同学将脚伸到下铺同学的脸前，引来不必要的争执；或在宿舍里夜半高歌；或从窗户往外泼水、扔东西、任意胡为；只顾自己，不管他人，这样就会影响到同学之间的关系。

同学同居一室，习性各异，互相之间要关心、爱护、尊重、以礼相待，应有互相帮助的精神。宿舍里有人生病，要像亲人一样悉心照料，如帮其打开水、买饭、拿药、找医生或送医院等。同学在生活方面遇到了具体的困难，要主动给予恰当、得体的帮助。

当自己的朋友来访或家长来校时，在宿舍谈话要掌握时机，不可高声谈论，时间也不宜过久，最好能找不影响同室人学习与休息的时间和地方。当朋友或家长带来家乡的土特产时，要热情大方地让大家适量分享。当别人的朋友或家长来校时，绝不可表现出"事不关己，高高挂起"的态度，要主动热情地接待，协助安排食宿。被访的同学不在宿舍时，要热情帮助尽快找到。当同学的朋友或家长来往车站需要接送时，要主动提出帮助接送。

在宿舍里，不可轻易说"请进"，尤其是夏天穿着比较随意，以免引起宿舍其他成员的不方便，造成双方尴尬。要知道，在宿舍内生活不比在家中，一切应从集体角度出发。如：不随便使用、翻弄别人的东西，更不允许将别人的东西归为己有，应努力造就一个心情舒畅、生动活泼、温暖和谐的集体。另外，还应注意要节约用水、用电，在使用公用水龙头、晾衣绳时，应尽量礼让他人。对宿舍内所有的公共物品和设施，要像爱护自己的东西一样倍加珍惜，不要在门、窗、桌、床、墙上乱写乱画。一旦损坏公物，要照价赔偿或整修，如无法修理，应报告学校有关部门帮助修理。还应主动配合公寓值班老师、学生干部的检查。老师到宿舍走访，学生要起立并热情地与老师打招呼，明确、如实地回答老师的询问。这样做，才是有文明，讲礼貌的表现。

（3）遵守纪律。纪律是由人的社会性决定的，为了维护社会的正常运转，就必须建立相应的纪律。守纪律是有知识和教养的表现。每位同学都应养成严守纪律的良好习惯，如在自习、用餐、起床、就寝、熄灯等方面，都应自觉遵守学校规定的时间和宿舍的规章制度。应注意不要擅自调换房间、床位。出入邻舍，要把握好时间，以免影响他人休息，成为"不受欢迎的客人"。一般没有重要事情，不要到别的宿舍，尤其是到外班的宿舍串门聊天，更不要到别的宿舍睡觉。宿舍开展娱乐活动时形式要文明，应避免社会上不良风气的影响。

 小故事 4-7　　　　　　他为何要频频搬"家"

大学期间，同学之间的关系较社会上相比要简单，同学间也比较容易相处。可是，小林同学在大学的最后两年间竟连续四次搬家，被同室宣布是"一个不受欢迎的人"。究竟怎么回事使小林落到如此境地呢？

故事一：由于个性不同，虽然同宿一室，但个人的爱好、生活习惯会有所不同，有的喜欢在宿舍侃大山，有的习惯躺在床上阅读，有的高兴起来喜欢哼哼流行歌曲。这就需要大家相互协商、彼此照应、互相体谅、达成共识，不能只顾自己不管他人。而小林却与众不同，他喜欢大声朗诵，爱好引吭高歌，常常在其他室友静卧看书时，出其不意地激情大发，来上几嗓子，扰乱了宁静的环境。

故事二：几人共住一室，不同的生活习惯难免会有一些鸡毛蒜皮的小矛盾，只要大家心胸开阔些，是很容易化解的。可是小林的处理方法常常使矛盾激化。比如，睡上、下铺的事情，睡上铺总比睡下铺来的不方便，但总得有人睡上铺吧？可是睡下铺却成了小林的"专利"。按说睡上铺的同学做一些翻身之类的小动作在所难免，谁能做到纹丝不动呢？可是，睡下铺的小林对此却难以忍受，只要他感觉到上铺室友的动静，就会在下面吼道："你睡觉能不能老实点？"

故事三：年轻人在一起喜欢热闹，同处一室的几个小伙子难免会互相开玩笑、调侃，来活跃一下气氛。只要不损害对方的人格和名誉，善意的玩笑和调侃，不乏是一帖融洽彼此关系的"润滑剂"。而小林却活泼不足，严肃有余。对室友善意的玩笑和调侃，常常是"一本正经"、"横眉冷对"，还总是出言不逊，搞得别人很尴尬。

故事四：集体生活应该是有福同享，有难同当。彼此之间是平等互利的，既有权利，又有义务。大学生的宿舍一般实行轮流打扫值日制，互相达成"君子协定"，扫地、打水每人一天。但是小林常常破坏规矩，轮到他值日时就"开溜"，难怪不少室友给了他一个"泥鳅"的称号。

故事五：室友之间亲如兄弟，大家随便一点完全可以，但是这得有个度。而小林似乎和别人特别"亲热"，不是"先斩后奏"、"斩而不奏"地随便拿室友的书籍、杂志，就是把室友的东西弄得一团糟。不是刨根究底地探问室友不愿意公开的私密，就是趁室友不在时偷看室友的信件。

小林的如此德行，怎能不令人讨厌呢？难怪他会频频搬家，成为"一个不受欢迎的人"呢！希望小林的结局，能成为学子们的前车之鉴。

四、集会的礼仪

集会是学校礼仪中较大的活动，由于人员集中，场合正规，所以一定要注意遵守集会中的礼仪规范。

为了保证集会准时开始，应该提前几分钟到达集会地点旁等待。当听到让入场或集合时，应迅速、整齐地列队。要安静，不能大声喧哗、说笑。进入会场时，步伐要整齐，要服从工作人员的指挥，按指定的地点入座，要做到"快、静、齐"。个别同学如果因为特殊原因迟到了，则应悄悄进入会场，不可走到前面去寻找座位，以免遮挡别人的视线或分散同学们的注意力。

开会时，要聚精会神地听讲，不要随意走动或小声交谈；不要看报纸、听音乐、弄手机或打瞌睡；也不要在会场内吃零食，往地上扔果皮、纸屑。假如会议时间过长，确需出去方便时，不要多人结伴同行，应尽量减少对会场的干扰。

当报告人走上讲台或者讲到精彩之处时，都应该热烈鼓掌，以表示对报告人的欢迎和钦佩。而在报告结束时，则应给予长时间的掌声，来表示对报告人的谢意。

集会结束离开会场时，不要在地面上拖拉椅子，不要大声说笑，抢先拥挤，应该听从指挥依次退场。应该意识到，这么多人同时退场，要遵守礼让的原则。而此时也最能体现出每个同学及班级的文明礼仪水平及道德修养。

五、上实验课的礼仪

实验教学是学校教学的重要组成部分，实验室因有大量的贵重设备、精密仪器和易燃化学物品，因此上课时一定要讲文明、有礼貌。

进入实验室，要按分好的小组有秩序地就座，在室内不要喧哗、打闹，不要吃零食和乱扔纸屑，要维护好室内卫生。与上课无关的物品也不要带入实验室内。

实验开始前，要认真阅读实验指导，明确实验目的、原理，掌握操作程序及注意事项，并做好实验准备工作。

实验中，严格执行操作规程，不要任意搬动仪器设备，不要随便动用其他非使用的设备，以免引起危险或损坏设备。如果对操作不太熟悉，应先认真向老师请教，再在老师的指导下进行实验。如果不小心损坏了仪器，要及时报告老师。千万不要偷拆仪器设备上的零部件、偷拿实验用品据为己有。有意毁坏和偷盗公物是极不文明的表现，也是严重违纪或违法的行为。

实验结束后，要认真填写实验报告，把设备、仪器擦洗干净，放回原处，并切断电源，请老师验收。最后，留下值日生打扫卫生，摆放好桌椅，以利于下次实验课的进行。

六、考试的礼仪

考试是学校检验学生对所学知识掌握程度的一种方法，又是促进学生进一步努力学习的动力。所以，一定要端正考试态度，严格地自觉遵守考场规则。

考试前，考生要按规定的时间进入考场，并按已定的座次就座。除了指定的考试用具以外，不应携带任何书籍、笔记、草稿纸等物。如果带了书包等物，应按监考老师指定的位置放好。

考试中应自觉遵守考场纪律，专心答题，不准偷看笔记、书本；不要左顾右盼，偷看别人的试卷；也不要有意让别人看自己的试卷；更不能用任何方式进行传递或核对答案。否则，就是作弊行为，考试作弊者要受纪律处分。假若在考试时有违纪行为被监考老师批评，或作弊时被监考老师抓住，一定要虚心承认错误，听从老师处理，决不可抵赖或大吵大闹。

考试时，如果出现试题字迹模糊不清的情况，可举手询问监考老师。如果缺少必用的文具、计算器等，需向别人求借时；或者身体出现不适，无法继续考试时，应先举手示意，向监考老师说明情况，由老师来帮助解决。

开考后三十分钟内不准离开教室，应安静地等待，到了时间后再出去。考试结束时间一到，考生则应按监考老师的要求，立即将试卷整理放好或交给监考老师，并迅速离开考场。提前交卷的同学，走出考场时脚步要轻，不要在考场周围议论，或在走廊内大声喧哗、核对答案，以免影响其他考生答卷。

七、工厂实习的礼仪

学生临近毕业时，都要到工厂进行实习，这是学生理论联系实际的重要环节，是学校教学的重要内容。这不但是检验同学们的学习情况和文明修养的一种重要形式。而且还对将来走上社会就业，具有重要的指导意义。

进入厂内，首先要听从指挥，细心听负责同志讲实习的要求和有关的规章制度，服从分配。其次，跟随带班师傅进入车间前，应按要求穿好工作服，戴好工作帽，或携带好规定的劳保用品，以便做好安全、防护工作。

一般应提前十分钟进入车间，预先做好各项准备工作。实习时，要跟随好自己的师傅，虚心请教。操作机器时，要专心致志，一丝不苟地按操作规程进行，严防事故的发生。不要在操作机器时随随便便、说笑打闹，应注意自身和他人的安全。还要注意节约原材料，爱护机器设备。如果工作中，确实有事需要离开机器或车间时，应向负责人请假或找内行人接替，千万不能擅离职守。

下班时，不要匆忙就走，而应把自己用过的工具整理好放在规定的位置，把机器设备擦拭干净，并清理好工作废料，打扫好车间环境卫生，关闭电源、门、窗。这些事情都要考虑周到，认真做好，以便给工厂的师傅们留下一个讲文明、懂礼貌的好印象。

八、登台发言或演讲的礼仪

学生刚开始登台发言或演讲，往往都会羞怯、紧张，有的人甚至会紧张到出汗或颤抖。此时应注意控制情绪，设法克服紧张，使自己镇静下来。首先可以在心理上进行调整，运用"心理战术"，学会给自己壮胆，从而提高自信心。上台时，要仪态自然、步履轻捷、神态自如，表现出充满信心的样子。缩手缩脚或扭捏作态，都是上台亮相的大忌。穿着要整洁、大方、得体、不佩戴饰物，符合学生的身份。

登台步入台口时应停步，先向主席台行鞠躬礼，表示对国旗、师长和来宾的敬意，再转身向与会观众行礼。然后走到发言席处，这时可先环视一下会场，再开始发言或演讲。

发言或演讲时应讲普通话，要声音洪亮、吐字清晰、感情真挚、表情自然，要用抑扬顿挫的语调和疾缓快慢的不同速度进行。有讲稿时，要注意适时抬头目视听众，不要只顾低头看稿；更不要在发言时摇头晃脑、摇晃身子，双腿或单腿抖动；看不清稿子、忘记台词时，不要抓耳挠腮，这些不文雅的动作，往往会引起听众的哄笑和反感。发言者还应善于跟随听众的情绪来因势利导，随机应变，有效控场，收到事半功倍的效果。

发言或演讲结束时，应先向听众行礼，再向主席台行礼。如果听众的掌声较久，这时发言者还要再次向听众行礼，表示感谢，然后落落大方地轻步走下发言席。

 小知识 4-1　　　　　　　　怯场情绪的调控

即使是著名的演说家，也有怯场的经历。调节与控制怯场情绪，首先要明确演讲目的，端正动机，要增强自信心，坚信自己能够成功。其次，要做好演讲前的各种准备，包括撰写演讲稿或拟定演讲提纲，对演讲内容烂熟于心；要设计好态势语，对必要的手势做做练习；要熟悉听众的情况，对听众的职业、年龄、文化水平、思想、需求等有所了解。另外还可以运用心理战术或想象法，把听众想象成久别重逢的至爱亲朋，他们渴望倾听你的讲话。这样的友好想象，也会镇定你的情绪。

九、郊游的礼仪

每当春暖花开或秋高气爽时，同学们都喜欢进行郊游、野炊的活动。通过举行活动，能够增进同学们的友谊，促使思想的交流，增强班级的凝聚力。

外出之前，在选择目的地时，应注意选择环境较安全、路程较近、费用较低的地方。如果确实远，需联系车辆、购买食品、借用炊具等，那就需要同学们群策群力，积极做好一切准备工作。出发上车时，要让老师和女同学先上、先坐，假如座位不够时，要互相谦让或轮流坐。

游玩时，要男女结合分组，上山下沟时，男生要多照顾一下老师和女生。步行时，应让女生走在前面，不要乱跑、打闹。照相时，不去危险的地方，不要光看到美丽的风景，更要注意安全。

野炊做饭时，大家都要抢着动手，切不要干活看不见，吃饭时却往前抢。在吃饭时，应该谦让些，多照顾一下别人。

饭后，大家都要主动地刷洗和整理炊具，把火完全熄灭，以免引起火灾。还要把垃圾清理干净，保护、维持好景点的环境卫生。

十、文娱、体育活动的礼仪

开展丰富多彩的文体活动，有利于活跃学校气氛、陶冶学生情操。在文体活动中应注意以下礼仪要求。

1. 文娱活动

学校组织文艺晚会或歌咏比赛时，有特长的同学要踊跃报名，服从班级和学校的筛选。观看演出时，要遵守规则、服从安排，为班级荣誉争光。班里组织晚会时，自己要尽量出节目，注意内容要健康、积极向上，不要庸俗无聊。晚会前要积极主动地协助班文娱委员和班干部布置会场，晚会结束后进行清扫。这是一个人关心集体、工作积极的具体表现，也是老师观察和衡量学生表现如何的好时机。

图 4-3　演唱会

2. 体育活动

体育运动有益于人们的身心健康、陶冶情操、振奋精神，促进人们德、智、体、美、劳的全面发展，它形成了人世间生命之力和生命之美最为奇妙的景观。随着现代工作的愈发紧张和生活节奏的加快，人们更加注重体育运动，不仅经常观看和欣赏各种体育比赛，而且还投身于丰富多彩的体育运动之中。

在学校组织体育比赛或开运动会时，有特长的学生要积极报名，为争班级荣誉而刻苦训练，志在夺冠。比赛时应准时到场，以免就座时打扰别人，注意不要在人群拥挤的入场处逗留。

观看比赛应文明观赏，要支持、鼓励运动员的表演，随着比赛高潮的出现，看台上的气氛也会热烈起来，可以鼓掌并文雅地加以赞扬。不能因情绪激动而用脚踩着座位看，要注意遵守秩序，从而营造出一种宁静而又热烈、有利于运动员比赛的气氛。在比赛进行中，不要喧哗、乱喊乱叫，以免影响运动员的比赛情绪。你可以在比赛中为你所喜爱、支持的运动员和运动队呐喊助威，但不要辱骂对抗的一队，以免和另一队的支持观众发生争执。

班级参赛队员之间要互相配合、互相尊重，不可有个人英雄主义表现。做到：赢了不骄傲、不表功；输了不气馁、不互相埋怨。要本着"友谊第一、比赛第二"的原则，尊重对方队员，进行活动时行为不可粗鲁，不可与对手冲突，不可嘲笑、挖苦对方的技艺。赛前、赛后都要与对手握手、拥抱致意。

发现对方有不文明的动作行为时，要能够原谅、忍耐。双方发生矛盾时，要通过组织解决。比赛中要遵守规则，服从裁判，才能使活动有秩序地进行。体育比赛瞬息万变，比赛中裁判员难免失误，对这种情况，应支持裁判员工作，不要起哄。假如发觉裁判有错，应由己方领队在场下向组织者提出，求得合理地解决，并服从组织者的最后裁决。切不可大吵大闹，由此而发生纠纷甚至动手打架。

不参赛的同学也都要到场观看，除了给本班参赛同学加油助威外，还要当好后勤。拉拉队、球迷队的欢呼助威也要照顾他人的观看。当对方队员有精彩表现或成绩领先时，也要给予掌声鼓励，这是班级讲文明、懂礼仪的表现。

退场时，如果个人赛后有重要的事情，可在终场前几分钟悄悄离去。若等到赛完才离去，就要按顺序退场，不要互相拥挤，以免人多发生意外。

图 4-4　运动会

十一、开学典礼的礼仪

每逢新生入学时，都要举行隆重、热烈的开学典礼，欢迎新同学的到来。举行开学典礼时，既要做好充分的准备工作，又要按照一定的程序进行。

1. 准备工作

布置会场时，应先将会场打扫干净。主席台正中应悬挂会标，会标可写"200×年新学期开学典礼"或"开学典礼"等字样。主席台后幕正中挂上国旗，两边各插上 5 面红旗。在主席台上摆放会议桌，一般宜设置两排座位，并用红色或蓝色台布将会议桌围好，会议桌前应摆上鲜花和盆景。

在会场外的校园内，也要挂横幅、贴标语、插彩旗，以形成一种欢快热烈的气氛。要求标语庄重大方，内容应体现时代精神。应邀请上级领导及全体教师，特别是要邀请那些在学校任教的著名学者、专家参加开学典礼并与学生见面。

还应准备好音响设备、音乐碟片、摄像器材、摄影设备等等。

2. 一般程序

（1）开学典礼一般由负责学生工作的党委书记或常务副校长主持并宣布开会。

（2）升旗仪式是爱国主义教育的一种重要形式，在升旗的过程中，队伍要保持整齐，切忌嬉笑谈天、随意走动和东张西望。播奏国歌时，在场人应肃立、脱帽，并面向演奏或播放国歌的方向，行注目礼，直到奏完为止。播奏国歌时，不应说话、吃东西或抽烟。穿军服的军人在国歌第一个音符起奏时敬礼，而在最后一个音符奏完时礼毕。如唱国歌，态度要严肃,声音要洪亮。

(3)先由校长致词,其主要内容一般为介绍学校情况,对新同学表示欢迎,并对他们提出希望。然后由有关领导、教师代表与新、老学生代表讲话。讲话的教师代表应是学校德高望重的老教授,或在高科技领域作出杰出贡献的中青年教师。同时,所有的讲话都要体现党的科教兴国与培养"四有"新人的精神,勉励刚跨入高校大门的莘莘学子为了祖国的建设而努力拼搏、奋发向上。

(4)参加开学典礼时,新同学应整队准时入场,走路要抬头挺胸,目视前方,肩臂自然摆动,步速适中,并在规定的地方就座。会议期间应遵守会场秩序,不得讲话和随便走动。参加开学典礼是新生的第一次"公开亮相",应给人留下一个良好的印象。

(5)主持人宣布散会后,学生应等学校领导陪同来宾以及老师们出场后,再按顺序依次退场,以便表现出应有的文明和礼貌。

十二、毕业典礼的礼仪

毕业典礼是学生在校的"最后一课",要通过毕业典礼的举行达到以下三个目的:一是充分展示学生在校学习期间的巨大收获;二是鼓舞学生投身社会、艰苦创业的信心与继续深造、攀登学术高峰的勇气;三是进一步增强学生与学校的感情。

在举行毕业典礼前,就应做好准备工作,如填好毕业证书,盖好钢印,并按班级包好,外边再扎上一根红色的丝带,用来增添喜庆的气氛。有的学校还在举行毕业典礼时,表彰一批优秀学生,包括在思想道德品质、学习成绩或科学研究等方面表现特别优异的学生,这就需要在会前将发给学生的奖状与奖品填写并准备好。

其他准备工作与会议程序,可参照开学典礼的做法进行。

十三、校庆活动礼仪

校庆就是学校成立日的纪念庆典。各校在成立十周年、二十周年……特别是五十、一百周年之际,都要举行庆祝活动。

校庆活动的方式丰富多彩,除了举行规模盛大的庆祝典礼外,往往要邀请领导人和知名人士题词;举办教学成果展览会;召开校友座谈会;编写、印发校史与纪念册,组织文娱晚会与体育比赛等等。因此,先要做好物质准备工作,诸如会标、彩带、气球、鞭炮等喜庆用品要一应俱全;其次是馈赠、纪念礼品的准备;再者是请柬、纪念册等的准备。注意写好的请柬放入信封内,要提前几天邮寄给有关单位和个人,重要人物的请柬,最好直接派人送去。

有了隆重、得体的物质准备,还应做好舆论宣传工作,如联系电台、电视台到时来校进行报道,以扩大影响。如有文艺演出或体育表演,要联系好表演者。为了增强校庆气氛,还可以邀请礼仪小姐参加仪式。

校庆时,学校应邀请有关领导以及曾在本校就读或任教过的校友参加,欢迎他们返校分享祝贺的喜悦。仪式后,可将来宾请到会客室进行简短的座谈,或请来宾在留言簿上签字、合影留念。

对于被邀返校的校友,都要以礼相待,要让校友们感受到浓浓的校园师友之情,做到"润物细无声"。首先,为了能让久别重逢的同窗好友互诉衷情,应该给返校的同班同学以单独欢聚的时间与地点；其次，应尽量提供机会让校友们与其原来的老师见面，因为，学生与授课的老师往往具有一种特殊的感情；再次，在举行校庆宴会或分发校庆纪念品时，不能厚此薄彼、分等对待，应对所有的校友一视同仁。

十四、老师的仪表礼仪

老师是人类灵魂的工程师，承担着教书育人、为人师表的重任。一位老师的音容笑貌、举手投足乃至衣着发式，无形中都可能成为学生学习的楷模。老师仪表的好坏，会使学生直接产生好感或反感，从而影响到老师在学生中的威信，甚至上课的效果。因此，老师的仪表对学生有着重要的影响。

对老师仪表的基本要求，应当是具有职业美，即衣着、发型都要整洁和大方。

所谓整洁，就是整齐和清洁。老师的衣服不论质量好坏、是不是名牌，都要干干净净，显得得体、妥帖。如穿西服，该熨平的就要熨平，扣子该扣好的就要扣好，该打领带的就要打领带。这样，即使衣服穿得比较朴素，仍会给人以清新、高雅之感，令学生感到可敬可亲。前辈老师蔡元培先生就是一个很好的榜样，他每次去学校给师生讲话或上课之前，必定要换上浆洗的十分清爽的衣服，把每一粒纽扣扣好后，还要对着穿衣镜整理一下。进入讲演厅或教室前，也是习惯地整整衣冠，然后从从容容地登上讲台，开始他的讲话。这种讲究整洁的好习惯，对学生来说，是一种无形教育。

所谓"大方"，就是在服饰和发型方面不要过分追求时新、华美。一般说来，大学老师的服装式样应庄重、明快与和谐。衣服色彩不宜太鲜艳、太刺眼，而应以素雅、含蓄、协调为好。因为一位老师如果经常打扮得油头粉面、花枝招展，将会分散学生学习上的注意力，还有可能成为一部分学生议论的话题。

老师还应具有良好的风度。所谓风度，是指一个人的精神气质、举止行为，以及姿态等方面的外在表现。老师的举止、姿态，应该稳重端庄、落落大方，成为学生的榜样。例如要求学生遵守课堂纪律，自己就不能迟到、早退，讲课时不能抽烟，也不能打开手机接听电话。又如在公众场合，要十分注意自己的谈吐和动作，不能一面讲话一面抠鼻子，不能随地吐痰和乱扔烟蒂。否则，都会影响到自己的老师形象。所以，一位高等学校的老师在任何场合都应自觉地保持良好的仪表，这样才能得到学生的好感与社会的敬重。

十五、大学生的仪表礼仪

仪表服饰，虽说是外表形象，可它却是一个人精神面貌的体现，是文化、道德、教养、情操等内在品格的自然反映。仪表是首先映入人们眼帘的风度，注重仪表美，是热爱生活，积极向上的表现，也是尊重他人和表达友情的重要手段。

大学生的衣着服饰一定要适合自己的身份，应该朴素、大方、文雅，最忌浓妆艳抹、花枝招展和怪异。大学生正值青春年华，朝气蓬勃的面容，稚嫩的皮肤，轻盈匀称的体态，充满活力的步态等，都是难得的青春之美。青年学生的自然美，胜过了服饰美，要珍视这种纯朴真实的自然美。当然，修饰打扮是人对自己外表美的一种设计，修饰得当，可以显示和衬托外在美，还可以弥补和掩盖先天外形美的不足。服饰是一面镜子，人们不仅要看服装的颜色、款式，还要看是否适合大学生的身份。离开了这个基本标准的所谓美，在大学生身上只能表现为丑。

大学生有较高的文化知识水平和审美修养，如果打扮得过于妖艳和花俏，只能流于俗气，反倒让人笑其无知。如有人为了追求容貌美，竟以过多的脂粉掩盖了青春焕发的容颜；有人为了追求服饰美，竟然不分场合地穿着过于暴露的"时装"；有人为了追求体态美，竟过度地减食、束腰，以致影响发育，使身体素质下降；还有的人为了追逐时尚，竟把一头乌黑的美发染成金黄，这都不能不算是陷入了一种对仪表美的认识误区。就以染发而言，且不论染发者的出发点如何，仅从形式美的角度看，黄种人的面容与金黄色的头发搭配，很难说会给人一种视觉上的美感。

那么，怎样才能体现大学生朝气蓬勃的青春仪表美呢？

1. 适体、大方、协调的服装

所谓"适体"，是指服装的尺寸要合身。只有合身的服装，才能起到既实用又美化形体效果的双重作用，服装过于窄紧或肥大都是不适宜的。所谓"大方"，是指服装的款式要简洁大方，线条流畅，便于突出青年人天赋的自然美。所谓"协调"，是指服装的色彩要搭配得当，给人以整体和谐、高雅的感觉。如果一个人穿着一身色彩淡雅的套装，却又穿上一双色彩艳丽的皮鞋，就会破坏了淡雅的套装给人带来的娴静美。着装应整齐，朴素大方，不穿奇装异服；不把上衣捆在腰间，不披衣散扣；不穿背心、拖鞋、裤衩在校园行走和进入教室，课堂上不要敞衣、脱鞋。

2. 简洁、自然、适宜的发型

要选择与自己脸形、头型、体态、年龄及发质相适合的发型。按要求修剪头发，不染发，不烫发，男生不留长发。一般说，青年学生的发型要线条简洁、流畅，发式清秀、明快、自然，以体现活泼开朗的性格，反映蓬勃向上的情感。

3. 彬彬有礼、落落大方的风度

大学生不仅要有整洁优美的仪表，还要有彬彬有礼、落落大方的风度。风度是社会交际中无声的语言，更是人的性格、气质的外在表现。一个人的步姿、身段、言语、动作、眼神、表情、音容、笑貌，乃至服装与打扮，都会涉及风度的雅俗。一个情操高尚、具有一定文化素养的大学生，在任何环境中都应使自己举止活泼而不轻佻、语言雅趣而不粗俗、态度谦恭而不卑怯。这种优雅的风度，不是一个人天生就有的，也不是在某种场合下硬装出来的，而是在日常生活中逐步培养起来的，是人的情致的自然流露。

对于大学生来说，端庄、振奋、谦虚的神态能显示出特别的美。神态往往是自尊、自信与胸怀宽阔的反映，周恩来同志就是这样心神皆美的典范。他神态端庄、精神饱满、待人谦和，无论在什么场合出现，都是气氛热烈而有节制。他在悲痛的场合，悲而不哀；在欢乐的场合，欢而不狂；在紧急的场合，急而不燥；在严肃的场合，严而不板。他总是生气勃勃而又彬彬有礼，富有感情而又有节制。周恩来同志的这些优点，都是值得当代大学生学习的。

第四节　求职与应聘礼仪

21世纪是重视人才的时代，是一个经济高速发展的时代。在经济全球化与文化多元化的大潮中，对高校毕业生求职择业的要求越来越高，不但要有过硬的专业技能，还要有良好的个人思想修养。求职的经历对每个人来说都是一笔宝贵的人生财富,作为学生有必要了解求职与应聘礼仪,掌握一些礼仪惯例和技巧,有时会起到举足轻重的作用。本节从求职的实际操作角度,给大家一个规范的建议和指导。

一、应聘前的准备

1. 心理准备

　　心态决定思路,思路决定行动,良好的心态是求职过程中必不可少的心理准备。在求职面试的时候,求职者与主考官们面对面的问答,首先必须做好充分的心理准备。

　　(1)要有自信心。俗话讲得好:"天高任鸟飞,海阔凭鱼跃","天生我才必有用"。面对求职应聘要充满自信,要保持良好的心态、饱满的精神和愉悦的心情。

　　求职时,求职者往往会有一些消极心理,有的是自卑心理,对自己的能力评价太低,觉得自己哪儿都不行,生怕在别人面前出丑,不敢说也不敢动;有的又过于自大,表现欲望太强,话说得太多;还有的是心理负担过重,将求职应聘看得重如泰山,自己压得透不过气来。其实,这都是没有必要的。在求职应聘之前我们一定要摆好心态,不卑不亢,要有自信,尽量发挥自己的优势,相信自己能够闯过难关,定能获得成功。

　　(2)充分认识自己。在求职之前应对自己有一个全面的分析和认识,要明确自己的兴趣和专长,问问自己,我能干什么,我想干什么,进而找出自己的就业方向。比如外语水平很高,那么就可以考虑去外资企业求职,反之,则不要盲目地去外企应聘了。

2. 仪表着装准备

　　"人靠衣裳,马靠鞍",恰如其分的表现自己,包装自己,第一印象非常重要。良好的开端是成功的一半,得体大方的形象是求职面试的关键,它能从一个侧面反映出一个人的内涵。应聘是正式场合,着装应该适合这一场景,要根据自己的个性气质,力求自然得体,相得益彰,所以在应聘前必须做好形象上的准备。

　　(1)男孩子应聘时应选好西装和领带,衬衫要干净,皮鞋要擦亮,发型整理好,做到既整洁又大方。切忌服装不整,发型卷曲而油光闪闪。

　　(2)女孩子应聘时应该有上班族的气息,裙装、套装是最适宜的装扮,还应化个明媚的淡妆,整个利索雅致的发型,切忌浓妆艳抹,戴过多的首饰,给别人造成一种妖艳、庸俗的感觉。

3. 资料准备

　　(1)个人简介。面试前,准备一份在1～2分钟内推销自己的"广告词",一般情况下,主考官为了使应聘者消除紧张情绪,会很自然地提出"请谈谈你自己……","请介绍一下你本人……"等这样的类似问题,要求应聘者回答。为此,应聘者应该准备一份与所求职位相符的有关自身背景的材料,要求遵守一定的礼仪规则,力求要简明扼要,符合实际,切不可弄虚作假。

　　(2)信息收集。信息收集指求职者在应聘前对就业市场信息相关情况的调查、了解及掌握到的信息资料。"知己知彼乃通关第一法宝",首先要了解招聘单位的单位性质、发展规模、经营理念、产品信誉、工作条件及福利待遇等;其次要弄清招聘单位的用人需求、职位信息及应聘资格等。经过充分地调查研究和分析,能真实准确地把握用人单位的第一手材料,做到有的放矢。还应当通过核对、鉴别、筛选,对有效信息做到心中有数。求职者对用人单位了解得越多,心里就越有把握,同时也表明你对该用人单位的重视和求职的诚意。

（3）求职信。求职信或叫自荐信,这是求职者在应聘时用的一种特殊信件,关键在于介绍自己的同时,让用人单位对求职者产生兴趣,最终赢得工作。

求职信一般包括求职者的应聘原因、个人基本信息、求职的愿望和要求、联系方式等。

求职信的写作格式一般由六部分组成,即标题、称谓、正文、结束语、落款、附件。

① 标题。即"求职信"或"自荐信",写在第一行居中的位置。

② 称谓。即对收信人的称呼。由于收信人是公司或单位负责人,故可直呼为"××公司负责人"、"××企业经理"、"××厂厂长"等,如果知道对方的职务,可以在姓名后面加上其职务,但切忌用"亲爱的"、"我最敬爱的"等修饰语,为了礼貌起见,可用"尊敬的××"来称呼。

③ 正文。它包括开头、主体、结尾三部分。

开头。也称连接语,求职信的开头,可直截了当地说明写信的目的,让收信方知道你要干什么,语言表述力求简洁,并能吸引读信人看下去。如"感谢贵公司给我这次竞争机会。我久仰贵公司的实力,早想到此供职。若能如愿,将不胜荣幸,现将本人情况介绍如下……"。

主体。这是求职信写作的核心。要针对用人单位的招聘信息,介绍自己前往求职应聘的优越条件,要善于推销自己,针对用人单位所需扬长避短。在介绍完自己的情况后,还要注意表达出你的求职热忱。

结尾。为了给收信人留下一个完整鲜明的印象,在此可以强调求职者的愿望要求,如"热切盼望贵公司的答复"、"静候佳音"等等。

④ 结束语。出于礼节,求职信一定要写一两句祝颂的话或致敬语,常用"祝事业有成"、"此致敬礼"等等。

⑤ 落款。包括署名和日期。在信的右下方写上"求职者×××",再下一行注明日期。最后还要提供个人详细通讯地址、邮政编码、联系电话、电子邮箱等。

⑥ 附件。即选用的证明材料。如学习成绩单、发表论文、学历、学位证明、获奖证书及各种专业技术等级证书复印件等。

例文 4-1　　　　　求　职　信

尊敬的领导:

　　您好!

　　对于百忙之中冒昧打扰,深表歉意!

　　我是河北林业大学经济系商贸专业××届毕业生。大学期间,我坚持以学业为主,全面发展的原则,专业基础扎实,综合成绩排名前三名,每年都是校三好学生奖学金的获得者,并获得"优秀团员标兵"的称号。英语成绩尤为突出,大二时,以89分达到国家英语四级水平,并以81.5分通过六级考试,具有相当的口语和翻译能力,并自学了会计英语教程。另外,我还学习了计算机教程,并能进行操作,还阅读了公关礼仪知识教程。时代需要高素质的人才，尽管本人成绩名列前茅，但我不拘泥于这些，积极参加各种社会活动和知识竞赛，从事兼职和勤工俭学活动，（详见简历）学以致用。在大学期间，我能处处严格要求自己，全面发展。

我以"积极、乐观、严谨、务实"为人生信条，因为这不仅是一个经济工作者的职业准则，更是为人处世的宝贵人格的体现。倘若有幸成为贵单位的一员，我将以自己的忠诚努力和实际行动证明：您的选择是正确的！

愿赐以面谈之荣！（诚盼尽快回函或回电）

此致

敬礼！

自荐人：××

联系电话：×××××××××

咨询电话：××××××××陈一老师

二、面试过程中的礼仪

在进行求职面试时，应当注意以下几点。

1. 守时

守时是职业道德的基本要求，一般说来，应按约定时间提前 5—10 分钟到达，这样可以熟悉一下环境，稳定一下情绪，以最佳的精神面貌期盼面试的开始，千万不要迟到。

2. 第一印象

求职者给人的第一印象，往往是在相识的前几分钟形成，因此，在提前到达的前几分钟里，你的仪容、仪表、握手、眼神、言谈、举止都非常重要。你可以自然地与接待者和同来面试的人有一个简单的交流，但切忌大声喧哗。而后就是耐心等待，这时要注意自己的"身体语言"，也就是说要坐有坐相，站有站相，千万不要乱晃荡，切忌跷起二郎腿，要注意听从面试现场工作人员的安排，按顺序进入面试办公室。当叫到自己名字时，要有力地答"到"，见到面试主考官要自然地微笑，使用得体的礼貌用语主动地向他打招呼，并注意与在场的其他人员点头致意，接下来可能就是你那关键的 1—2 分钟的自我介绍，力求语速不宜太快，语气要和蔼可亲。

特别提醒：参加面试时，不要让家长、亲戚或同学陪同入内，以免给主考官造成一种你信心不足，缺乏独立行事的不良印象，会显得你不够成熟。

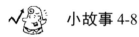

小故事 4-8　　　　　　看似平常的"谢谢"

2006 年 4 月 27 日的《齐鲁晚报》刊登了一篇报道，题目是《此前 80 多名考生均未对帮助开门的门卫言谢》。文章介绍的是：中国海洋大学在 2006 年招生期间，参加面试的 80 多位考生中，仅有 1 位考生很自然地向帮助他们开门的门卫点头致意，并说了一声"谢谢"。这句看似很平常的"谢谢"，当时却引起了校方的关注及全社会的强烈反响，因为此前 80 多位面试考生均未对帮助开门的门卫言谢。这说明毕业生在应聘时缺乏必要的礼仪礼节并非个别现象，应该引起高校教育的重视。

3. 礼貌

进面试办公室时，若门关着，应先以适当的力度敲门，在得到应允后才能进入，进屋后，不能随便落座，要等主考官请你就座时才能坐，并且应坐在主考官指定的座位上，若任你选择，那么应坐在主考官的对面，身体要自然地稍向前倾，以示对谈话的兴趣。谈话时，求职者的目光要自然地注视着主考人员，千万不要不敢正视，最好将目光集中在对方的眼睛与鼻子之间的三角形位置，要专注有礼，仔细聆听，时刻表现出赞许地点头和微笑，切不可左顾右盼，心神不定。当让你表达意见时，可使用"我很同意你的观点"之类的话来与其沟通，还应真诚地表达出自己的意愿：如"我真的想得到这份工作"，应该充满信心地运用恰当的语言说明自己能够胜任该职位的理由。

  小故事 4-9　　　　　　巧　　答

面试中如何应对富有挑战性的问题？"预设前提，无懈可击"。在一次外企面试中，双方交谈很投机，接近尾声时，考官问："可不可以邀请你一同共进晚餐？"这是一道深藏陷阱的考题。如果你痛快地欣然接受，则有巴结、应酬考官的嫌疑；如干脆拒绝，又显得不那么礼貌。一位考生得体地答道："如果作为同事，我愿意接受您的邀请。"回答巧妙，令在场人员信服。

4. 告辞

面试结束时，有的主考官可能用"感谢你前来面谈"等辞令来结束谈话；有的主考官往往以起身来示意面试的结束。这时你应立即停止说话，敏锐及时地起身站好与主考官握手，表示感谢。即使你在求职无望的情况下，也应结束谈话，不应再申辩理由，强行"推销自己"。离开之前要把坐椅还原，面带微笑从容地走出面试办公室，并很有礼貌地轻轻关好门。当离开面试现场时，还应向负责接待工作的其他人员道谢告辞。

三、面试后的礼仪

1. 写感谢信

参加面试后的 2~3 天，可以主动给面试单位发封感谢函，旨在加深面试单位对你的印象，增加求职成功的可能性。

2. 查询结果

如果想打电话询问面试结果，也应先有礼貌地表示感谢，再询问结果。

特别提醒：主动地取得联系，既表明了对面试单位提供面试机会的感谢，同时也表达了自己对"希望被录用"的强烈愿望。但无论是写感谢信还是打电话查询，均以表明自己的态度即可，切不可追问得过急。

  小知识 4-1　　　　　　高等学校学生行为准则

1. 维护祖国的利益。不得参加任何有损祖国尊严和荣誉、违背四项基本原则、危害社会秩序的活动，反对破坏安定团结的行为。

2. 遵守宪法和国家的各项法律、规定。努力做维护民主和法制的典范，反对无政府主义。

3. 维护各民族的平等、团结、互助关系。尊重不同民族的风俗习惯和宗教信仰，反对损害民族团结的行为。

4. 坚持社会主义、集体主义。个人利益要服从国家利益、集体利益；同学之间团结友爱、互相学习、互相帮助；关心集体，反对极端个人主义。

5. 坚持实事求是的原则。说话要有事实根据，办事力求从实际出发；正确开展批评与自我批评。

6. 热爱劳动，积极参加社会实践。积极参加公益劳动、生产劳动和勤工俭学活动，虚心向工人、农民学习，不参与经商活动。

7. 发扬艰苦奋斗的精神。勤俭节约，不浪费水、电、粮食；不向学校和家庭提出超越实际可能的生活要求。

8. 注重个人品德修养。服饰整洁，讲究卫生；诚实守信，谦虚谨慎；说话和气，待人有礼；男女交往，举止得体；尊敬师长，尊重他人；敬老爱幼，乐于助人；勇于同不良行为作斗争。

9. 积极参加体育锻炼和健康的文化活动，增进身心健康。

10. 勤奋学习，刻苦钻研。在努力完成各项学习任务中树立科学性和革命性相结合的学风。

11. 维护教学秩序。遵守学习纪律，考试不作弊。

12. 维护公共秩序。遵守公共场所的有关规定，不扰乱秩序，不起哄；遵守学校校园管理制度，不打架斗殴、不赌博、不酗酒；不观看与传播反动、淫秽书刊和声像制品；不在禁区内吸烟。

13. 遵守宿舍管理规定。按时熄灯就寝，不喧哗、打闹，不影响他人的正常学习和休息；不损毁和私自拆装宿舍设备；不留宿异性；未经有关部门同意，不留宿校外人员。

14. 爱护公共财物，保护公共设施；爱护花草树木；珍惜教学、科研设备；损坏公物要赔偿。

15. 遵守外事纪律。在涉外活动中不做有损国格、人格的事；与外国留学生平等、友好相处；对外籍教师和国际友人以礼相待，不卑不亢。

第五节 本章小结

校园礼仪是和谐校园建设的一个重要组成部分，是在校学生基本的行为规范。在校期间，大多数高职高专学生刚刚步入成年，这时是人生观和世界观形成的重要时期，认真地学习和实践校园礼仪规则，自觉并严格地按照礼仪要求去做，这对于提高个人素质修养、构建和谐校园、展示学校形象、净化社会风气、促进整个民族的文明，都将具有重要的意义。本章共有四个章节，详尽叙述了学生在学校的学习、生活、相互交往、参加学校活动以及毕业后的应聘面试等各方面的礼仪规范，给了大学生一个有益的指导。

第四章 校园礼仪

【思考与练习】

1. 上课时,同桌同学随便说话,你是加入一起谈,还是进行劝阻?如果不听怎么办?
2. 在日常学习生活中,与老师发生了矛盾应怎么办?
3. 小王同学没有买到园林方面的复习指导书,当他在图书馆借到一本后,谎称该书丢失,主动赔钱。有人认为不对,但他认为:"我已付钱了,没什么不对。"你认为对吗?
4. 在你的宿舍里,如果也有一个例文中小林那样的同学,你会怎么办?
5. 有人认为在商品经济社会中,很难找到知心朋友。你认为对吗?
6. 如何搞好校园礼仪?可计划搞一些活动或演出,宣传并身体力行。
7. 面试时需要掌握哪些礼仪规范?
8. 试写一封求职信,并互相交流、评议。
9. 模拟某外贸公司(或某酒店宾馆)招聘"秘书"和"公关助理"的面试情形,学生分别扮演招聘者和应聘者进行问答,要求应聘者作一段2~3分钟的自我介绍。
10. 根据个人意愿,为自己拟写一封求职信。
11. 案例分析:周老师进教室上课,小金同学一边吃着卷饼,一边还与旁边的同学讲话。老师批评小金同学,并请她在上课时不要吃东西。小金不服,在座位上说:"你有什么资格管我?我是出了学费的,你应该为我服务。"针对以上案例,请指出学生错误的地方,并进行分析。

第五章 宴请礼仪

本章提要

- 宴请的分类
- 宴会的组织程序
- 赴宴礼仪
- 西餐礼仪

引 言

在社会交往中，宴请是最常见的交际活动，尤其是宴会，又是最高层次的社交活动之一。所以，宴请礼仪在整个社交礼仪中占有非常重要的地位。宴请可以使交往的各方增进友谊、互通信息、加强沟通、增长见识。在宴请中，人们是通过一定的礼仪规范来表达对他人的尊重的，所以，有必要了解有关宴请的礼仪知识，以便给交往对象留下良好的印象，达到宴请的交友目的。

第一节 宴请的分类

宴请常用于庆祝节日、纪念日、表示祝贺、迎送贵宾等事项。不同的宴请有不同的宴请对象和目的，因而宴请的形式也有许多不同的种类和名目。

宴请，依据设宴者的不同目的以及被宴请者的身份、人数、时间和地点的不同，可归纳为不同的类型。一般有宴会、招待会、茶会和工作餐等。

一、按规格划分

按照举办的规格不同，宴请可以分为国宴、正式宴会、便宴和家宴。

（1）国宴。它是国家元首或政府首脑为国家的庆典，或为外国元首、政府首脑来访而举行的正式宴会，所以在宴会中，国宴规格最高，礼仪要求最为严格。宴会厅里必须悬挂国旗、设乐队、奏国歌。国宴的请柬、席卡、菜单上印有国徽。席间，宾主双方相互致辞、祝酒，由乐队演奏双方国家的民间乐曲作为席间乐。国宴使用的餐具很讲究，对菜肴的道数以及服务人员的装束仪态，都有严格的规范要求。国宴参加者，要按照宴会的性质或请柬的要求着装，准时赴宴，并注意入场仪式，按请柬上安排好的席位就座。举止大方，谦和友好，保持高昂情绪，饱满热情。

（2）正式宴会。正式宴会除不挂国旗、不奏国歌以及出席规格不同外，其余安排大体与国宴相同。有时也会安排乐队奏席间乐。宾主均按身份排位就座。

（3）便宴。便宴即非正式宴会。便宴形式简便，可以不排席位，不作正式讲话，菜肴道数也可随机增减。常见的有午宴、晚宴，有时也有早上举行的早餐。

（4）家宴。家宴即在家中设便宴招待客人。西方人喜欢采用这种形式，以示亲切友好。家宴往往有主妇亲自下厨烹调，家人共同招待。

二、按用途来分

根据宴会所举办的作用来划分，有欢迎宴会、答谢宴会、国庆宴会、告别宴会、招待宴会等。

1. 欢迎宴会

通常是指为迎接某位重要来访的客人而举行的正式宴会。

2. 答谢宴会

是指为感谢对方的款待或友谊而举行的正式宴会。

3. 国庆宴会

是在我国国庆节时为表示纪念意义，且邀请国内外的贵宾相聚而举行的正式宴会。

4. 告别宴会

通常是在外事活动中访问结束或是卸任回国时，以示向对方告别而举行的正式宴会。

5. 招待宴会

一般是指在各种活动开展期间或结束后为进行交流而举行的宴会，这是一种较为灵活的不备正餐宴请形式，备有食品、酒水饮料，通常都不排席位，可以自由活动。随着国际交流的发展，招待宴会的形式已越来越受到欢迎。常见的招待宴会形式如下。

（1）茶会。茶会是一种简便的招待形式。举行的时间一般在下午4时左右（也有上午10时举行的）。茶会通常设在客厅，不用餐厅。厅内设茶几、坐椅。不排席位，但若是为某贵宾举行的活动，入座时，有意识地将主宾同主人安排坐到一起，其他人随意就座。茶会顾名思义是请客人品茶。因此，茶叶、茶具的选择要有所讲究，或具有地方特色。一般用陶瓷器皿，不用玻璃杯，也不用热水瓶代替茶壶。外国人一般用红茶，略备点心和地方风味小吃，也有不用茶而用咖啡者，其组织安排与茶会相同。

（2）工作进餐。按用餐时间分为工作早餐、工作午餐、工作晚餐，是现代国际交往中经常采用的一种非正式宴请形式（有的时候由参加者各自付费），利用进餐时间，边吃边谈问题。在代表团访问中，往往因日程安排不开而采用这种形式。此类活动一般只请与工作有关的人员，不请配偶。

第二节 宴会的组织程序礼仪

举办宴会能否成功，即能否达到宴请的预期目的，很大程度上取决于宴会的组织是否

井然有序、周到细致。以中餐宴会为例，一般来讲，宴会的组织程序包括以下几个方面。

一、宴会准备的礼仪

宴会在社交活动中具有很重要的礼仪作用，有严格的礼仪要求。所以，主办单位或个人一定要认真、细致、周到地做好宴请宾客的各项准备工作。

1. 确定宴请的对象和范围

宴请对象是指设宴招待的主要宾客，也就是举办宴会请什么人，请多少人，请到哪一级别，同时也包括请一些有关单位和本单位的相关人员作陪。一般以设宴目的、宾主身份、国际惯例及主要宾客所在地的习惯做法为依据。若是多边关系，还要考虑政治因素。宾主赴宴的总人数，以偶数为好。

2. 宴请的目的和形式

宴请的目的多种多样，可以是为了欢迎、欢送、答谢、也可以是为了表示庆贺、纪念，还可以是为了某一人或某一具体事件。

宴请形式依设宴目的和宴请的范围之需，综合拟定。一般来说，设宴目的隆重、宴请范围广泛，应以正式的、高规格的宴会形式为主；日常交往、友好联谊、人数较多的，以冷餐会形式或酒会形式更合适；群众性节日活动，以茶会形式居多。

近年来，国际国内礼宾工作有简化趋势，宴请范围趋于缩小，形式也在逐渐简化。

3. 宴请的时间与地点

宴请的时间应以主、客双方都合适为宜，一般不选择重大节假日，也不选择双方禁忌日。例如，对信仰基督教的人士不要选十三号，更不要选十三号星期五；伊斯兰教在斋月内白天禁食，宴请宜在日落后举行。选择宴会日期，要与主宾进行商定，然后再发邀请。

宴会的地点根据规格来考虑，规格高的安排在国会大厦、人民大会堂或高级饭店。一般规格的则根据情况安排在适当的饭店进行。

4. 发出邀请

各种宴请活动，一般均须对宴请对象发出邀请。这既是对宾客的通知，起提醒、备忘作用，同时又是宴请必备的礼貌形式。邀请方式通常有书面、电话和口头邀请三种。正式宴请活动，多采用书面邀请的方式，由举办者发出请柬或邀请信、邀请电报；非正式宴会，则可以电话或口头邀请。

（1）书面邀请。

① 请柬。请柬是较常用的邀请形式。有市场统一印制的通用型，也有本单位特别印制的专用型。格式大同小异，常有精美的封面。内页写明宴请目的、被邀请人的姓名、宴请的类型、地点和时间，主办者的全称。如若是涉外宴请，还应有中外文对照或索性用客人所在国文字印制。请柬一般不用标点符号，设计应美观大方，填写应字迹端正工整。请柬应视主宾之间的地理位置远近和通信联系的方便程度，提前一周收到为好，要在时间上给宾客留有余地，以便他们能安排好自己的工作。一份精美的请柬，不仅能起到礼仪、通知、备忘的作用，还是一份珍贵的纪念品。

② 邀请信。和请柬相比，邀请信多为手写，也有电脑打印的。格式各不相同，内容要求详细，可以因事因人而异，文字可长可短。邀请信给人以亲切感，不像请柬那样显得刻板和公式化。

邀请信应写得诚恳热情，要把邀请目的、具体细节、邀请时间、地点交代清楚，还可以对应邀者提点有关服饰的建议和"回复"等方面的要求。具体包括：简短的问候和寒暄；阐明宴请的类型和设宴的原因；简略说明这次宴请安排的内容，如席间有无文艺表演和舞会的安排，是否要求客人做席间发言等；对远道客人的时间要求、服饰要求以及设宴地点的位置和交通车次介绍，并恳请对这次宴会给予协助和配合等；盛情邀请光临并要求寄回复，以便安排和落实座次。

（2）电话邀请。

电话邀请和书面邀请一样，也要十分注重礼貌礼节。通话时语言、语调必须使对方感受到盛情和诚意。如果不是被邀请者本人接电话，要建议接话人做好记录备忘，以便转告被邀请者。

（3）口头邀请。

口头邀请，适用于非正式的或小范围的宴请。举办人有意设宴时，应先征询被邀主宾的意见，最好是彼此见面时，借机口头约请。口头邀请，有时不能一次得到对方的肯定答复，可再约时间敲定，或用电话表达邀请的诚意，以得到对方最后正式答复为准。口头邀请，也可委托别人传话转告，并请转告者尽快将原意告诉给被邀请者。

口头邀请时，表达必须认真诚恳，一旦商定，双方遵守信用。

无论是书面邀请、电话邀请，还是口头邀请，都应合乎礼仪要求：内容明晰、称谓正确、字体端正、音容亲切，大方热情。此外，还应注意邀请的时机和场合。本着与邀请者协商的态度，把邀请工作做好。

5. 确定宴会菜单

宴会菜单的确定，应根据宴会的规格，"看客下菜"。即应从总体上考虑宾客的身份、宴请的目的来确定，做到冷、热，荤、素，干、湿，贵、廉搭配得当，主次分明。既要有主菜、特色菜，以体现宴请规格；也要有一般菜，以调剂宾客的口味。具体菜品的确定，还应以适合多数宾客的口味与爱好为前提，尤其要特别照顾主宾的饮食习惯。比如，要避免出现下列菜肴。

（1）触犯个人禁忌的菜肴。不少人在饮食方面都有个人的禁忌，例如，有人不吃鱼，有人不吃姜，有人不吃辣椒，有人不吃香菜等。对此一定要在宴请宾客之前有所了解。

（2）触犯民族禁忌的菜肴。世界上许多民族，都有自己本民族的饮食禁忌。比方说，美国人不吃羊肉和大蒜，俄罗斯人不吃海参、海蜇、墨鱼、木耳，英国人不吃狗肉和动物的头、爪，法国人不吃无鳞鱼，德国人不吃核桃，日本人不吃皮蛋等。掌握这种具有普遍性的饮食禁忌，有助于款待外宾。

（3）触犯宗教禁忌的菜肴。在所有的饮食禁忌之中，宗教方面的饮食禁忌最为严格。如穆斯林忌食猪肉、忌饮酒，印度教徒忌食牛肉，犹太教徒忌食动物蹄筋和所谓"奇形怪状的动物"等。

6. 确定宴会布局与席位

在中餐宴会中台形布局应符合以下原则要求。

（1）原则。主桌在主席台边，根据餐厅形状，遵循右高左低，高近低远的原则布置。

（2）台形布置（如图 5-1）。二席设计：平衡形或对称形；三席设计：品字形，也称三角形；四席设计：方形或菱形；五席及五席以上设计：梅花型、梯形、长方形。

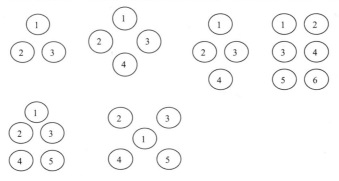

图 5-1　中餐宴会台形布局

（3）中餐宴会席位安排。原则：主人座位面向餐厅入口，以右为上、客右主左的原则安排席位，如图 5-2 所示。

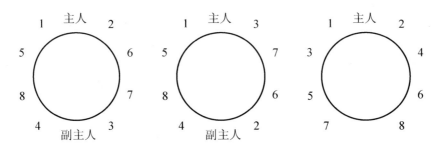

图 5-2　中餐宴会席位安排

按照我国习惯，公务宴会一般以职务高低安排座次。如果夫人出席通常把女方排在一边，即主宾坐在男主人右上方，其夫人坐在女主人右上方。国外的习惯则是男女穿插安排，以女主人为准，主宾坐在女主人右上方，主宾夫人坐在男主人右上方。

二、宴会进行时的礼仪

宴会进行时的礼仪即开宴礼仪，一般包括以下几个内容。

1. 门前迎宾

宴会之前，举办者应提前到达宴会地点，检查宴会准备工作落实的情况。开宴前，主人应站立在门口迎接宾客。重要的宴会，可由主人率领其他有关人员排列成行迎宾。也可派专车接请客人。客人到达后，主人应迎上前去热情握手，互相问候，对来宾表示欢迎，不要疏忽冷落了任何一位客人。按客人到达的先后，由工作人员分批陪送到休息厅小憩，或直接进入宴会厅，由专人接待。主宾到达，由主人陪同，进入休息厅同已在座的客人见面后，再一齐步入宴会厅。

2. 引导入座

为了防止宾客坐错席位，大型宴会可在宴会厅门前陈列"桌次排列简图"，让来宾依据请柬提示，自己对号入座；也可以由工作人员或服务人员分别引座。一般先把非主桌上的宾客，引入宴会厅就座后，再领主宾进入宴会厅。主宾入座时，全体客人应起立，鼓掌欢迎。主人与客人互做介绍，以增进交流。如发现有坐错座位的客人，如无大碍，一般将错就错，临场不作更正。必须调整时，要以适当方式，体面地周旋，不可伤客人的自尊心。

3. 准时开宴

按约定的时间，准时开宴，是宴请礼仪的基本要求。举办人必须提前到达，否则视同失礼。不能因为个别客人未到场，推迟很长时间开席。如果主宾因特殊原因，不能及时赶到，主办人应尽快联系，采取相应的办法调整，并向已入座的客人说明情况，表示歉意。推迟时间，宜在 10~15 分钟以内，最迟不应超过 30 分钟，否则会让人觉得宴会的组织工作不力，影响宴会效果。

4. 致辞敬酒

正式宴会中，在宾主入席后、用餐开始前，由主人与主宾分别致辞，并由主人向来宾提议，为某种事由而干杯。

（1）在主人主宾致辞时，其他在场者应停止用餐或饮酒，保持安静。

（2）可随时在就餐过程中举杯敬酒，用双手举杯敬酒，眼睛注视对方，碰杯时，杯子不高于对方的杯子，喝完后再举杯表示谢意。

（3）尊重对方的饮酒习惯和个人意愿，不应以各种理由强迫对方喝酒。

（4）当侍者斟酒时，应道谢，但不必拿起酒杯。当男主人亲自来斟酒时，则应端酒杯致谢，必要时，应起身站立或欠身点头致谢。

5. 介绍菜肴

服务人员每上一道菜，一般要用转盘转至主人与主宾之间，并报出菜名。主人也可要求服务人员介绍菜的色、香、味、形方面的特点和菜名由来的掌故等，为宾客助兴佐食。有些具有鲜明地方特色的菜，更需如此。向服务人员道谢后，主人应盛情请大家品尝。如果客人之间彼此谦让，主人可先用公筷、公匙为主宾或长者分菜。分菜时应相对均匀，避免有厚此薄彼之嫌。

6. 席间主持

宴请的气氛主要体现在席间的感情交流中。宾主频频举杯，互致敬意，气氛热烈。想达到这个目的，席间主持非常重要，一般每桌的主人或桌长在席间主持中扮演主要角色。宴会从介绍客人开始，到开席的菜肴介绍、向宾客敬酒以及引导和谐的攀谈等，都是席间主持人应该主动做到的。

宴会上的交谈十分重要。席间主持人要不时地提出一些能让宾主都感兴趣的话题，引导大家畅所欲言，各抒己见。对于客人谈话内容，主人可不时地表示肯定和赞赏；让客人充分发表见解。席间的话题，可是气候季节、文体信息、社会时尚、社会趣闻以及彼此交往的过程回顾等，也可就本次聚会的主旨谈谈己见，但不必深入，更不要涉及实质性内容。忌谈单位内情、他人隐私、政治评论等。

三、宴会结束时的礼仪

宴会时间一般应持续1～2小时为宜，不宜过长或过短。当宾客酒酣饭饱、气氛浓烈时，宴会便可进入结束阶段。这时主持人应把握节奏，服务员及时送上水果，示意宴会已接近尾声，接着宾主起立，互相致谢离席。

1. 适时结束

宴会程序基本完成时，主人要掌握时机，适时结束宴会。结束过早，草率收宴，则宾主双方不能尽兴；时间拖延过长，则会导致宾主疲惫，影响宴会气氛。结束宴会的较好时机，从服务来说，是服务人员端上水果时；从气氛来说，是宴会达到新的高潮时。适时结束，可以给宾主留下难忘的记忆。主人宣布宴会到此结束，对宾客莅临宴会表示衷心感谢。

2. 礼貌话别

客人与主人告别时，主人要与客人依依话别。感谢客人赏光赴宴，同时可重提双方所议之事，表达希望多加关照之意。如有纪念品赠送，应当在宾客离席之时，当众发放。礼品的规格、分量应统一，以免引起不必要的误会。对于年长的客人和路远的女士，还应考虑护送。

3. 送别宾客

宴会结束，话别时间不宜过长。主人、副主人及陪客，都应把宾客送到门口，热情握手告别，目送客人离去。对乘小车来的客人，主人应送客上车，待车开动后，再向客人挥手致意。

第三节　赴宴礼仪

出席正式宴会，必须遵守宴会的礼仪规范。赴宴者应当具备良好的气质风度、文明得体的动作举止。宴请作为重要的社交活动，只有通过双方的共同努力，才能达到圆满的宴请效果，实现关系融洽、交流感情、增进友谊的目的。

一、充分准备

从应邀赴宴角度来讲，充分准备主要是指赴宴前作为宾客应注重仪表仪容的修饰。

接到出席宴会的邀请后，应及时答复举办者，便于主人安排。一经答应赴宴，不能轻易改动。遇有特殊情况，不能如期赴宴，要及时通知主人，说明原因，诚致歉意。主宾如果不能如期赴宴，最好亲自登门道歉。接到邀请后，既不答复，又不赴宴，是极不礼貌的。

无论在国内还是在国外，赴宴都被视为一种仪式，一种社交。所以，注重仪表仪容，是赴宴者应注意的礼仪之一。正式宴会的请柬上，多注有着装要求，赴宴时应按照要求穿着。如果请柬上没有注明着装要求,赴宴时应按照宴会性质和当地的习俗,选定例行服装。

在欧美等国,参加正式宴会,男士应穿深色西服,白色衬衣,系上领带,配锃亮的黑色皮鞋。一般来说,这套装扮可以出席任何隆重的宴会。女士赴宴时所穿礼服,若是长袖的,可戴短手套;若是短袖的应戴长手套。

在我国,参加喜庆宴会,男士可以穿西服,也可以穿中山服赴宴。女士可以穿着色彩协调的裙装或套装,穿旗袍的女士,应以色调高雅为宜。穿着过分华丽花哨或衣冠不整,都是对主人和其他客人不尊重,是非常失礼的。普通宴会,衣着不必过分讲究,以整洁合体为宜,但也不宜太随意;如太透、太短、衣领过低的服装就不宜赴宴时穿。

赴宴前,应当修整自己的仪容。女宾应认真梳理头发,适度化妆。出席晚宴的妆容可比白天稍浓艳,在灯光作用下,使肤色更加鲜亮。发型的选择,要典雅高贵,可根据自己的身材、职业、脸形和年龄选择,突出端庄大方的女性魅力。男宾赴宴前,要理发、修面、手要洗净,指甲修短。力求大方优雅,给人以成熟、沉稳,仪容整洁的印象。

二、准时赴宴

应掌握赴宴时间,按照请柬标明的宴会时间,准时到场。能否遵守宴会时间适时抵达,在一定程度上反映宾客对主人的尊重,也反映了自己的素质,决不可马虎大意。所谓适时、准时,一般情况下,是指宴会开始前三至五分钟到达。如因故不能准时赴宴,应提前电话通知主人,诚恳说明原因并表示歉意。同样,赴宴也不宜去得过早,否则会使主人措手不及,被动应付,使之窘迫尴尬。在国外,如过早赴宴会遭人笑话:太急于进餐了!如果宴会已开始,迟到的客人应向其他客人致歉,适时招呼主人,表示已经到宴。

三、按位入座

如约到达宴请地点后,赴宴者由服务人员引导,先到衣帽间寄存外衣和帽子,然后去迎宾处,主动向主人问好、签到。如带有礼物(如花束、花篮等),可恭敬献上,和先到的客人相互致意。

从休息室步入宴会厅,按服务人员的指引和主人的安排按位入座,所谓按位入座是指按宴会所请客人的身份和地位,长幼有序地分别按主人预先的安排,准确的入座。入座后,要注意自己的姿态。既不可过于拘谨,也不要散漫随便。可将身体轻靠在坐椅背上,坐椅距餐桌不要太近,也不宜过远,以与其他客人协调,自己感觉舒适为好。攀谈时,双手自然摆放,忌手托下巴,给人以"等候开宴"的印象。不可伸腿或架起"二郎腿"乱颤,以免影响他人。不要玩弄酒杯、筷子等餐具或拉扯台布。

和同桌客人交谈,要热情大方,同新朋友不要一见如故,彼此介绍应稳重诚恳,交换名片注意应有礼节。上茶时,可礼貌地向服务员道谢。

四、文明就餐

进餐过程中,赴宴者要做到文明就餐。如:当主人或其他宾客讲话、敬酒、介绍菜品时,应停止进食,正坐恭听,不可与他人交头接耳,更不可随意摆弄餐具。

(1)用餐前,如提供有湿方巾,则用来擦手,不可用以擦脸、擦嘴、擦汗。擦手之后,应放回盘中由侍者取回。正式宴会结束前,会再上一块湿方巾,用来擦嘴。

（2）进餐时，应将餐巾放在膝盖上，将其掖在领口、围在脖子上或系在腰间都是错误的。并且不可用餐巾擦脸，可用巾角轻轻沾嘴唇与嘴角。用餐完毕后，将餐巾叠好，不可揉成一团。

（3）就餐过程中，如上有洗手盅，可将两手手指轮流置于其中，轻拨水沾湿，然后将手放在餐桌下，用纸巾擦干。不可将两手完全置于洗手盅中搓洗，乱甩，乱抖。

（4）使用筷子就餐时有许多讲究，除照顾他人要使用公共筷子和汤匙外，还须注意以下几点。

① 忌敲筷。即在等待就餐时，不能坐在餐桌边，一手拿一根筷子随意敲打，或用筷子敲打碗盏或茶杯。

② 忌掷筷。在餐前发放筷子时，要把筷子一双双理顺，然后轻轻地放在每个人的餐座前；距离较远时，可以请人递过去，不能随手掷在桌上。

③ 忌叉筷。筷子不能一横一竖交叉摆放，不能一根是大头，一根是小头。筷子要摆放在碗的旁边，不能搁在碗上。

④ 忌插筷。在用餐中途因故需暂时离开时，要把筷子轻轻搁在桌子上或餐碟边，不能插在饭碗里。

⑤ 忌挥筷。在夹菜时，不能把筷子在菜盘里上下乱翻，遇到别人也来夹菜时，要有意避让，谨防"筷子打架"。

⑥ 忌舞筷。在说话时，不要把筷子在餐桌上乱舞；也不要在请别人用菜时，把筷子戳到别人面前，这样做是失礼的。

⑦ 忌舔筷。不要"品尝"筷子，不论筷子上是否残留有食物，都不要去舔它。

⑧ 忌迷筷。不要在夹菜时，筷子持在空中，犹豫不定取哪道菜。

⑨ 忌黏筷。在就餐过程中，即使很喜欢某道菜，也不要不停地夹取。

⑩ 忌剔筷。不要将筷子当作牙签当众剔牙。

（5）喝汤需用汤匙，不可出声。

（6）嘴里有食物时，不应张口与人交谈。嘴角和脸上不可留有食物残余。

（7）剔牙时用手挡住嘴。咳嗽、打喷嚏或打哈欠时，应转身低头用手绢或餐巾纸捂着，转回身时说声"抱歉"。

（8）说话时不可喷出唾沫，嘴角不可留有白沫，不可高声谈话，影响他人用餐。

（9）用完餐离座时，将椅子轻轻往内推，使其紧靠桌边。

 小知识 5-1　　　　　　　就餐举止十忌

一忌在用餐时口中发出过大的声响，在国外用餐时不得发出声音，这是最为基本的一条餐桌礼仪。

二忌用餐时整理自己的服饰，或是化妆、补妆。

三忌用餐时吸烟。

四忌再三劝说、甚至强迫别人饮酒。

五忌乱挑、翻拣菜肴或其他食物。

六忌用自己的餐具为别人夹菜、舀汤或选取其他食物。

七忌用餐具对着别人指指点点，或者把餐具相互敲击出声。

八忌直接以手取用不宜用手取用的菜肴或其他食物。
九忌毫无遮拦地当众剔牙。
十忌随口乱吐嘴里的不宜下咽的食物。

五、热情话别

宴会结束，赴宴者应起身离座，不可贪杯恋菜，拖延撤席，也不能因余兴未尽而说笑不停。男宾应先起身，为年长者或女士拉开坐椅。主宾先向主人告辞，随后是一般来宾向主人表示谢意。按照礼貌，不是感激宴会之丰盛，而是感谢主人让自己度过了愉快的时光（或夜晚）。当然，如果宴席上有特别出色的菜肴，也不妨赞美几句。如主人备有小礼品相赠，不论价值轻重，是否喜欢，都应欣然收下，并表示感谢。不能借口不便携带而不屑一顾，或一面收下却一面转送他人，这是对主人心意的违拗，也是对聚会的轻视，很不礼貌。作为应邀的赴宴者，有可能的话，也可向服务人员表示感谢。称赞他们服务周到、菜肴可口，这实际上是人与人之间平等礼貌的应有之举，更体现了一个人的良好修养。

第四节 西餐礼仪

随着世界经济的加速融合，东西方文化交流频繁，西餐已经逐渐进入中国人的生活，并受到了人们的欢迎。

西餐是西式饭菜的一种约定俗成的统称，大致可以分为欧美式和俄式两种。西餐菜肴主料突出，营养丰富，讲究色彩，味道鲜香，其烹饪和食用与中餐有很大的不同，体现了一种西餐文化。所以，我们有必要学习、了解、掌握一些西餐的基本常识和用餐礼仪。

一、西餐的代表菜式及特点

1. 法式菜

法国的烹饪技术一向著称于世。法国菜不仅美味可口，而且菜肴的种类繁多，烹调方法也有独到之处。

法国菜的突出特点是选料广泛，常选用稀有的名贵原料，例如蜗牛、青蛙、鹅肝、黑蘑菇等。此外，还选用各种野味，如鸽子、鹌鹑、斑鸠、野鸡、鹿、野兔等。法国菜的烹调方法很多，它几乎包括了西菜所有的近20种烹调方法，一般常用的有烤、煎、烩、焗、扒、焖、蒸等。

现代法国菜口味偏淡；色彩偏重原色、素色，不用不必要的装饰，忌大红大绿，追求高雅的格调；汤、菜讲究原汁原味，不用有损色、味、营养的辅助原料。法国菜特别注重沙司（Sauce）的制作。沙司实际上是原料的原汁、调料、香料的混合物。原料鲜嫩，可口味美，菜才能做好。

法国盛产酒，于是许多酒被用于烹调。香槟酒、红白葡萄酒、雪利酒、朗姆酒、白兰地酒等，是做菜常用的酒类。

著名的地方菜有里昂的带血鸭子、南特的奶油梭鱼、马赛的普鲁旺斯鱼汤、斯特拉斯堡的奶油圆蛋糕等。但最有代表性的法国菜点还是举世闻名的蜗牛、鹅肝、龙虾、青蛙腿、奶酪等。

2. 英式菜

英国烹饪有家庭美肴之称，每个家庭主妇都可以烹饪出美味可口的汤菜。

英式菜选料多样，注重水产、海鲜及蔬菜。烹调讲究鲜嫩、口味少油清淡，菜量少而质精。调料很少用酒、香料及其他调味酱，喜欢用各种蔬菜以代替所缺乏的食品。

英式菜烹调较简单，一般以清煮、烩、蒸、烤、扒、炸等为主。调味品，如盐、胡椒粉、醋、色拉渍、芥末酱、辣酱油、番茄汁和各种酸果等，都放在餐桌上，由客人就餐时依口味不同自己选用。

英式菜中较著名的名菜名点有：英式苹果沙拉、奶油蘑菇沙拉、英式煎猪肝、英式焖鸡、奶油烩鸡块、英式烤羊腿等。

3. 美式菜

美国烹饪始自英国，因大部分美国人是英国移民的后裔，但美国烹饪也有自己的特色。由于美国国土广阔，气候良好，食物种类繁多，交通运输方便，冷藏设备优良，厨师、家庭主妇可随意选择任何食物。同时，他们在烹饪菜肴时很注意食品的营养搭配。

美式早餐备有各种鲜果汁、略带有咸味的甜点心、各种沙拉等。沙拉原料大多采用水果、如香蕉、苹果、梨、菠萝、西柚、橘子等，并配以芹菜、生菜、土豆等。调料大多用沙拉油、沙司和鲜奶油，口味很别致。

美式菜中的菠萝焗火腿、苹果烤鸭、铁扒类菜、美式烩鸡等深受人们的喜爱。其他的菜如炸鸡、炸香蕉、炸苹果等也深受人们的欢迎。

4. 意式菜

意大利烹饪为欧洲大陆之始祖，其烹饪技术可与法、英两国媲美，又有异曲同工之妙。意大利烹饪技术着重食物本质，菜味浓，以原汁原味闻名。在烹调上以炒、煎、炸、烩、焖等方法著称，烧烤的菜不多，意大利人对油炸、熏的菜很爱吃。

意大利的传统菜式很多，尤其是各种面条闻名世界。相传，意大利面条是 13 世纪由中意人民的友好使者马可·波罗经丝绸之路从我国传到意大利的。现在意大利出产面条 200 万吨，其中 90%内销，全国每人每年消费面条的数量在西方国家首屈一指。

意大利面条在制作上有很多发展和创新，各种形状、各种颜色、各种味道的面条至少有几十种。如把面条制成字母形、贝壳形、实心面条、通心面条等。又如，在面条上渗入蛋黄、番茄、菠菜，面条就被染成黄、红、绿色，不仅美观，而且富于营养，味道各异。一般面条煮好后，再以浓稠汁调味，其中有黄、白、红多种色彩，最常用的是肉类、番茄和奶酪等。

意大利人的饮食习惯是喜食面食，菜肴用番茄酱做调料较多。意大利南部地区的居民更喜欢用面粉做的饭菜。如意大利薄饼（Pizza）、肉馅春卷、炒通心粉、意大利馄饨等。

5. 俄式菜

俄国菜式选料很广，除畜、禽外，野味、水产均为主要烹饪原料。

由于俄国大多地处寒带,在当地生活则需较多的热能,所以俄式菜热量高,口味重,在烹调上大都用酸奶油、奶渣、柠檬、辣椒、酸黄瓜、洋葱、白脱油、小茴香、香叶等作调味品。

俄国菜的制作较简单,尤以蒸、烩、熏、烧、腌为主要烹饪方法,且喜食全熟的食品,各种肉类、野味,均要煮得很熟,腌制的咸菲鱼、烟熏的咸鲟鱼和鲑鱼都是很受人们欢迎的菜肴。其他具有代表性的菜肴还有红菜汤、黄油鸡卷、莫斯科烤鱼等。

二、西餐宴会的席位排列礼仪

西餐的席位排列与中餐相比,既有许多相同之处,又有自己的特点。

1. 排列原则

在绝大多数情况下,西餐宴会席位排列主要是位次问题。除了极盛大的宴会,一般不涉及桌次。西餐席位的排列原则如下。

(1) 女士优先。在西餐礼仪里,往往体现女士优先的原则。排定用餐席位时,一般女主人是第一主人,在主位就座,而男主人是第二主人,坐在第二主人的位置上。

(2) 距离定位。西餐桌上席位的尊卑,是根据其距离主位的远近来确定的。距主位近的位子要高于距主位远的位子。

(3) 以右为尊。排定席位时,以右为尊是基本原则。就某一具体位置而言,按礼仪规范,其右侧位置高于左侧位置。在西餐排席时,男主宾要排在女主人的右侧,女主宾要排在男主人的右侧,按此原则,依次排列。

(4) 面门为上。在餐厅内,以餐厅门作为参照物时,按礼仪的要求,面对餐厅正门的位子要高于背对餐厅正门的位子。

(5) 交叉排列。西餐排列席位时,讲究交叉排列的原则,即男女交叉排列,生人与熟人交叉排列。一个就餐者的对面和两侧往往是异性或不熟悉的人,这样可以广交朋友。

2. 席位的排列

(1) 长桌的排列。长桌是西餐最经常、最正规的西餐桌。在长桌上排位,一般有以下情况。

① 男女主人在长桌的中央相对而坐,餐桌的两端可以坐人,也可以不坐人。如图 5-3 所示。

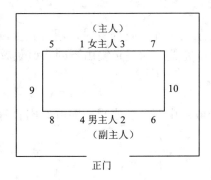
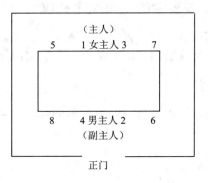

图 5-3　西餐席位 1

② 男女主人分别坐在长桌的两端，如图5-4所示。
③ 用餐人数较多时，可以把长桌拼成其他图案，如图5-5所示。

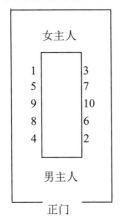

图5-4　西餐席位2

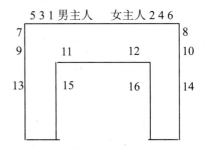

图5-5　西餐席位3

（2）圆桌的排列。西餐宴会一般不用圆桌，如用圆桌，可排列如图5-6所示。

（3）方桌的排列。西餐中，在方桌上排列席位，就座于餐桌四面的人数应相等，并使男、女主人与男、女主宾相对而坐，所有人各自与自己的恋人或配偶坐成斜对角。如图5-7所示。

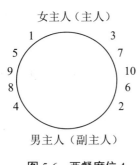

图5-6　西餐席位4

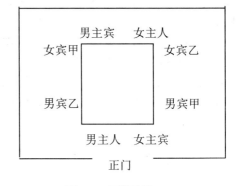

图5-7　西餐席位5

三、西餐宴会的上菜顺序礼仪

正规的西餐宴会，菜序与中餐不同，既复杂又讲究。吃西餐时，通常先上汤，而在中餐，上汤则意味着用餐即将结束。一般情况下，完整的西餐正餐由下列八道菜肴组成。

1. 开胃菜

开胃菜就是打开胃口的菜，也叫头盆，一般是由蔬菜、水果、海鲜、肉食等所组成的拼盘。

2. 面包

西餐正餐面包一般是切片面包，吃面包时，可依个人口味，涂上黄油、果酱或奶酪。

3. 汤

西餐中的汤有两大类，即浓汤和清汤。正式喝汤时，才算正式开始吃西餐。

4. 主菜

正式的西餐宴会上，通常要上一个冷菜，两个热菜。两个热菜中，讲究先上一个鱼菜，由鱼或虾以及蔬菜组成。另一个是肉菜，为西餐中的大菜，是必不可少的。通常由烤肉配以蔬菜，代表着此次用餐的最高水平和规格。

5. 点心

吃过主菜后，一般要上一些西式点心，如蛋糕、吐司、三明治等。

6. 甜品

吃过点心，接着上甜品，如布丁等。

7. 水果

吃完甜品，一般还要摆上干鲜果品。

8. 热饮

在宴会结束前，还要为来宾提供热饮，一般为红茶或咖啡，以帮助消化。热饮既可以在餐桌上饮用，也可以到休息室或客厅饮用。

随着生活节奏的不断加快，西餐也在简化，比较简便的西餐菜序是：

（1）开胃菜；
（2）汤；
（3）主菜；
（4）甜品；
（5）咖啡。

四、西餐菜点与酒水搭配礼仪

西餐菜点与酒水的搭配很有讲究，并形成礼仪的一部分。

1. 餐前酒

又称开胃酒，一般为又浓又香，能刺激胃口的威士忌（Whisky）、杜松子酒（Gin）、伏特加（Vodka）、雪利酒（Sherry）、朗姆酒（Rum）等系列，鸡尾酒也是理想的开胃酒。

2. 餐中酒

西餐的餐中酒多选择葡萄酒，"红酒配红肉，白酒配白肉"。色、香、味淡雅的酒品应与色调冷、香气雅、口味纯、较为清淡的菜肴搭配，如头盘鱼、海鲜类应配以冰冻后的白葡萄酒；香味浓郁的酒应与色调暖、香气浓、口味杂、较难消化的菜肴搭配；咸食选用干、酸型酒类；甜食选用甜型酒类；在难以确定时，则选用中性酒类。

（1）食生蚝或其他贝类时，饮无甜味的白葡萄酒。
（2）喝汤时，配颜色较深的雪利酒和或玛德拉酒（Madeira）。
（3）吃鱼时，可配任何白葡萄酒，但以不过甜为宜。
（4）吃肉类时配红葡萄酒。
（5）食干酪时，配带甜味的红葡萄酒。
（6）吃核桃等坚果时，配浓度较强的强力酒，如玛德拉酒。

3. 餐后酒

餐后一般选择浓、香、烈的酒，常见的餐后酒有白兰地、香槟酒（Champagne）或利口酒（Liqueur）。

五、宴会就餐礼仪

1. 刀叉的使用

（1）使用刀叉有两种常规方法。其一，叫做英国式。要求就餐时，右手持刀，左手持叉，一边切割，一边叉而食之。其二，叫做美国式。要求仍是左叉右刀，但先将餐盘中食物全部切割好后，双手交换刀叉，右手持叉吃食。

（2）就餐中途放下刀叉休息或离开时，将刀叉呈"八"字形状摆放在餐盘中，且刀口向内，叉齿向下；就餐完毕，则刀叉并排纵放或刀上叉下横放在餐盘中，且刀口向内，叉齿向上。任何时候，都不可将刀叉的一端放在盘子上，另一端放在桌子上。使用刀叉一定要中规中矩，否则就会洋相百出，让人贻笑大方。

（3）切割食品时，不要弄出很大声响。

（4）切割食品时，双肘下沉，讲究姿态美观。

2. 喝汤的礼仪

（1）喝汤应用汤匙，不能端起来喝。
（2）汤匙由内向外舀汤，注意第一勺宜少，先试温度，浅尝，不用口吹热汤。
（3）喝汤不出声，一匙汤不分几次喝。
（4）汤将见底，可将汤碗倾斜，以便舀取。
（5）喝汤完毕，汤匙应搁在餐盘上，匙把指向自己。

3. 吃面包、面条的礼仪

（1）面包要撕成小片，撕一片吃一口，切不可直接用口咬着吃或用餐刀切割。
（2）涂抹黄油或果酱时，也要先将面包撕成小块再抹。
（3）撕面包时，注意用餐盘盛接碎屑。
（4）吃面条时要用叉子先将面条卷起，然后送入口中。

4. 吃鱼、肉等带刺、骨的菜的礼仪

（1）吃鱼、肉等带刺、骨的菜时，不要直接吐在残盘中，可用餐巾捂嘴吐在叉上放入盘内。
（2）如盘内剩余少量菜肴时，不要用叉子刮盘底，更不要用手指相助食用，应以小块面包或叉子相助食用。

(3)吃鱼时不要将鱼翻身,要吃完上层后用刀叉将鱼骨剔掉后再吃下层的肉,要切一块吃一块,决不能切得过大,或一次将肉都切成块。

5. 喝咖啡礼仪

(1)咖啡简介。咖啡是英文 Coffee 的译音,是世界上消费最大的饮料之一。原产于非洲,在 19 世纪下半叶被引进我国台湾、海南岛。咖啡是将咖啡树的种子烤成棕色,磨成粉末制成的饮料。当今巴西、印度尼西亚有大量栽种,国内广东、广西、云南、福建等地也有种植。咖啡含有咖啡因、脂肪、蛋白质、糖类、无机盐和多种维生素。饮用咖啡不仅能解渴,而且还能帮助消化、提神、解除疲劳、促进思考以及防暑等。

(2)目前我国生产的咖啡饮料品种主要有清咖啡、牛奶咖啡、速溶咖啡、咖啡汁、咖啡茶等。前两种饮用时需加水煮沸,后三种直接用开水冲饮即可。食用时可加冰淇淋、奶,且可热饮、冻饮。同时咖啡粉极易受潮,保管时要注意防潮。

(3)喝咖啡时,应用小茶匙搅拌方糖,而不是用来舀饮。一经饮过,不宜将匙放入杯中。放方糖的方法是:用方糖夹夹住方糖至杯垫上靠近咖啡杯的位置,用小茶匙舀方糖放入杯中。如果需加入炼乳和方糖,则应先放方糖再放炼乳,让方糖先溶解。在鸡尾酒会或冷餐会中,宾客自由走动,可左手端杯垫,右手持杯喝咖啡,再放置杯垫中;而在有固定席位的就餐过程中,则不需端杯垫,只需右手拇指、食指、中指捏住杯柄直接饮用。

6. 告别时的礼仪

宴会结束时,主人首先站起来,宣布散席。先让女宾离席,然后是男宾。无论是离席或入席,男宾都要帮助女宾拉椅,协助离席或入席。离席后,不可急忙告退,应等待女主人出门送客,才可握手言别。

 小知识 5-2　　　　　　吃西餐的禁忌

一是入席后,不要用餐巾擦拭刀叉,这是极其不礼貌的行为,仿佛嫌主人准备的刀叉不洁净。

二是不可在餐桌边化妆、补妆,用餐巾擦鼻涕。用餐时打嗝是最大的禁忌,万一发生此种情况,应立即向周围的人道歉。取食时不要站立起来,拿不到的食物应请别人递送。

三是就餐时不可狼吞虎咽。对自己不愿吃的食物也应要一点放在盘中,以示礼貌。有时主人劝客人添菜,如有胃口,添菜不算失礼,相反主人也许会引以为荣。

四是不易在进餐时中途退席。如有事确需离开,应向左右的客人小声打招呼。

五是饮酒干杯时,即使不喝,也应该将杯口在唇上碰一碰,以示敬意。当别人为你斟酒时,如不需要,应礼貌地说一声"不,谢谢"或以手稍盖酒杯,表示谢绝。

六是在进餐尚未全部结束时,不可抽烟,直到上咖啡表示用餐结束时方可。如左右有女宾时,应有礼貌地询问一声"我抽烟,您不介意吧"。

七是应用餐巾内侧擦拭弄脏的嘴巴,避免用自己的手帕擦拭。手指洗过后也是用餐巾擦。若餐巾脏得厉害应请侍者重新更换一条。

八是聊天切忌大声喧哗。在餐厅吃饭时就要享受美食和社交的乐趣,因此,不管是沉默地各吃各的还是旁若无人地大声喧哗，都是不合时宜的行为。交谈时音量要保持对方能听见的程度为宜。

九是在整个进餐过程中，尽量不使刀叉发出声响。

 小知识 5-3　　　　自助餐就餐礼仪

自助餐，又称冷餐会。它是目前国际上通行的一种非正式的西式宴会，是由就餐者自主取食，或站立或就座、自由与他人或独自一人用餐的一种就餐方式。也是现代普遍采用的一种宴请方式。

自助餐时应讲究如下礼仪。

（1）排队取菜。不允许乱挤、乱抢、更不允许插队加塞儿。

（2）依次取菜。取菜的先后顺序一般是：冷菜、汤、热菜、点心、甜品和水果。

（3）多次少取。即"多次取菜，每次少取"。每次取食量力而行，即便是自己所喜欢的菜肴，也宁可多取几次，从而避免吃不完造成浪费。

（4）避免外带。自助餐只许就餐者在用餐现场自行享用，绝对不允许在就餐完毕后携带回家。

（5）送回餐具。自助餐强调的是客人自我服务，善始善终，因此，在用餐结束后，应自觉地将餐具送至指定位置。

（6）在用餐过程中，对于其他相识或不相识的用餐者均应以礼相待，在排队、取菜、寻位以及行进过程中，要主动谦让，不可旁若无人。

第五节　本 章 小 结

宴请礼仪是人际交往中最常见的社交活动。国际上，宴请一般分为四种形式：宴会、招待会、茶会、工作进餐。其中，宴会是最高层次的社交活动之一，宴会按规格划分，可分为国宴、正式宴会、便宴和家宴。正式宴会对宾客是一种礼遇，其礼仪要求是非常严格的。为保证宴会的圆满成功，举办方要认真做好宴会前的各项准备工作，应邀方要遵守赴宴礼仪，宴会中，双方都要遵守就餐礼仪，尊重对方的文化、风俗和餐饮习惯。中、西餐宴会在席位安排、菜式选择及上菜次序、赴宴、就餐等方面都有许多不同之处，对此，应具体了解并予以遵守。

【思考与练习】

1. 思考题：宏达公司在开业十周年庆典之际，举办答谢宴会。作为宴会主办方，请拟订一份宴会筹备方案。

2. 情景模拟：模拟中餐宴会场景，学生分别扮演来宾与主人，并分派有不同职位，请模拟演示座位的安排、宴会接待程序和赴宴就餐礼仪，过后相互点评，互换角色进行。

3. 综合练习：如条件许可，组织学生到西餐厅就餐，席间教师现场演示，强化西餐就餐礼仪要求。
4. 中西餐宴会台型布局与席位安排分别应遵循什么原则？
5. 中餐使用筷子"十忌"分别指什么？
6. 列举中餐餐桌礼仪规范。
7. 列举中餐就餐十忌。
8. 西餐菜点与酒水有何搭配原则？
9. 西餐吃面包、喝汤分别有何讲究？
10. 西餐使用餐叉的方法与礼仪要求分别是什么？
11. 列举西餐就餐禁忌。
12. 简述喝咖啡的礼仪。

第六章 服务礼仪

本章提要

- 商场服务礼仪
- 酒店服务礼仪
- 导游服务礼仪

引　言

　　服务是指服务方遵照被服务方的意思和要求，为满足被服务方需要而提供相应满意活动的过程。服务过程中包括两方：一方是服务方，一方是被服务方。服务方是根据被服务方的要求提供服务活动的一方，在服务过程中处于被支配地位；被服务方是提出服务要求并需要服务方满足的一方，在服务过程中处于支配地位。

　　服务礼仪则是指社会要求服务人员在自己的工作岗位上所应当严格遵守的行为规范，也就是服务人员在工作岗位上，通过言谈、举止、行为等，对服务对象表示尊重和友好的行为规范和惯例。简单地讲，就是服务人员在工作场合使用的礼仪规范和工作艺术。其行为规范主要包括服务人员在服务过程中所应具备的仪容仪表和言谈举止。

　　本章主要介绍几种最常见的服务岗位上对服务人员的具体要求，从而使大家进一步掌握相关服务环节中的服务技巧。

第一节　商场服务礼仪

　　商场，是商品零售企业进行商品买卖的场所。顾客在商场购物时，不仅需要得到购物方面的便利，同时体验人际关系，更希望得到人格的尊重，即被当成"上帝"尊重的精神愉悦。商场礼仪是指商场的员工在接待顾客、满足顾客选购商品的过程中，对自身的言行举止进行礼貌的规范，从而达到尊重顾客、礼貌交易的一系列文明优质服务的礼仪规范，它是商业竞争的重要手段。

　　当顾客走进商场时，不仅希望买到称心如意的商品，还希望能享受到良好的购物环境，得到满意的服务。服务礼仪能够使顾客在购物的过程中，不仅得到物质上的满足，而且得到心理上、精神上的满足，无形中增加商品的价值，使企业的经济效益提高。因此，服务礼仪是企业的无形财富，能够达到"硬件"所起不到的作用。

　　一般来讲，商场营业员为顾客提供服务的过程，可以大体分为四个阶段：准备阶段、迎接顾客阶段、接待顾客阶段、送顾客阶段。在每个阶段，营业员都要注重礼仪，为顾客提供满意的服务。

　　营业员在迎接顾客时，首先要做好营业前的准备工作。

第六章 服务礼仪

一、营业前的准备阶段

1. 卫生准备

商场的柜台,是商业服务人员为顾客服务的重要场所,也是最能体现服务礼仪质量的重要窗口。在顾客到来之前,营业员要提前到达工作现场,清扫环境卫生。货架、柜台、地面都要保持清洁,商品陈列应整齐、有序、美观。不仅要保证购物环境的清洁,还要保证商品包装及商品本身的整洁。给顾客一个整洁舒心的购物环境,决不能对柜台上的污渍和货架上的尘土听之任之。即使此时没有顾客光临,营业员的心里也要想着顾客,时刻提醒自己是否有顾客到来,一旦顾客到来,就应立即停止手头的工作,热情接待。

2. 用具准备

营业员要准备好各种工作的用具,如尺子、计算器、发票、笔等。比如:经营食品的柜台,不仅要求营业员戴口罩,穿制服,还要准备食品夹,为顾客夹取食品,决不能用手直接去抓食品。

3. 仪容准备

营业员要整理好个人仪容,精神饱满地等待顾客的到来。营业员在第一线工作,每天要接待许多顾客,他们的仪表举止不仅关系到其本人的形象,更代表着所在企业的整体形象。营业员仪表得体,首先要求服装整洁、大方、合体。有条件的企业应采用统一制服,这样既有利于员工增强其自信心和责任心,更便于顾客辨认,给顾客一种整齐有序的感觉。同时要佩戴好工牌,女营业员要淡妆上岗,不要浓妆艳抹,对于顾客来讲,营业员的风度、修养比漂亮更重要。

4. 陈列准备

要陈列好商品,方便顾客挑选与购买。商品的摆放要分门别类,突出重点。对畅销或交易频繁的商品,或流行的商品,尽可能地摆放在顾客宜拿、宜选的地方,陈列在服务人员的周围,上下左右在60cm范围之间,以便加快售货速度。

5. 明码标价,保证货真价实

质量是产品或服务进入市场的通行证,只有质量有保证,才能在市场上赢得竞争优势。所以,商品的价钱标注一定要明确,并且符合价值标准及市场规律。不要利用欺诈的手段哄抬物价、欺骗顾客,以次充好侵犯消费者的合法权益。

二、迎接顾客的礼仪

俗话说:"来有迎声"。为表示对顾客的尊重和友好,服务员应时刻做好顾客来临时的第一声问候。做到顾客到、微笑到、问候到。具体规范是:服务员首先要在柜台内以标准的姿势站立,即在距离柜台一个拳头间隔的地方,双手自然叠放于小腹或交叉于背后,双腿端正站立,面带微笑,表情自然地耐心等候顾客;当顾客走近柜台,表示出观看或浏览商品停留之时,营业员要主动亲切问候:"您好,我能为您做些什么?"或问候一句:"您好,欢迎光临。"、"您好,您需要点儿什么?"。切忌在客人浏览商品时摆出一副懒散的面孔,或是双眼直勾勾地盯着顾客,也不能与同事聊天,冷落客人,或一边与他人说笑一边接待客人,更不可对顾客不理不睬,目中无人。

三、接待顾客的礼仪

这个环节是整个服务过程的关键环节。营业员应注重服务礼仪,讲究服务技巧,尽可能达到顾客满意,即使不成交,也要使顾客产生被重视的愉悦感。

1. 礼貌待客、规范服务

营业员在接待顾客时,要重视每一位光临的顾客,不能厚此薄彼。

(1) 要对顾客一视同仁。营业员在接待顾客时要不以年龄、性别、服饰、相貌、地域取人,要平等对待。比如,对于穿戴困窘的顾客,服务员要同样做到热情接待,亲切问候,切忌"以貌取人",对客人不理不睬,或面露轻蔑的神色,用异样的目光去上下打量顾客,挑剔顾客,更不要在为顾客服务时厚此薄彼。要运用微笑服务于每一位光临的顾客。

能否微笑服务,一方面体现了一个营业员是否爱岗敬业的外在精神风貌,另一个方面也体现了一个商场的管理、服务水平乃至整个商场的形象和文化。

微笑作为一种体态语言,有时比说话这种有声语言更能真实地表达友好的目的。如果营业员对于来到商场的每一位客户都能笑脸相迎,热情接待,顾客对此必有良好的反应,也会更加信任营业员,在这种情况下,顾客也就比较容易接受营业员的建议,可以说,微笑是愉快交往和顺利成交的前提条件。

微笑服务会向顾客传递商场的良好形象。顾客迈进商场的大门,使其直接感觉到满意的就是营业员自然、充满诚意的笑容,这无形中缩短了彼此间的距离。在激烈的竞争中,在同等条件下要争取和留住顾客,就要用诚意来打动他们,而微笑服务,作为一种礼仪方式,已经被证明是非常重要和有效的沟通方式之一,正在参与为企业创造经济效益。所以,顾客到商场里来,就是商场的客人。无论买与不买,营业员都要以礼相待,热情服务,不能对顾客态度冷淡,言语生硬,甚至顶撞顾客。

(2) "接一、顾二、招呼三"。当客人较多时,营业员一定要按先后顺序依次接待,做到"接一、顾二、招呼三":手上接待第一位顾客,眼睛照顾第二位顾客,嘴里招呼第三位顾客,对其他顾客要微笑点头示意,并说"对不起,请稍等一会好吗?"接待久等的顾客时要先致歉,如"真对不起,让您久等了",然后才为其服务。

(3) 优化接待方式。营业员要会运用赞美的接待方式。赞美不是赞美商品,而是要赞美所接待的顾客,人人都喜欢被赞美,这是人的一种天性。因此,营业员在向顾客提供具体服务的同时要善于发现对方的优点,并及时、恰到好处地对其表示欣赏、肯定。这样做的好处是可以争取顾客的合作,从而使营业员和顾客彼此双方在整个服务过程中能够和睦友善地相处。

但是如果营业员对顾客的赞美充斥于整个服务过程中,不但会使顾客不自在,而且也会使赞美本身贬值,失去其实际意义。因此,赞美要讲究艺术,要注意分寸,适可而止。此外,营业员还必须清楚,真正的赞美是建立在实事求是的基础之上的,是对别人优点的一种客观的认可与肯定,它不应是无中生有或夸大其词地恭维与奉承,否则就会背离"诚实守信"的服务宗旨,让顾客感觉是在蒙人、骗人,从而让对方感到反感,进而失去一位好顾客,严重时会对商场的形象造成不好的影响,这对企业的发展是非常不利的。所以,赞美要实事求是,要真诚,要恰到好处,让顾客充分感觉到你的诚意。

营业人员要注意服务语言的技巧。俗话说:"话有三说,巧者为妙"。一名优秀的柜台营业员在为顾客提供服务的过程中,要懂得讲究语言艺术,努力使自己表达的意思完整准确,不可出现歧义,避免不必要的误会。对不同的顾客要使用不同的措辞,尽量做到准确、规范,比如,给顾客包扎东西,应说"我给您包起来"而不是"我给您捆一下",同时语言应尽量委婉,并恰当的运用褒语,从而解决各种难题,顺利地促成交易。营业员在服务过程中应做到"六不讲",即低级庸俗话不讲,生硬唐突话不讲,讽刺挖苦话不讲,有损顾客人格话不讲,伤害顾客自尊的话不讲,欺瞒哄骗顾客的话不讲。

2. 实事求是,当好参谋

顾客是商场的衣食父母,要深刻认识到每位顾客都是我们的"上帝",没有顾客,商场就无立足之本,而营业员更无存身之地。

(1) 营业员为顾客服务要站在顾客的角度,为其利益着想,当好导购。当向顾客介绍商品时,营业员要简洁明了地表达,实事求是,有一说一,切忌欺瞒顾客。遇到比较急躁或者提问题较多的顾客,营业员一定要有耐心,要为顾客解释清楚每一个问题,不要支支吾吾,或说"不清楚"、"不知道"、"不了解"等话语,给顾客一种不信任的感觉。为顾客导购时,有两种情况:一是主动导购,指当导购人员发现顾客有导购需要时,在征得对方同意后,为其服务的一种方式;另一种是应邀导购,指的是顾客主动需要服务员的帮助而由导购人员为其服务的一种方式。它多适用于顾客较多时,具有针对性强,易于双向沟通等优点。一般来说,作为一名优秀的商场导购员应具有如下礼仪素质:整洁的仪容仪表;真诚自然的微笑;饱满的工作热情;良好的人际关系,高尚的人格品质;爱岗敬业,业务熟练;积极好学,有创新能力;沟通能力强,有随机处理事件的能力。

(2) 为顾客当参谋时,要以顾客的爱好、审美为前提,礼貌地征求顾客的意见,做到点到为止,如"您看这件怎么样"。切忌进行过度的产品推介,商品是否时尚,价格是否公道,顾客对此是心明眼亮的,过度的推介反而会使顾客产生反感。同时不要使顾客勉为其难,更不要将自己的兴趣、爱好强加于顾客,如"我看这件衣服很好,你就买了吧,否则,过了这村就没这店了",给人一种强买强卖的感觉,使顾客产生反感,对商场和服务人员留下不好的印象。

(3) 营业员在为顾客介绍商品时,要运用全面的商品知识,介绍到位,因为有时营业员给出的专业性建议能大大增强顾客的购买信心和欲望。市场调查表明,影响顾客购买商品的因素通常有5个:即诚实服务、信誉服务、情感服务、形象服务、价值服务。

① 营业员要诚实服务。在现代社会里,服务人员的诚实与否,是深受顾客重视的。爱屋及乌,如果营业人员的服务态度不真诚,顾客会认为商场的商品质量也不会怎样;如果对顾客诚实无欺,则必为顾客所信任,使之更加放心地进行交易,甚至会成为"商场常客"。

② 营业员要讲信誉服务。主要是要求营业员在为顾客服务时,必须遵诺守信,说到做到,说话算数,实事求是地对待顾客。

③ 营业员要运用情感服务。以情感服务,来感动顾客,满足顾客的心理需要。

④ 营业员要注意形象服务。以形象服务,就是要求营业员面对顾客时,要树立良好的个人整体形象。

⑤ 要以价值服务影响顾客。一方面,要注重商品、服务的价值。另一方面,要注重价格。商品的价格是价值的表现形式,要运用合理的价格来影响顾客的购买欲望。

此外,营业员还要会运用"FABE"的服务方式,其中,"F(Feature)"指商品的特征,"A(Advantage)"指商品的优点,"B(Benefit)"指顾客的利益,"E(Evidence)"

指可资证明的证据。要求营业员要懂得商品的有关专业知识和服务技能，给顾客一种放心购买的感觉和不会上当受骗的良好感受，从而进一步树立商场的优质服务形象。

3. 有问必答，百问不厌

（1）营业员在服务时既是销售人员又是顾客的咨询人员，对顾客提出的问题，营业员要认真解答，不能模棱两可，更不能对顾客所问的问题充耳不闻。在回答顾客问题时，要简洁明了。无论顾客提出什么样的问题，服务员都要礼貌地予以答复，不能露出厌烦或不屑一顾的表情，更不能用"别乱动，你赔得起吗"，"买不起，就别浪费时间"等服务忌语来讽刺、挖苦顾客。

（2）营业员给顾客递送商品时服务动作要迅速敏捷，符合规范。当顾客指出所要商品时，应迅速取出并礼貌地递到顾客手中，并说："这是您要的商品，请核对。"并耐心等待客人的回应，不要扔、抛商品，给顾客一种不被尊重的感觉，从而引起误会。当顾客反复挑选商品时，营业员要耐心服务，不要表现出厌烦情绪或厌烦的话语，应说："没关系，如不满意我再给您换一件。"直到顾客满意为止。如果顾客选不到满意的商品，应说："非常抱歉，欢迎下次光顾。"

4. 善解人意，"零干扰"

营业员要采用"零干扰"式服务，即营业员对顾客既表现得热情、周到、体贴、友善，同时又能够善解人意，给顾客充分的自由，不使顾客在享受服务的过程中，受到营业员无意的打搅、骚扰或者影响。这就要求营业员要善于观察，比如，对刚刚进门，神态悠闲的客人不要直接征询，紧紧地追问客人"您想买点什么？"或"这个怎么样？"等干扰性话语，让未定主意的顾客为难或产生反感的情绪。有些营业员甚至未经顾客要求，便一相情愿地将自己正在销售的商品硬塞到顾客手中，请对方"看一下"、"试一试"。实际上，这是一种强加于人的不负责任的表现。此时应给顾客充分的时间慢慢观察和欣赏，从而确定是否有需要购买的商品。

对于正在选购商品的顾客，营业员不要瞪大眼睛有意识地盯着对方，制造紧张气氛；也不要亦步亦趋，紧跟顾客其后，像看贼一样。总之，不要热情过度，以免引起顾客的反感情绪。

5. 唱收唱付，递交钱款

对于买完商品来收银台结账的顾客，收银员接过钱时，要唱收唱付，比如要说："您好，收您一百，找您二十。"如果一时无法找给顾客零钱，要以"困难留给自己，方便让给顾客"的原则处理问题，切不可说一句"找不开"，把难题推给顾客，或拒收零钱，让顾客得不到应有的尊重。

收款时如果发现假币应向客人和蔼说明，不要斥责客人，或与其发生争吵；如果客人的要求非常苛刻，营业员同样要感谢顾客的建议与批评。顾客选购商品过程中，可能因某种原因，在计价收款后临时反悔，营业员要一如初始，尊重顾客的意愿，在不违背商场规章的前提下，尽量方便和满足顾客要求。

第六章 服务礼仪

四、恭送顾客的礼仪

如果说"来有迎声"是对光临商场顾客的温馨问候，那么"去有送声"则是对惠顾商场顾客的诚意感谢，对此，营业员一定要做到善始善终。当顾客离开柜台时，不管是否购物都应点头致意，微笑送别。并致道别语，如"欢迎您下次再来"、"谢谢您的惠顾"、"您慢走"、"请您走好"等。

对于临近下班前光临商场的顾客，营业员也要耐心接待，不可流露出不耐烦的"逐客"之意，更不应作出关灯、拉帘、理货、对账等明显的"逐客"行为。

小知识 6-1　　　　　　　收银员的职责

一、主动、热情、周到的优质服务。

1. 对顾客有礼貌，欢迎顾客光临运用礼貌用语。例如："您好"、"欢迎光临"、"谢谢您"。
2. 顾客离开时要帮助顾客将商品装入购物袋内并运用礼貌用语。例如："欢迎再次光临"、"谢谢"、"请您走好"、"您慢走"。
3. 装袋时避免不是同一位顾客的商品放在同一购物袋中的现象。
4. 提醒顾客带走所有购买的商品，防止遗忘在收银台上。
5. 保持收银台时刻整洁干净，禁止在收银机键盘及其他部位放置曲别针、大头针、票据等物品，收银员在关闭钱箱时应轻轻推合，不许用力过猛。

二、结算时必须唱收唱付。

即收顾客钱款时，要唱票"您的商品多少钱"，"收您多少钱"。找零钱时唱票，"找您多少钱"。然后将钱和小票用双手一起交给顾客，不要将钱扔或抛给顾客。

三、为顾客提供购物袋。

食品、非食品分开，生熟分开放置。例如：硬重的放在底层，易碎品，膨化食品放在最上方，冷冻品，豆制品等容易出水的商品单独装袋放置，以方便顾客提拿。

四、具备处理突发事件的能力。

作为一名合格的收银员应具备处理突发事件的能力。如：真伪钞的鉴别、商品条形编码的识别等。当然，对于各类信用卡、磁卡的刷卡消费，收银员也应该熟练掌握。

第二节　酒店服务礼仪

酒店，又叫饭店，是指规模较大、设备较好、档次较高的，旨在为客户提供饮食起居、娱乐及购物等综合服务的场所。具体包括前厅服务、客房服务和餐厅服务。

一、前厅服务礼仪

前厅即前台，它担负着协调酒店所有对客人服务部门的重任。前厅服务人员是客人进住酒店最先接触到的酒店服务人员。客人对酒店形成的第一印象和最终印象往往就是通过前厅这一部门服务人员所提供的服务形成的。前厅部的职责很多，这里主要介绍一下前厅部在对客服务中最重要的几个环节所应具备的礼仪服务。

1. 迎宾员礼仪

（1）迎宾员的着装与仪态。迎宾服务是酒店服务的第一个环节，迎宾员是酒店的"脸面"。迎宾员的举止谈吐、仪表着装、服务态度等影响着客人对酒店的印象，体现了酒店全体员工的精神面貌，代表着酒店的整体管理水平和服务水平。因此，迎宾员的着装与仪态应具备以下要求：

首先，迎宾员工作时要化淡妆，体现出端庄大方、气质高雅的良好形象。切忌男迎宾员衣冠不整、蓬头垢面，女迎宾员浓妆艳抹，着装怪异，令客人侧目。

其次，迎宾员在工作时应统一着装、规范、整洁。

最后，迎宾员要仪态优雅大方，站立要挺直，不要含胸、驼背、双手叉腰、倚靠他物。女迎宾员走路时应飘逸、轻盈；男迎宾走路时应稳重、雄健，表情自然友善，面带微笑。

（2）对步行而至的宾客的迎接礼仪。宾客到来时，迎宾员要用心运用"接一、顾二、招呼三"的服务规范。首先，迎宾员要主动上前亲切地问候。如对初次入住的客人应热情致意："您好，欢迎光临×××酒店"；对常住客人更应礼貌问候："您回来了，请进"。其次，迎宾员要运用标准的手势为客人进行服务。如用手示意客人进入酒店；非自动门或旋转门，则要为客人打开正门；如客人行李较多，迎宾员应立即招呼行李员帮忙为客人搬运行李，并注意轻拿轻放。凡遇老、弱、病、残、孕、幼的客人，经客人允许进行搀扶，倍加关心，切不可袖手旁观，不理睬客人的到来，甚至给客人白眼，冷漠对待客人。

 小故事 6-1　　　　　　　诚恳化解火气

一天，某饭店前厅部迎宾员正在岗位值班，一位住店客人在急匆匆经过自动门时，不慎被门卡了一下。这位女士大发雷霆，迎宾员实在是觉得委屈，但是为了顾全大局，加上平时修养的结果，还是克制住了自己。他关切地问那位女士："请问挤得严重吗？真对不起，刚才怪我没有向您提示一下注意防挤。"诚恳的神态，关切的询问，化解了那位女士的火气。

（3）对乘车宾客的迎接礼仪。当宾客车辆停在酒店正门时，迎宾员应主动走向前并微笑致意，用敬语向客人打招呼，帮助客人开启车门迎接客人下车。一般先开启右侧车门，并用手挡住车门上方，以免客人碰头。但是应当注意，凡是信仰佛教、伊斯兰教的客人，因教规、习俗原因，不能为其护顶。判断这两类客人的依据，主要靠观察客人的着装、言行举止、外貌以及积累的工作经验等。如一时难以判断，则可将手抬起而不护顶，但应做好防范的准备。对老、幼、病、残及女客人下车，征得同意后予以必要的扶助，上下台阶时应注意提醒并适当搀扶。如遇雨天还要为客人主动打伞，以防客人被雨淋湿。

（4）对团体宾客到来时的迎接礼仪。对入住酒店的团体宾客，迎宾员更要注意工作的礼仪规范。接待团体宾客时，应连续向宾客面带微笑地点头致意并躬身施礼。应使每一位宾客都能听到问候语，问候时要目光注视宾客，不要东张西望或注意力不集中。如遇宾客点头致意，要及时鞠躬还礼。

（5）对离店宾客的送别礼仪。客人离店时，迎宾员首先应主动上前问候，并提醒客人将个人物品携带好，不要遗漏。其次，经客人允许为其叫车，车停稳后替客人打开车门并请客人上车。如果客人有行李应主动协助行李员把行李装到车上，并核对行李件数，待客人事毕上车坐好后再关车门，关车门时不可用力过猛，并防止夹住客人手脚。车辆开动时，迎宾员应躬身立正，站在车的斜前方约 1 米处，上身前倾 15 度，双眼平视客人，举手致意并致道别敬语："再见，祝您一路平安"、"谢谢您的光临"、"欢迎您再来"。

2. 行李员礼仪

行李员按站立服务的规范要求，立于大厅中便于看到客人的位置。客人抵店时，首先，行李员应向客人微笑点头致意以示欢迎，然后帮客人小心卸下行李、清点行李件数并检查有无破损，请客人核实。其次，引导、协助客人办理相关入住手续。客人在总台办理手续时，行李员应站立于客人身后约 1.5m 处，看管行李并随时听候吩咐。待客人办妥手续后，引领客人到所住房间。最后，行李员在引领客人去房间时，要走在离客人二三步远的斜前方，遇拐弯时，应慢步侧身回头微笑示意，并提醒客人。

（1）引领客人进出电梯的礼仪。乘电梯时，行李员要注意位次礼仪。首先，行李员应一手按住电梯门，请客人先进入。其次，进电梯后行李员应靠近控制台站立并操纵电梯。再次，出电梯时，要让客人先行走出。切忌与客人抢行，拥挤客人，使客人发生危险。

（2）引领客人进房间的礼仪。进房间前，首先，行李员应请客人稍候，然后先按门铃，再敲门，房内无人再用钥匙开门。其次，开门后打开灯的总开关，并将钥匙交还客人。请客人先进入，并按客人吩咐把行李放好，切记对行李要轻拿轻放，不得摔、碰，行李要请客人清点确认，以免出现差错。最后，简单向客人介绍房间的设施设备和正确的使用方法。服务完毕后应征询客人是否还有其他吩咐，如没有，则向客人告别，祝客人愉快，退出房间，轻关房门。

（3）送别客人离店时的礼仪。送客人离店时，提醒客人交回房间钥匙，应再次请客人清点核实行李件数，然后将其装上车。最后向客人道谢，并祝客人旅途愉快。

 小知识 6-2　　　　　　客人给小费时怎么办

按西方礼仪要求，行李员为客人服务时，会得到客人的小费。但中国的客人按传统礼仪规范，有时并不给行李员小费。所以当行李员得到小费后，应向客人道谢，并礼貌离开，切记不要当着客人的面数小费，更不要挑三拣四。当客人不给小费时，也要尊重客人，切忌向客人伸手索要小费或露出不屑的神情，影响酒店的整体形象。

3. 总台服务礼仪

总台是酒店的中枢，起着对内协调、对外联络的重要作用。总台服务质量的好坏在很大程度上影响着客人对酒店的满意程度，为此，总台服务员在工作中应做好以下几方面的礼仪服务。

（1）接待问讯的礼仪。酒店总台服务员在服务岗位上，要做到耐心、准确。首先，在服务时要按规范的站姿站立服务，着装整洁，精神饱满，举止大方，彬彬有礼。其次，当客人到达总台时，服务员应当放下手头工作，热情接待来宾，如果特别忙碌，应请客人稍候，并致歉。

（2）答复问讯的礼仪。对于客人提出的各种问题，酒店总台服务员要全神贯注地倾听并耐心回答，百问不厌、口齿清楚、用词恰当、简明扼要；对自己不确定的问题，不可不懂装懂，切忌用"也许"、"大概"、"可能"、"差不多"等模糊语言应付客人。应向客人表示歉意后迅速查阅相关资料或向他人请教，政策性的问题向主管领导请示，然后答复客人；当客人犹豫不决时，服务员可应客人要求，热心为其提供信息，当好参谋，但应注意只能当参谋，不应参与决策，更不能干涉客人的私生活。

（3）接待住宿的礼仪。首先，服务员对每一位来店宾客，都要热情问候。如"你好，欢迎光临"、"您好，请问您预定过房间吗？"其次，为客人办理入住手续时，应做到准确、耐心、快捷。核对客人证件时，应"请"字当头，"谢"字收尾。如向客人询问时应用"对不起，请问……"态度要温和且有礼貌。如需让客人登记或办理其他手续时，应用"麻烦您，请您……"，当需要打断客人的谈话时，应用"不好意思，打扰一下……"等。要注意语气和缓，音量要轻。对客人所提供的帮助和支持，均应表示感谢，说"谢谢"或"非常感谢"。无论客人等候时间长短，均应向客人表示歉意"让您久等了"，并双手递还客人证件并予以感谢。最后，服务员将钥匙递给客人时，态度要热情，并伴之以简单的礼貌用语，切忌将钥匙不做声地扔给客人。

此外，服务员在接受房间预订时应详细询问客人抵离店日期、时间、所需房间数量及种类、对楼层朝向的具体要求、并向客人说明不同房型的价格及收费方式、团队订房的优惠办法，以及确认、修改、取消预定的方法。对宾客的要求要尽量满足，如无法满足应致歉并提出可行的建议，切忌以"不行"或"没有"回绝客人。

（4）处理客人投诉时的礼仪。对待客人投诉，总台服务员尤其要慎重对待，不要因此影响酒店的形象。首先，服务员应保持冷静，以谦虚的态度感染客人，当客人来总服务台投诉时，应起身热情接待，请客人就座。如果客人执意不坐，接待人员也不要坐。其次，精力集中，耐心倾听，并适时给予安慰。对客人的投诉要以慎重、富有同情心的态度仔细倾听，对投诉所反映的问题要仔细询问，当面记录，以示郑重。最后，合理解决投诉问题，尽量让客人满意。必要时可以找相关负责人出面解决，以示对客人的尊重。如果当场能够解决的，就不要含糊其辞或有意拖延。应在自己的职权范围内，提供解决问题的有效办法，供客人选择。如果一时难以解决或超越了自己的职权范围，也不要扯皮推诿，应向客人说明情况，取得客人的谅解，同时积极采取措施，向主管汇报或通知有关部门及时予以解决。总之，对客人的任何意见和投诉，均应采取积极的态度，给予明确合理的答复。对客人提出的善意批评、合理建议和可以理解的投诉应表示诚意的感谢。无论何种原因都不应和客人争执，做到原则问题不放弃立场，但要注意语言的艺术性，尽量维护客人的自尊，同时又要维护酒店的形象和声誉。

 小故事6-2　　　　　　　　处 理 投 诉

某饭店一位住店的美国客人，在大厅一侧的酒吧里买了一瓶果汁，当时就对着瓶口痛饮起来。不料突然喝到一块玻璃碴，于是他在不满中连声叫着服务员，但因酒吧正值客人较多，服务员一时无法抽身，只得请这位美国客人稍候。这位客人的火气更大了，拿着剩余的半瓶果汁和玻璃碴来到总服务台，火气十足地说道："小姐，贵饭店是出售果汁呢，还是要出售置人于死地的武器呢？"总服务台接待人员富有经验，她明白，事已至此，凭简单的道歉已无济于事了，于是，她关切而又焦急地说道："哎呀，先生，喉咙和舌头受伤没有？"话一出口，就让人感到了真诚的关注。当客人表示尚未受到伤害时，接待人员露出欣喜："先生，您真幸运，要是个粗心的人，那麻烦可就大了。"无形中，客人开始为自己有运气并且办事细致而有些安慰了。"这种事情还从来没有发生过,不巧让您碰上了,让您受惊了,真对不起。"不失时机的解释和道歉,终于使紧张的气氛开始缓和了。这一番有礼、有节的话语,使客人的情绪基本平静了。客人也想到果汁不是饭店生产的,一味责怪饭店似乎也有失公允。于是便对接待人员讲起商品质量好坏对于厂家信誉的重要性,建议接待人员向生产果汁的厂家反映质量问题。接待人员满口答应,并当场记录下来,事后,还将准备给生产厂家邮寄的信、果汁瓶和玻璃碴等专门让那位客人过目。一场可能刮起的风波平息了,客人感到十分满意。

(5) 电话总机服务礼仪。电话总机服务员,是酒店的窗口人员,要注意接打电话的行为礼仪。第一,凡有来电应在铃响三声之内接洽。第二,服务员应用语文明规范、吐字清晰、语言亲切、音量适中。美国一家最大的电话公司——贝尔电话公司就要求自己的总机话务员要"带着微笑的声音去接电话",同时,服务员还应具备非常强的责任感、爱岗敬业、业务熟练,能为客人提供热情、快捷、高效地服务。第三,要注意聆听客人讲话,不可随意打断对方,重要话语应加以重复、附和,并作出积极反馈。第四,对语言表达不畅的客人要有耐心。第五,对待客人留言应主动及时做好记录;对于来电查询的客人,应热情相待;对于拨错号的客人,同样应以礼相待,而不应恶语相加;对于接转电话应准确无误。

二、客房服务礼仪

酒店的客房部是以出租房间并提供劳务的方式给客人住宿的场所提供服务。客房是客人在酒店里停留时间最长的地方,应使客人有"宾至如归"的感觉,处处感到安全、舒适、清洁、安静。而把客房建成"客人的家"也一直是酒店追求的目标。能否把客房建的像家一样,在酒店中有着重要作用。因为客房部的服务与管理将直接影响和左右饭店的运行与管理。

客房服务是酒店服务质量的重要标志,纽约广场饭店的总经理曾说:"影响客人是否再次光临酒店的第一因素就是该酒店的清洁卫生状况。客人在酒店的主要生活区域是客房,客房服务工作的好坏、服务质量的高低将直接影响客人对酒店的总体评价和看法"。所以,客房卫生应做到"六无",即无虫害、无灰尘、无碎屑、无水迹、无锈蚀、无异味。

1. 迎客前的准备工作

这是客房服务的第一个环节,是为其他几个环节的工作顺利进行,准备物质条件的基础环节。主要包括以下几个内容:

(1) 了解情况。了解客人情况,是正确地进行准备工作的依据。客房部在接到前厅总台的客人开房通知单后,应尽可能地了解客人的有关情况,比如人数、性别、年龄、国籍、身份、到离店时间、收费办法、风俗习惯、宗教信仰、日程安排等。

(2) 整理房间。根据接待规格、客人的生活特点,对客房进行针对性的布置整理,调整房内设备设施、配齐房内各种用品。

(3) 检查设备设施和用品。房间整理布置后,要进行一次细致地检查,查看房内电器设备是否正常运行;房内设施是否完好;家具是否完好无损;物品是否补充齐全并按规定位置摆放;卫生是否达到标准等。

2. 迎接礼仪

服务员在做好各项准备工作后要注意对自身的仪容仪表进行整理,以饱满端庄的精神面貌迎接客人的到来。

（1）梯口迎宾。对于一般客人，服务员可以不出服务台，待客人到达楼层服务台时，面带微笑，主动向客人问候并致欢迎词："您好，欢迎您入住×××酒店"，之后，引领客人到房间，对老、弱、病、残、孕、幼等宾客应主动予以关心帮助。

（2）端茶送巾、介绍情况。客人进入房间后，服务员应及时送上茶水、香巾、或时令水果，同时向客人作自我介绍并表示"很高兴为您服务"，经客人同意，可简单向其介绍房间的设施设备和正确的使用方法。并把酒店的餐厅、咖啡厅、商务中心、娱乐中心等位置、工作时间简要介绍给客人。服务完毕后应征询客人是否还有其他需要，如没有，则向客人礼貌告别，不要逗留，退出房间时应先退两步再转身走出房间，轻轻将门关上。

3. 清扫房间的礼仪

（1）进入客房时的礼仪。服务员进客人房间前要先敲门，经客人准许才可进入；若客人不在，应事前与客人说明缘由，才可开门进入。敲门的方法是：用食指、中指关节的力量敲门，力量应适中，缓慢而有节奏地叩两到三下，切忌将门铃按住不放或大声敲门。进入后若客人在，要先主动问候，以示"打扰了"；若客人不在房间，不要乱动客人的个人物品，工作完随即离开，保留客人原来房间的样子。

（2）客房清扫的操作规范。客房服务员要按照客人接待规格和酒店的规定整理房间，打扫时须开门进行。要注意"三轻"。第一，走路要轻。为了不打扰客人，客房服务员在清扫房间时，应走路轻稳，最好穿布鞋，切忌大声走路或跑步、踩脚。第二，说话要轻。服务员在工作过程中应轻声轻语，音量控制在对方能听清为宜。不可大声叫喊，以免影响客人休息或对外造成素质低下的不良影响。第三，操作要轻。清扫房间和整理房间时注意动作的幅度，搬运物品时轻拿轻放。客人的物品清扫后应放归原处。

（3）客房清扫时的注意事项。为表示对客人的尊重，切忌未经允许随便丢弃客人物品。如：女士用的化妆品，只需稍加整理，不要随便挪动位置，即使化妆品用完了，也不可擅自将空瓶或纸盒扔掉；对客人的文件、杂志、书报、画册、包括纸条等小物品，只需稍加整理，不得乱动、不准随意翻阅、不要弄错位置；不要随便触摸客人的照相机、计算器、笔记本、钱包之类的物品，以免引起不必要的麻烦；不能擅自接听客人房间的电话；不得拿取客人的食品品尝；不可借整理房间之机看电视等等。

清扫客房时，如果万一不小心损坏了客人的物品，服务员应主动如实向主管汇报，并主动向客人赔礼道歉。如果是贵重物品，应由主管陪同前往，征求客人意见，若对方要求赔偿，则应根据具体情况，予以赔偿。

 小故事6-3　　　　　　　　洗发液风波

一天晚上，一位30岁左右、服饰讲究的香港女客人，面带怒色地来到酒店大堂副理处投诉说："先生，我刚才回房，发现我带来放在卫生间洗脸台上的护发液不见了，肯定是让服务员给扔掉了。"副理一边请她坐下，一边说："对不起小姐，给您添麻烦了，那么您是否可以用本店提供的洗发液呢？""不行啊，多年来我一直喜欢用这种法国名牌护发素，所以外出旅行我都带着它，其他洗发液我不习惯用。"客人一口回绝，毫无商量的余地。副理为了打破僵局，提议是否到客房现场去看看。"好吧。"客人说着，随即站了起来。

副理跟随香港女客人一起来到客房的卫生间，只见洗脸台右角上整齐地摆放着客人的盥洗用品和化妆用品，只是少了护发液。副理将服务员小张找来，问其是否见过客人的护发液，小张说是她处理掉的，因为她从那半透明的瓶子里看到瓶底只剩一点点了，心想，反正饭店提供四星级的高级洗发液，这一点点估计客人也不会用了，在整理卫生间时，就顺手将它处理掉了。客人表示，恰恰是这瓶底最后的一点点她留着今天最后一晚用，明天一早就回香港了。

4. 在酒店遇见客人时的礼仪

在酒店，客房服务员均应向遇见的客人主动问候，点头致意，遇到认识的老客户有时还要招手致意，热情寒暄。一般情况，服务员在楼道里应沿着墙边走，如遇客人迎面到来，应放慢行走速度，在距离客人两、三米处停止、站立，向客人微笑问好。切忌与客人抢行或从谈话的客人中间插过。如有急事必须超过，不可跑步，可急行几步超过并表示歉意，道声"对不起"。如手持重物或推手推车，需要客人让行时，应礼貌说明并致歉。

5. 安全防范，为客人保密

客人入住酒店后，酒店应全方位地尽量满足客人，并为客人提供高质量的服务。安全保密工作也不例外，服务员在工作中安全防范意识要强。其一，在客人个人人身安全方面要注意防范。其二，在面对没有证实而要求进入客人房间的客人时，服务员不可将客房钥匙随便交给他人。注意保守客人秘密，不要将客人情况告诉无关人员，不要将不认识的来访者未经客人允许带入客人房间。

6. 提高警惕，防止意外

在酒店，服务员应对待客人比对待家人还要细心周到。为防止意外发生，比如酒店服务员对醉酒的客人要特别照顾，可以帮助客人回房间或提供一杯醒酒的饮品；患病客人或个别超过起床时间仍无动静者，必须小心谨慎；发现客房内有从事非法活动或大声争吵等不正常情况应立即报告主管人员，以提高警惕，保护客人利益。

7. 送客礼仪

酒店服务员应提前了解客人进店的时间及所乘交通工具的种类。首先，要做好客人离店准备。客人离店前问清客人是否需要提前用餐，而对于早晨离店的客人是否需叫醒服务等。其次，帮助客人办理离店的有关手续，叮嘱客人个人物品是否携带齐全。最后，客人离开楼层时，帮助提拿行李，服务员要送至电梯口，礼貌地说："欢迎您再次光临"、"祝您旅途愉快"等。

从上述可知，酒店的客房日常服务量较大，涉及面广，变化性多，综合性强。一些具有良好声誉的酒店一般都要做好"八字"——迎、问、勤、洁、灵、静、听、送；"五声"——迎送声、告别声、致谢声、道歉声、慰问声；"五个服务"——主动服务、站立服务、微笑服务、敬语服务、灵活服务；"礼貌十一字"——您、您好、请、谢谢、对不起、再见等规范性服务。总之，客房服务质量的好坏，取决于服务员的素质、经验及礼貌程度，因此，作为酒店"软件"的服务员，应不断提高自己的业务水平和服务能力，并且不断提高自己的工作主动性和积极性，只有这样才能为客人提供主动、热情、周到、细致的优质服务，也才能适应飞速发展的社会需求。

小知识 6-3　　　　　　如何处理突发事件

1. 客人将物品遗忘在房间时怎么办

客人走后，客房服务员应迅速进入客房，检查客房。如果有客人遗忘的物品立即派人追送。如送不到，应详细记录物品的名称、数量、质量及自己的姓名和遗忘物一起交总台登记保管，待客人回来认领。

2. 客人住店期间突患疾病怎么办

服务员得知客人患病后，应沉着冷静，作如下处理：

发现客人患病，服务员要表示关怀及乐意帮助；服务员不要随意翻动客人或私自拿药给客人吃；服务员应询问客人病情，是否看医生；对于重病、急病，服务员要报告主管领导，并尽快联系医院组织抢救；病人住院期间，应及时通知其家属；对客人住过的客房要严格消毒。

3. 服务员清扫房间时，客人回来了怎么办

服务员应主动向客人打招呼，征求客人意见是否继续打扫；在客人允许的情况下，才可打扫，否则，应停止清扫退出房间，待客人外出时继续清扫；如客人同意清扫，应迅速清理，离开房间时对客人表示歉意，如"对不起，打扰您了"并随手把门关上。

三、餐厅服务礼仪

餐厅是酒店宾客就餐的主要场所，是酒店的重要服务部门。餐厅不仅仅是客人就餐的场所，也是客人进行人际交往的重要场所之一。因此，餐厅服务人员不仅要全面掌握所在岗位的业务技能，同时又必须全面了解并遵守服务中的各项礼仪规范，在服务中做到热情、亲切、周到、细致又富有人情味，以优质的服务塑造酒店的良好形象。

1. 餐前准备礼仪

为了能够为宾客提供整洁幽雅的就餐环境和热情周到的服务，在宾客到来前，服务员应做好充分的准备工作。

（1）服务员的仪容仪表礼仪。由于服务员在工作中一直与餐具、食品接触，所以个人卫生十分重要。餐厅服务员应养成良好的个人卫生习惯，勤洗澡、勤理发、勤修剪指甲；上岗前不要食用诸如韭菜、大葱、大蒜等带有强烈刺激性气味的食品；在饮食区内禁止吸烟、嚼口香糖、补妆；上岗时，工装应整洁干净，无油污和破损，头发应清洁，发型大方得体；女服务员应淡妆上岗，不得佩戴夸张的手镯、耳环等饰品，不留长指甲和涂抹指甲油。

（2）就餐用具的清洁整理礼仪。餐厅服务员一到岗位，就应尽快进入服务员的角色，把餐厅的地面、椅子、桌子、布件、餐具等予以认真清洁和布置整理，从而达到清洁、美观、整齐、完备无缺。

2. 迎宾礼仪

迎接宾客时，领位员应按规范站姿站于餐厅门口或餐厅内便于环顾四周的位置，当宾客进入餐厅，领位员应主动上前并热情问候，如"您好"、"欢迎您来用餐"。不能因忙碌而对宾客熟视无睹，对于来用餐的年老体弱的宾客，要主动上前照顾或搀扶。如果客人

有衣帽或雨伞等物，应主动接过并征得客人同意后放好。

服务员在为客人引座时，应遵循"迎客走在前、送客走在后、客过要让路、同行不抢道"的基本原则。

（1）引座时的操作规范。引客入座时，应热情招呼宾客，"请跟我来"、"您请这边走"，同时伴之以规范的引领手势，即手臂自然弯曲，手指并拢，掌心斜向上方，以肘关节为轴，指向目标，动作幅度不要过大，切忌用一个手指指指点点。引领宾客行走时，服务员应走在宾客的左前方约1米处并不时回头示意宾客，根据客人的人数和意愿，安排恰当的座位。同时，应为客人拉椅让座。

（2）因人而异的引座技巧。服务员在为客人引座时，应注意因人而异，一般遵循"尊重客人，方便客人，为客人着想的原则"，比如：对于年老体弱的宾客，应尽量安排在行走路线较短，出入比较方便且较安静的位置；对于商务人员或情侣来用餐，宜引领到餐厅内环境优雅安静的位置；对于衣着华丽的贵宾，要把他们安排到本餐厅最好的位置；对于带小孩的客人宜安排在靠近墙等不易下位乱跑的位置；对于个人用餐者可安排在靠近窗边的位置。

3. 餐前服务礼仪

（1）斟茶、递巾礼仪。将客人引领到合适位置后，服务员应为宾客斟茶、递毛巾。斟茶时，不要将水倒得太满，以免外溢，约占水杯的3/4即可；斟茶时不可碰到嘴唇所接触的杯口部分，茶杯的杯把要转到客人右手顺手可握的角度；应从客人的右边斟茶，并且应先给主宾或女宾倒水。分发香巾时，要将香巾放在小碟内，用夹钳递给宾客，并礼貌地轻声招呼宾客"请用香巾"。

（2）恭请点菜礼仪。为客人斟茶递巾后，服务员要及时递送干净、无污渍的菜单，恭请客人点菜，递送时应从客人座位左侧双手递上，态度要恭敬，一般先给主宾、女宾或长者。呈上菜单后，服务员不要催促，应离开一会儿，让客人从容选择至少5分钟后再回桌边礼貌地询问客人所点菜肴是否确定，然后认真记录菜名，等记录完毕服务员应对每一道菜向客人复述一遍，以免听错、记错。如果客人对酒店菜肴不熟悉，服务员也可适时地根据客人的性别、年龄、大致身份、籍贯、客人人数、季节等具体情况主动为客人推荐菜肴，如可向客人推荐本酒店的招牌菜、特色菜、美味时令菜，但是切忌勉强或硬性推荐，更不要一味推荐高价菜肴，以免引起客人的反感。

4. 用餐服务礼仪

（1）斟酒礼仪。服务员在为客人斟酒时，应征得客人的同意。酒瓶开启前，服务员应左手托瓶底，右手扶瓶颈，商标向主人，请其辨认。斟酒时，应在客人的右边站立，手指不要触摸酒杯杯口，应先给主宾、再给主人斟酒，然后顺时针方向依次绕台斟酒。如果是两名服务员服务，应一个从主宾开始，另一个从副主宾开始，依次绕台斟酒。

（2）上菜、撤盘礼仪。客人点菜后，要保证10分钟内凉菜上桌，热菜不超过20分钟，以免客人等候时间过长，产生不满情绪。

传菜、取菜时用托盘，做到走路要轻，保持身体平衡，端平走稳，保证菜及汤汁不洒、不滴。

端菜时，服务员手指不能触及盘碟上口或浸入菜、汤内，服务员左拇指要跷起，不要按着盘子的边缘，更不能将大拇指插入汤中。

上菜时，要从客人的左侧上菜，一般不要在主宾和主人之间，应在翻译、陪从之间，速度适中。每上一道菜，应介绍菜名，必要时简要介绍所上菜肴的特色掌故、食用方法、风味特点等，然后请客人品尝。

摆菜时，动作要轻，讲究艺术性，比如将荤素、干湿、色泽搭配开来，形状美观大方。切忌将菜肴胡乱地堆放到客人的餐桌上。

撤菜时，除空盘、碟外，一定要征得客人的同意后才可撤离，以免引起客人的误解。

撤菜的位置与上菜的位置相同，都是从客人的左边操作，先收银器、筷子，后收碗、勺、调味碟、水杯。切忌在客人面前刮盘子或传递污碟、盘，更不能将客人还没吃完或正在食用的菜肴撤下。

（3）席间服务礼仪。为了使客人进餐满意，在客人进餐时，服务员还要细心周到地做好席间巡视服务，对客人就餐过程中发生的事情作出及时地处理。比如及时为客人斟酒、添加饮料、催取菜肴；更换骨碟、烟灰缸及不慎弄脏的餐巾；调整音乐及空调温度等。

（4）处理客人投诉时的礼仪。俗话说"众口难调"，即使服务员的服务很规范很周到，但有时也难免百密一疏，因某种原因使客人不满意。所以，当客人投诉时，服务员一定要做到"两心，一尊"，即对待客人的投诉要耐心地倾听并诚心地给予解答，同时尊重客人的合理要求，这样有助于大事化小，小事变得更容易解决。切忌与客人动怒或争吵，因为正确的处理客人投诉，可以提高餐厅的服务质量和声誉，进一步树立酒店的良好形象。

 小故事 6-4　　　　　　　**如此服务要不得**

海南某饭店西餐厅，几位宾客进餐。当食用牛排时，盘子里一共四块牛排竟有两块根本咬不动。客人向服务员指出这种情况，当说第一遍时，服务员虽然认真听着，却没有任何语言和行动上的表示，客人以为服务员没有听清，又说了第二遍，服务员终于将菜盘端回厨房重新加工，不料送回来时情形依旧。于是客人又向服务员第三遍说起，这下服务员明显表示了不耐烦："很不幸，先生，厨房里说了，今天进来的原料都是老牛，所以难免咬不动。"当客人们表示要投诉时，那位服务员竟然说道："你们还想怎么样？告诉你们，我在家里都没这样伺候过我爸妈。你们是不是想赖账啊。"这样的态度终于激起了客人们的火气，他们不但在餐厅里吵了起来，而且客人一定要见经理投诉，以至于四周就餐的客人们纷纷站起观望，对餐厅形象影响极坏。

5. 餐后服务礼仪

（1）结账礼仪。结账服务也是餐厅服务中的重要环节，客人用餐结束后，服务员要及时呈上账单。提供结账服务时也要讲究方式，如果不看场合与服务对象的具体情况，一味机械地按照服务规范"唱收唱付"，服务效果并不一定好。比如就餐者是两位异性，结账时账单要先给男士，以尊重男士的风度；多人用餐时要礼貌问清结账的主人是谁；如果是住店客人签字，服务员要立即送上笔，并礼貌地请客人出示酒店的欢迎卡或房间钥匙；无人结账时要了解清楚是否用其他结账方式等。递送账单和所找零钱要用小托盘，不应徒手递接。

（2）送客礼仪。客人结账完毕，起身离座准备离开时，服务员要提醒客人不要遗忘所带物品，并礼貌地与客人道别："欢迎下次光临"或"请提宝贵意见"。当客人走出店门时，两旁的迎宾服务员应主动向客人致意，以示感谢客人的光临并欢迎客人再次光临，切忌不闻不问。待客人走出店门后，服务员才可以撤台、重新摆台，操作时要轻拿轻放，以免影响他人继续用餐。

总之，餐厅服务员在为客人提供服务时，应做到"眼勤、嘴勤、手勤和腿勤"。"眼勤"是指要眼观六路，耳听八方，能够根据宾客的往来、进餐程度、举止动作，判断宾客的要求，及时主动地提供服务。"嘴勤"是指对用餐宾客的要求有问必答，有呼必应，主动向宾客介绍和询问有关情况，及时应答。"手勤、脚勤"是指在自己负责的餐台前自然地走走看看，及时地为客人斟茶、撤换餐具、端送菜肴等。只有这样，才能为宾客提供主动、热情、周到细致的优质服务。

小知识 6-4　　　　　　　　餐厅服务用语

您好，欢迎您来××餐厅用餐。
请问，您预订了吗？
请问，您一共几位？
请往这边来；请跟我来；您请坐。
对不起，请问现在您可以点菜吗？
您有兴趣尝尝我们餐厅的特色菜吗？
请问，您喜欢喝什么酒？我们有……
请问，您还需要什么吗？
请问，现在可以上菜吗？
请问，现在可以结账吗？这是您的账单，请过目。
这是找您的零钱，请收好。
希望您吃的满意，请您多提宝贵意见。
谢谢，欢迎再来，再见。

第三节　导游服务礼仪

导游，即在游览过程中，对游客起着向导、讲解作用的旅行社工作人员。导游是旅行社的支柱，是与游客打交道最多的人，被称为旅游者的"指南针"。他们的言行举止会给游客很深的印象，导游员服务质量的好坏直接影响到旅行社的形象。所以，导游人员不仅要具备熟练的专业技能，更应该具备较高的接人待物、与人沟通的能力。导游服务礼仪也就是指导游服务人员在为游客提供导游服务过程中所应该遵循的礼仪规范。

一、导游服务的礼仪要求

（1）遵守时间。导游应把每天的时间安排准确地告诉客人，并及时提醒。出发前提前到达指定地点。沉着、灵活地处理突发事件，耐心向客人解释，以取得对方的谅解和协助。

（2）了解并尊重客人的宗教信仰和风俗习惯，尊长爱幼、助残扶弱。

（3）客人转移酒店时，应提醒客人携带好个人物品，不要遗漏。

（4）外出游览前，应核查好人数，上车后应致欢迎词，并注意适时地调节、活跃车内气氛；游览中，既要尊重景点所在地的陪同俗称"地陪"，又要满足客人的各项合理要求。

（5）欢送客人时，要致欢送词，并力所能及地为客人提供离开时的服务，对服务中存在的不足诚恳地向客人道歉。

（6）在整个导游服务过程中，要处理好与相关部门及人员的关系，切实保障服务各环节的顺畅。

二、导游接待服务礼仪

1. 迎客前的准备礼仪

首先，要熟悉掌握接待计划。采集旅游团游客信息，即所接待团队的人数、姓名、年龄、国籍、民族等情况；其次，了解接待的标准。对不同的旅游团体应采用不同的标准以满足游客的需求。如接待标准、住房情况、相关景点的消费标准等。最后，了解团队的游览日期和行程计划。如抵离时间、航班、车次及各接站地点和人员。

此外，对于全陪导游，不仅要熟悉景点情况，还要认真了解沿途城市的历史、地理及风土人情；对于地陪导游，则要落实接待车辆、就餐和交通购票等，同时做好接团的各项准备，如领取各种票证、导游旗、接站牌等。

2. 接站服务礼仪

首先，作为导游员应做好迎接工作，使客人倍感亲切和温暖，因此，导游员应着装规范，端庄大方得体，佩戴导游证，打社旗，提前10～30分钟到达接站地点，精神饱满地迎接旅游团的到来。其次，客人抵达后，导游要主动持接站牌上前迎接，礼貌问候并核实团队人数和行李的托运情况等。最后，在前往酒店的路上，导游应作自我介绍并介绍其他陪同的服务人员，同时还要致欢迎词并介绍沿途风光。抵达酒店前，应向游客详细介绍酒店的基本情况，如酒店的历史、地理位置、周围环境等，从而使整个团队的气氛既热烈又温馨，给客人留下深刻的印象。

3. 客人入住酒店的服务礼仪

抵达旅游目的地后，导游员要与领队协商做好游客的入住工作。主要有以下三个方面。

（1）积极协助办理入住登记。由于旅游团的人员比较多，每一位成员的生活习惯不同，所以要妥善做好其住宿工作。

首先，在办理入住登记时，导游员应积极主动地协助领队和队员做好填写住宿单和分发房号的工作。其次，导游员应协助领队控制整个团队的秩序，切忌队员互相拥挤，扰乱酒店正常的工作秩序，造成不良影响。

（2）妥善安排好游客的行李。办理完入住登记后，导游员还应协助领队及所住酒店的行李员一起把每一位游客的行李送到各自的房间，并进行核实以确保无误。导游员一定要切忌忙于其他事务而忽略了对游客的照顾，致使游客发生丢失物品或错拿错放物品的现象，使游客因发生此类事件影响旅游的情绪，进而影响旅行社的整体服务形象。

(3) 做好入住后的安全预防工作。为了能够及时预防游客入住后可能发生的突发事件，导游员应熟悉掌握游客的住房位置及房间号、安全通道等，记住领队房间号、电话号码，并告知对方自己的房间号及电话号码，以便及时联系。

4. 带客游览服务礼仪

首先，在出发前，导游应了解游客的身体情况，重申出发时间、乘车（船）地点、提醒客人带好游览时所需的物品，如照相机、摄像机、身份证以及其他随身贵重物品等。等所有游客坐稳后才可示意司机开车（船）。其次，车行途中，导游应向游客介绍一天的行程及旅游须知等内容。如果行程较长，导游则应适时地安排一些娱乐节目，比如唱歌、猜谜语、讲故事等以活跃车内气氛，调动大家的积极性和游览情绪。也可以向游客介绍沿途所见的风情景物。到达景点后，应向游客讲明停车地点、集合时间。最后，在景点途中讲解时，导游员要做到：熟知各旅游景点的典型景观以及与其相关的历史典故、逸闻趣事、民间传说，进一步增加游客的游览兴趣，对游客提出的问题给予适当的解释，讲解时，应口齿清晰、解说详细、数字或事实确凿、条理清晰、主次分明、有声有色。对于那些有特色的景观，要给游客留有摄影的时间。在返回酒店的途中，导游员要告知游客第二天的活动安排，集合时间、地点。抵达酒店后，导游员应主动与领队沟通，征询游客对导游服务的意见与建议，并协商解决游览中出现的问题。

 小故事 6-5　　　　都是"用词不当"惹的祸

1999年世博会期间，到昆明去的游客特别多，最多的一天达到8万人。有一位昆明导游这样对客人说："到我们昆明来游世博园的人特别多，可以说是人满为患……"因为用词不当，使得游客们对"人满为患"一词耿耿于怀。结果在以后的游程中导游与客人产生了不愉快的冲突。设想一下，假如当时导游员能够将"人满为患"改成"门庭若市"那么，效果将会大不相同。

5. 旅途生活、安全服务礼仪

首先，为了保证旅游的整个行程顺利、愉快地进行，导游员应和领队一起照顾好每一位游客的生活，切实安排好他们的衣食住行，及时了解游客所需，急游客所急，想游客所想。对于老、弱、病、残、幼等特殊游客进行有针对性的特殊照顾，做好与其相关的生活服务，使他们能够顺利地观光游览，愉快地度过旅途时光。其次，游客的安全工作也不容忽视，在旅途过程中，导游员应时刻注意保护游客的人身安全及财产安全。每到一处景点，导游员都应积极配合领队清点游客人数以防走失，并随时提醒游客注意携带、保管好个人的贵重物品，以免丢失。

6. 送客离店礼仪

在游客结束旅游活动前，导游应为游客预订好返回的车（船、机）票，并尽量将游客乘坐的车厢、船舱集中安排，以利于旅游团队的统一协调。在游客即将离开酒店的前一天晚上，导游应准确告知游客次日出发的时间、集合地点、并提醒游客提前整理好自己的随身行李物品。游客临行前，导游员还应亲切询问游客有无需要自己代为办理的事务，并再次提醒游客携带好自己的行李物品。火车、轮船开动或飞机起飞后，应向客人挥手致意，祝客人一路平安，使游客充分感受到自己的热情、诚恳、礼貌和修养。

小知识 6-5　　　　导游、导游员及其分类

导游，顾名思义是引导他人游览，即引路并作讲解，帮助旅游者参观游览。随着旅游业和导游工作的发展，"导游"被赋予了新的含义，即导游还应是为组织、协调旅游活动，满足旅游者"求知、求新、求奇、求乐"愿望的旅游服务工作。

导游员，是指为旅游者在旅行游览活动中提供向导、讲解服务和生活服务的人员。中国国家旅游局在《导游员职业等级标准》（1994年）中，对导游员作出了如下定义：导游员是指"运用专门知识和技能为旅游者组织、安排旅行和游览事项，提供向导、讲解和旅途服务的人员"。

导游员的工作范围广泛，工作对象众多，使用的语言各异，工作性质、接待方式也不尽相同，下面按照中国导游员的习惯称呼，从不同角度将导游员分类。

一、按等级分类：初级导游员、中级导游员、高级导游员和特级导游员

（1）初级导游员。获导游员资格证书一年后，就技能、业绩和资历对其进行考核，合格者自动成为初级导游员。

（2）中级导游员。获初级导游员资格两年以上，业绩明显，考核、考试合格者晋升为中级导游员，是旅行社的业务骨干。

（3）高级导游员。取得中级导游员资格四年以上，业绩突出、水平较高，在国内外同行和旅行商中有一定影响，考核、考试合格者晋升为高级导游员。

（4）特级导游员。取得高级导游员资格五年以上，业绩优异，有突出贡献，有高水平的科研成果，在国内外同行和旅行商中有较大影响，经考核合格者晋升为特级导游员。

二、按职业性质分类：专职导游员和兼职导游员

导游工作属自由职业，导游员为自由职业者，但就他们所从事的职业性质可分为：

（1）专职导游员。是指长期受雇于某家旅行社，为该企业正式职员的导游员，亦称"固定职业导游员"，现时他们是我国导游队伍的主体。

（2）兼职导游员。亦称"业余导游员"，是指不以导游工作为主要职业，而是利用空余时间从事导游工作的人。

三、按工作区域分类：国际导游员、全程导游员、地方导游员和定点导游员

（1）国际导游员。亦称领队、团长或随员，是指受雇于派出方旅行社，负责陪同国际旅游团的全程旅游活动并协调与接待方旅行社关系的旅游工作人员。

（2）全程导游员。在我国亦称全陪，是指由接待方旅行社委派或聘用，负责向旅游者提供境内全程导游服务的人员。

（3）地方导游员。在我国亦称地陪，是指由地方接待旅行社委派或聘用，负责为旅游者在当地游览时提供导游服务的人员。

（4）定点导游员。亦称讲解员，是指在博物馆或重要景点为旅游者导游讲解的人员。

从工作性质看，国际导游员和全程导游员不以导游讲解为主要工作，所以在西方称他们为"陪同"；地方导游员称为"导游翻译员"；博物馆的定点导游员则被称为"讲解员"或"报告员"，在西方是级别最高的导游人员。在西方大多数国家，对这三类导游人员的

培养和考试的内容及方式各不相同,对博物馆或重要景点导游员的考试极为严格。在我国,已开始培训国际导游员,将为他们另行制定培训和考试标准,颁发专门的导游证。

四、按语言分类:外语导游员、汉语普通话导游员、地方方言导游员和少数民族语言导游员

这是根据我国的特殊情况,以语言为标准,将我国的导游员分为上述四类。

第四节 本章小结

本章主要讲述了商场服务礼仪、酒店服务礼仪和导游服务礼仪,商场服务礼仪重点掌握迎接顾客的服务礼仪和接待顾客时的服务礼仪;酒店服务礼仪中,前厅部负责着整个酒店所有对客服务部门的协调,直接反映着酒店的服务质量、管理水平;客房服务员是与客人接触时间最长、交往最多的酒店基层人员,他们工作质量的优质与否,对维护酒店声誉起着重要作用;餐厅服务要体现对客人的主动、热情、周到的服务,重点掌握对客人的迎送礼仪、席间服务礼仪;导游服务主要是通过导游员的服务,树立旅行社的良好形象,体现导游服务人员的礼貌修养、高雅情操与志趣,应重点掌握迎送礼仪、旅途讲解礼仪。

【思考与练习】

1. 分析判断题
（1）客房服务员在清扫房间时,可以接听客人房间电话。
（2）客房服务员在清扫房间时,可以翻阅客人的报纸、画册等物。
（3）客房服务员在清扫房间时,可以处理客人用完的化妆品包装瓶或包装盒。
2. 情景模拟
（1）将学生分组,由学生分别扮演客人、客房服务员,模拟引领客人进入房间的礼仪。
（2）将学生分组,由学生分别扮演不同身份的客人,模拟为客人点菜的礼仪。
（3）将学生分组,由学生分别扮演游客、导游员,模拟导游以典型景观来讲解。
3. 问答题
（1）前厅迎宾员的迎客礼仪?
（2）行李员的行李服务礼仪?
（3）总台服务员的接待问讯礼仪?
（4）总台服务员的接待住宿礼仪?
（5）电话总机服务礼仪?
（6）客房服务员的迎宾礼仪?
（7）客房服务员的客房清扫礼仪?
（8）餐厅服务员的迎宾礼仪?
（9）餐厅服务员的引座、点菜礼仪?
（10）导游员迎客前的准备礼仪?
（11）导游员对客人入住酒店的服务礼仪?
（12）导游员旅途讲解礼仪?
（13）导游员送客离店礼仪?

第七章 专题活动与会议礼仪

本章提要

> 专题活动礼仪
> 会议礼仪

引　言

各种会议和庆典活动是商务、公关活动中的重要组成部分，而这些活动、会议又有特定的程序和仪式规范需要遵循，因此，职场中的工作人员了解一些组织、参加各种会议、公关专题活动的程序、礼仪是十分必要的。

第一节　专题活动礼仪

社会组织、企业经常举办庆典、仪式等礼仪隆重的专题活动，在专题活动中，主办方要邀请各方来宾，主办方对来宾的接待、安排，来宾在活动中的言行举止，庆典的程序安排等都有礼仪来规范，因此，作为公务人员，必须学习并掌握一些专题活动的礼仪知识。

庆典等仪式活动有很多，常见的有开业庆典、节日庆典、庆功典礼、竣工典礼、奠基仪式、开业仪式、签字仪式、剪彩仪式、交接仪式等，不论什么庆典仪式，都应以规模适度、仪式规范、开支合理为原则，以庆祝为中心，把场面组织得欢快、热烈而隆重。成功的庆典可以引起社会各界及公众的关注，是企业对外展示实力、强化形象、扩大影响的有效途径之一。

一、庆典的总体要求

1. 准备工作

（1）制订活动方案。要想使庆典取得圆满成功，必须有周密的活动方案。方案一般包括典礼的形式、规模、邀请范围、时间、地点、基本程序、主持人、筹备工作、经费安排等。重大庆典活动一般要报请上一级主管机关审批，一般庆典活动也要经有关领导批准，无论何种方式的庆典，都不要违背国家的相关规定。

（2）发出邀请。一旦确定庆典的时间、地点、形式，就应考虑邀请来宾。按照惯例，一般邀请上级领导、社会名流、社区关系、合作伙伴、员工代表、公众代表以及媒体记者等。要使用印刷精美的请柬，请柬要及时发出。

（3）布置会场。要根据庆典的规模、影响力及本单位的实力确定会场的地点和大小，会场太大显得冷清，太小则过于拥挤，都不合适。会场的布置要以庆典为核心突出喜庆、热烈、隆重的气氛，可以悬挂横幅、宣传标语，插彩旗，设置气球拱门，摆放鲜花，组织乐队等，还要配备好音响设备及适合播放的乐曲。总之，会场既要干净整洁，又要气氛热烈。

（4）搞好接待。庆典活动往往要邀请一些嘉宾，这就需要做好接待工作。接待工作应该由负责礼宾工作的接待小组担任。负责接待的员工应具备年轻、有一定的表达和应变能力、精力充沛、待人热情主动、形象好等特点。来宾抵达后应有专人引导至会客室或会场，对于上级领导等要员要由主办方负责人亲自迎送，对于远道来的客人还要提前安排好下榻之处，对于年事已高的客人或要员还要有专人始终陪伴、照应。接待人员还要做好来宾的招待工作，如送上茶水、水果、点心等。

2. 出席庆典人员礼仪

在出席庆典时，人们要注意自己的礼仪规范。

（1）仪容仪表整洁规范。古人在重大的活动之前往往要沐浴、斋戒，代表了对仪式活动的郑重态度。现代礼仪也要求出席庆典的人保持仪容的整洁，参加活动之前应该洗澡、剃须，必要时还要理发，保持仪容整洁。在着装方面也要注意，主办方人员若有统一制服，可以统一穿着制服。一般男士应该穿正装西装或中山套装，配黑色系带皮鞋；女士应该穿职业套裙，配长筒丝袜、黑色高跟鞋，或穿深色西服套装。

（2）遵守时间。一般庆典开始的具体时间在请柬上就已注明，时间一旦确定，就要准时开始，准时结束，不可随意拖延。因此，参加庆典的任何人员都不应迟到、无故缺席或中途退场。

（3）态度认真庄重。在庆典的整个过程中，到会人员都应该庄重、认真，全神贯注，不要到处乱转，不可与他人闲聊、打闹或做其他事情。尤其升国旗、奏国歌的程序，一定要按照礼仪要求，起立、脱帽、面向国旗行注目礼。

（4）发言简练。在庆典中往往安排主客双方发言，庆典的时间一般不太长，发言人的发言一定要简练，宁短勿长，三两分钟为宜。上下场要步态稳健，发言中要讲究礼貌，不忘问候、感谢等应有的礼仪，提及感谢对象时要目视对方，发言中应不用或少用手势。

（5）态度友善。尤其主办方对参加庆典的来宾要友好，遇到来宾要主动热情的问好，对来宾提出的问题要友善答复，对于来宾的发言要适时地热情鼓掌。

二、开业典礼

开业典礼是单位、社会组织在创建、开业或建筑正式启用之际，为表示庆贺、纪念，遵循一定的程序和规范而举行的专门仪式。

1. 开业典礼的筹备

筹备、举行开业典礼应遵循隆重、缜密、节俭的原则。并对各个环节作充分的准备，认真安排。

（1）舆论宣传。举办开业典礼的主要目的是扩大主办方的知名度、美誉度，塑造良好的组织形象，吸引社会各界对组织的关注。因此，必须选择有效的大众传媒，做集中的广告宣传，以吸引公众。这种广告的内容一般包括：开业典礼举行的日期、地点、企业的经营特色、开业时的优惠措施等内容。同时，还要邀请媒体记者光临开业仪式，进行采访报道，以进一步扩大企业的影响。

（2）邀请来宾。开业典礼的影响大小很大程度上取决于参加典礼的来宾身份的高低、人数的多少。因此，在力所能及的条件下，要争取多邀请一些嘉宾参加典礼，一般应该邀请地方政府领导、上级主管部门与地方职能部门的领导、社会名流、社团负责人、社区负责人及新闻界人士等,用于邀请的请柬要精美大方,认真书写并装入精美信封,派专人提前送达对方手中。

(3) 布置会场。开业典礼多在开业的现场举行,既可以选择正门前的广场,也可以考虑正门内的大厅。按照惯例,开业仪式时间较短,宾主双方一律站立,为表示敬重,要在来宾站立处铺设红地毯,现场应该悬挂开业仪式的横幅,场地周围张贴标语、悬挂条幅、气球、彩带、宫灯等,会场两侧可以摆放来宾赠送的花篮、牌匾等。开业现场要有调试好的音响、照明等设备,以确保典礼的正常进行。

(4) 接待服务。对来宾的接待服务工作,要安排精力充沛、表达和应变能力强、形象好、待人热情主动的年轻男女负责。要有专门的接待室,准备好待客的饮料等,准备好来宾签到桌、精美的签到簿、签字笔、碳水笔等留言用的文具,还要准备本单位的宣传材料和典礼程序、来宾名单等材料提供给客人。

(5) 准备馈赠礼品。开业典礼时向来宾赠送具有宣传意义的合适的礼品,往往可以产生很好的宣传效果。礼品要突出纪念性和独特性,让人珍惜,同时可以通过附印组织标志、开业典礼日期、经营项目、企业口号等内容,突出礼品的宣传色彩。

(6) 拟定仪式程序。为保证开业典礼顺利进行,筹备阶段必须草拟出具体的仪式程序,应该包括确定主持人、介绍重要来宾、单位负责人及重要来宾致辞、参观或剪彩、座谈、联欢等。

2. 开业典礼的程序

开业典礼通常按照约定俗成的仪式程序和规范来举行,现场应该有醒目的会标;来宾赠送的花篮、牌匾应整齐的摆放在醒目的位置,以示尊重;企业全体人员要统一着装,修整仪容仪表,提前上岗;负责人和迎宾人员要在宾客到来之前站到规定的位置上恭候来宾。典礼的主要程序为:

(1) 主持人宣布仪式开始,全体肃立,介绍来宾。

(2) 邀请指定嘉宾按照规范的仪式剪彩或揭幕。奏乐,全场注目并鼓掌。在主人的带领下,全体到场者依次进入幕门(这一环节也可省略)。

(3) 主办方负责人致辞,向来宾及祝贺单位表示感谢,并简要介绍本企业的经营项目和特色。

(4) 来宾代表发言祝贺。

(5) 主人陪同来宾参观。开始正式对外营业或宣告对外展览开始。

三、剪彩仪式

剪彩仪式是社会单位和组织为了庆祝企业开业、大型建筑物落成启用、大型展览会以及展销会开幕、道路桥梁建成通车等而举行的热烈而隆重的礼仪活动。剪彩仪式可以有效地提高社会单位、组织的知名度和公众影响力。作为一种庆典仪式,剪彩仪式可以穿插在开业典礼中进行,也可以专门举行,以引起社会各界关注。

1. 剪彩仪式的准备

剪彩仪式的准备工作较为复杂,涉及场地布置、灯光及音响的准备、媒体的邀请、人员的培训等多个方面。除此之外，还有一些事项是筹备剪彩仪式特别要关注的：

（1）剪彩用材的准备。剪彩仪式与其他典礼仪式不同的是需要准备剪彩用的红绸、剪刀等专门材料。红绸即要剪的"彩"。按传统做法，应当选用大红色绸缎，在中间结成数朵花团而成，结好花团之后的彩带长约 2 米。为节约起见，也可代之以足够长度的细窄的红色缎带、红色布幅等。花团要结得生动、硕大、醒目，花团的数目取决于上场剪彩的人数。

还要准备崭新、锋利、顺手的剪刀供剪彩者使用，要确保剪彩者人手一把。剪彩仪式结束后，主办方可将每位剪彩者所使用的剪刀包装之后赠送剪彩者，以资纪念。

可以根据登台剪彩的人数准备相应数量的白色薄纱手套，供剪彩时使用，以示郑重。要确保手套的数量充足、崭新平整、洁白无瑕、大小适度。

托盘也是剪彩必备之物，应该保证托盘的崭新洁净，以银色不锈钢制品为佳，上铺红色绒布或绸布会显得更加郑重。托盘的数量可以与剪彩的人数相等，以保证能同时给每位剪彩者提供剪刀、手套，并盛放剪下的花团，也可以为每位剪彩者分别准备盛放剪刀、手套的托盘和盛放花团的托盘。

在较为隆重的剪彩仪式上往往还要铺设红地毯，宽度应在 1 米以上，长度视登台剪彩的人数而定，铺设红地毯既可以营造喜庆的气氛，也可以提升典礼的档次。

同时还要为来宾准备好纪念性的小礼品。

（2）剪彩人员的选定。除主持人外，剪彩人员由剪彩者、助剪者两部分构成。

剪彩者多由上级领导、主管单位负责人、知名人士、合作伙伴、客户或员工代表等担任，剪彩者可以是一个人，也可以是多个人（一般不超过 5 人）。若一人持剪，则居中站立。多人持剪，要遵循国际上中间高于两侧，右侧高于左侧的原则，一字排开站立。剪彩者是仪式的主角，其仪表举止关系到典礼效果和组织方的形象，因此要有端庄的仪容仪表，容貌要适当修饰，头发整齐干净，不戴帽子、墨镜，穿着大方、挺括、整洁，举止稳重、优雅、洒脱。

助剪人员是剪彩过程中为剪彩者提供帮助的人，多由礼仪小姐担任。她们在剪彩过程中的主要工作有迎送宾客、引导剪彩者登台、为来宾提供饮料和安排休息等服务，在剪彩时展开并拉直彩带、在剪彩时手托花团、为剪彩者呈上剪刀和手套等。礼仪小姐的基本条件是体形、容貌姣好，年轻、端庄、文雅、反应敏捷、灵活机智。礼仪小姐应化淡妆，留短发或盘起长发，统一穿着西服套裙或红色旗袍，配以高跟皮鞋、长筒丝袜。确定礼仪小姐的人选之后，要进行必要的分工和演练，以保证剪彩的有序进行。

2. 剪彩人员礼仪

当主持人宣布开始剪彩之后，礼仪小姐应列队从主席台两侧或右侧登场，拉彩者站在场地两侧，将彩带拉直，捧花者每人手捧一朵花团与拉彩者站成一行。托盘者站在捧花者身后 1 米左右，自成一行。

剪彩者应该列队从右侧出场，主剪者要走在前面，由引导者在其左前方引导，各就其位，站好后要向拉彩者、捧花者微笑致意。当剪彩者在既定位置站好后，托盘者应上前一步，站在剪彩者的右后侧，为他们递上剪刀、手套，剪彩者应含笑道谢。

开始剪时，剪彩者要先向拉彩者、捧花者示意，以使其有所准备，然后右手持剪，集中精力、表情庄重地将红绸一刀剪断。多名剪彩人同时进行时，应以主剪人的动作为准，其他人要与之协调一致，力争同时剪断，花团应该准确地落入托盘中，避免落地。

剪彩成功后，剪彩人应以右手举剪向全场致意，然后将剪刀、手套放入托盘，举手鼓掌。

接下来依次与主办方负责人握手祝贺，列队退场。剪彩者退场后，礼仪小姐方可列队退场。

3. 剪彩仪式的程序

一般而言，剪彩的仪式宜紧凑，忌拖沓。耗时一般在一刻钟到半个小时，通常包括以下程序。

（1）请来宾就座。剪彩仪式上一般只为剪彩人、来宾和本单位的负责人安排坐席，坐席前应该有姓名牌，方便来宾对号入座。

（2）主持人宣布剪彩仪式开始，全场热烈鼓掌，奏乐，若允许，现场可燃放鞭炮或放飞彩色气球等。

（3）奏国歌，全场肃立。

（4）简短发言。主办方负责人讲话，还可以安排上级主管部门领导、地方政府代表等讲话，都不要超过三分钟，重点应该是道谢或致贺、介绍经营宗旨或新设施的意义等。

（5）剪彩。剪彩前，主持人要先向全场介绍剪彩者。剪彩完成后，主剪者带头鼓掌，全场应以热烈的掌声回应。

（6）主办方陪同来宾参观，剪彩仪式结束。主办方向来宾赠送纪念品，或以宴请方式款待来宾。

四、签字仪式

签字仪式是社会单位、组织与对手经过会谈、协商，形成了某项协议或合同，由各方代表在有关协议上签字并交还相关文本的仪式。签字意味着有关各方的关系取得了更大的进展，在有关各方关系发展史上具有里程碑的意义，因此，签字仪式备受关注，其礼仪规范比较严格，应该严格遵循。

1. 签字仪式的准备

（1）待签文本。谈判或协商达成共识并结束后，双方应指定专人按照达成的协议，做好待签文本的定稿、翻译、校对、印刷、装订、盖章等一系列工作，文本一旦签字就具有法律效力，因此，待签文本的准备一定要严谨、慎重。

在准备过程中，要认真核对谈判协议条件与文本是否一致，核对各种批件（包括项目批件、许可证、设备分交文件、用汇证明、订货卡等）是否完备有效，还要审核合同内容与批件内容是否相符。审核文本一定要对照原稿，一字不漏，对于发现的问题要及时通报，可以通过再谈判达成谅解，根据需要可适当调整签字时间。有几方签字，就要准备几份文本，还可以同时为各方提供一份副本。与外商签署协议时，待签文本应该同时使用宾主双方的母语。

待签文本应该做到用纸高档，印刷精美，一般采用大八开规格，装订成册并配以仿皮等高档面料作封面，以示郑重。主办方应该为文本的准备提供准确、高效、周到的服务。

（2）签字场地。签字场地应该整洁、清静、庄重，可以选用本单位的会议厅、会客室来布置，也可租用常设专用的场地。

标准的签字厅陈设比较简单，一般只需要地毯、长桌和几把椅子，长桌上最好铺设深绿色台呢。

按照签字仪式规范，签字桌要横放，桌后可适量摆放坐椅。签署双边合同时，并列摆放两把椅子，供双方签字人就座。签署多边合同时，一般摆放一把椅子，各方签字人轮流就座，也可为各方签字人各提供一把椅子。

在签字桌上，应该事先摆放好待签文本、签字笔、吸墨器等文具，涉外签字仪式还要在签字桌上按照礼宾顺序插放有关各方的国旗。签署双边协议时，国旗要插在该方签字人坐椅正前方，签署多边协议时，国旗应该按照相应的礼宾顺序插在各方签字人身后的位置。

（3）安排签字人员。有关各方还应该在仪式开始前根据文件的性质确定参加签字仪式的具体人员，一般由最高负责人来签，双方的签字人应该身份对等。各方还要安排一名熟悉签字详细程序的助签人，并商定签字的有关细节。其他陪同人员一般由各方的谈判人员组成，各方人数应该大致相等。有时，为郑重起见，双方也可对等邀请高一级领导出席签字仪式。签字人员确定之后应向有关方面通报，客方更应提早将己方出席签字仪式的人员通报给主方，以便早做安排。

参加签字仪式的人员要注意适当修饰仪容，穿着具有礼服性质的深色西服套装，并配以白色衬衫，黑色皮鞋。礼仪人员、接待人员应该统一着装，可以选择旗袍或西服套裙、制服等。签字仪式比较庄严，签字人员应注意自己的举止表情，既不可喜形于色，也不必过于严肃，要稳健端庄、得体大方。

2. 签字仪式的程序

签字仪式一般耗时不长，以半小时为宜，但由于是合同、协议产生效力的关键一步，程序应该规范、庄严而隆重。

（1）签字仪式开始。有关各方依次进入签字厅，找到既定位置坐好。按照国际惯例，签字者按照主左客右的位置入座，助签人员分别站在己方签字者的外侧，协助翻揭文本，指示签字处，为已经签署的文件吸墨仿洇。各方其他陪同人员按照各自的身份、职位的高低，以中间为准，客方向右、主方向左排列站在各方签字人之后，或坐在己方签字者的对面。

（2）签字人签署文本。通常先签署己方保存的文本，再签署他方保存的文本。这样做，轮流使各方有机会居一次首位，以示平等，在礼仪上叫做"轮换制"。

（3）交还合同文本。各方签字人正式交换经有关各方签署的文本，并热烈握手，互致祝贺，交换各方使用过的签字笔留作纪念，全场人员鼓掌祝贺。

（4）共同举杯庆祝。礼仪小姐在这时用托盘端上香槟酒，有关人员饮酒庆贺。

（5）有序退场。首先请各方最高领导及客方退场，然后东道主退场。签字仪式结束。

第二节 会议礼仪

现代组织或机构往往要频繁地组织、举办各类会议或参加会议，会议在现代经营管理中具有无可替代的作用。因此，怎样筹备、组织、举办或参加会议，以及怎样做好会议的后续工作成为公务中的重要内容。会议是一种以交际为主要手段的集会性活动，不仅能解决组织、机构面临的问题，人们通过在一起开会还能增进了解、树立形象、改善关系，如果会议组织者和与会者不能遵循礼仪，不能尊重、礼遇交际对象，必然会给对方留下不好的印象。因此，对于现代办公人员来说，学习并能在日常会务工作中遵循会务礼仪非常重要。

那么，什么是会议呢？出于各种目的，有计划、有组织的集会就是会议。会议有广义和狭义两个概念范畴，平常最常用的"会议"一词，往往指那些以口头发言和书面交流为主的，有组织、有计划的沟通活动，属于狭义的会议范畴，又叫一般会议。广义的会议概念还包括以某种特定的行为活动为主体的集会，如展览会、新闻发布会、洽谈会、庆祝会等，这些又叫专题会议。

要做好会务工作，首先要强调的就是要有良好的礼仪意识，在礼仪意识指导之下，才会有恰当得体的会务工作，才有利于取得理想的会议效果。

小知识 7-1　　　　　　　　相关链接

- 会议的八个要素：会议名称、会议时间、会议地点、会议议题、会议议程、会议成员、会议结果、会议方式。
- 会议名称的设定：确定会议名称要以能够精练地揭示会议的性质和内容为原则，简洁明了。为了郑重起见，尽量使用会议的全称。
- 会议时间的设定：避开重大节日及重大活动。从会议成本和对与会者尊重的角度，会期宜短不宜长。
- 会议地点的设定：根据会议的形式、内容、与会者的人数确定会议地点，同时要考虑交通和住宿的便利。随着信息传播技术的发展，没有统一地点的虚拟会场将使会议变得更加快速高效。
- 会议议题的选定：本着精简、高效的原则，必须通过会议讨论才可解决或才可贯彻执行的议题以及有规程要求的议题才可作为会议议题。
- 会议结果通常以具体的文件形式体现出来，如决议、公报、会议纪要、协议、意向书等。

一、一般会议

1. 会议组织过程的礼仪

会务工作是非常繁杂、具体的事务性工作，包括计划、组织、召开各类会议，以及会议的善后工作。要想取得会议的圆满成功，就必须确保会议的筹备、组织、召开、结束、和善后的每一个环节都万无一失，确保细节到位。负责会务工作的人员从实质上说是会议的服务性工作人员，在认真组织、周密准备、妥善应对的同时，还须注意时时不忘会务礼仪，遵循礼仪规范。

（1）会前准备工作的礼仪。会议礼仪好比舞台灯光，只有出问题时，你才会注意到它。会前准备非常重要。在会议前的准备工作中，我们需要从以下几个方面着手：

① 提出恰当的议题。会议的议题就是要通过会议讨论或贯彻执行的问题。通常情况下，议题是一个会议中首先产生的要素，议题引导、制约着会议活动的进行。会议筹备人员应该尽可能及时、周密地提出恰当的议题，一方面，范围恰当的议题可以避免马拉松式的会议，提高效率，另一方面，从礼仪角度而言，范围恰当的议题可以确立你在工作中的良好形象——有相当好的工作能力和积极的态度。在确立议题的工作阶段，筹备人员应该充分征求各方意见，全面了解需要通过会议解决的事项，根据事情的性质、领导的意图及事情的轻重缓急，来列出议题，并及时报有关领导审定。

② 确定与会人员的范围、名单。会议筹备人员在议题确定后就应根据会议议题的内容、

各部门的职责、领导的意图等因素拟出应该出席会议人员的范围和名单,报领导审定。这项工作需尽早完成,以便能尽早通知与会人员,使他们有充分的时间做准备,及时调整或安排工作,以腾出时间来参加会议,这样才符合尊重与会人员的礼仪原则。

有些会议邀请重要人物出席、发言,还要事先确定他们是否有出席的意愿和时间,要直接与他们联系,最好以书面的形式与对方约定到会时间、酬金等事项。

③ 会场的选定和布置。会场的选定要考虑出席的人数、交通、食宿的便利、会议议程的氛围和性质、费用支出(若租用会场的话)等要素。

会场的布置需依据会议的规模、性质和需要,营造或庄严(如履行法定程序的会场)、或热烈(如表彰会场)、或亲切(如恳谈会)、或隆重的氛围;遵循"以人为本"的理念,尤其大型会议,场内要设定明确、醒目的各种标志;场内的布置还包括安排座位、文具用品、会场气氛的布置(悬挂会标、摆放鲜花、场外张挂标语、横幅和彩旗)和会议设施的配备等。会议设施的配备要考虑是否需要电脑和视听设备,会场房间内是否有可用的因特网接口,是否可以使用数据投影设备,灯光、音响、空调等设施是否齐全。一般性会议根据需要还可以选择设置主席台、讲台、麦克风、白板、夹纸板、屏幕、激光笔、幻灯机、投影仪、指示牌、签到台等。如图 7-1、7-2 是小型会场布置的两个范例。

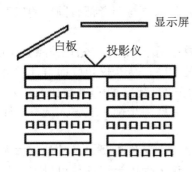

图 7-1　小型会场布置 1

图 7-2　小型会场布置 2

小知识 7-2　　　　　　会场布置小提示

- ✧ 会场宜空间适中,保持整洁和通风,保证适宜的温度和湿度。
- ✧ 提供茶水或茶歇服务及必要的宣传图册。
- ✧ 会议用桌要宽大,以便与会者摊开资料,椅子要尽量舒适。
- ✧ 灯光宜柔和、淡雅,给人以安定的感觉。大型会议厅主席台的灯光要稍强以突出其地位,但台上台下的灯光反差不宜太大。
- ✧ 在会场应该悬挂印有会议名称、时间、地点的横幅,国际性会议的横幅要用中文、外文分别书写。
- ✧ 在规模较大的会议上要用姓名牌,有别在胸前和摆放桌上两种形式。要把姓名、单位、职务写的大一些,按照国际惯例,在会议上担任职务者的姓名牌只写会议职务,不写姓名。
- ✧ 排座次要考虑会议的规模。按照国际惯例,小型会议要遵循面门为上、以右为上、中间为上的原则。大型会议要先考虑主席台、主持人、发言人的位次,作报告或讲座的人应处在中央明显位置,主持人应该选择能够看清全体出席者的位置,会议秘书原则上安排在会场的入口处,便于联系工作、安排到会者入席,方便进出而不打扰会议的进行。

◇ 插花宜选鲜花,主要布置在主席台上或会场周围、小型会议的会议桌中心。鲜花色彩鲜艳,气味芳香,能营造温馨、柔和的气氛,也可以让与会者舒缓压力,放松心情。

④ 发出会议通知。会议的时间、人员、地点一旦确定就要及时发出会议通知。通知的方法常见的有文件或信函、传真、电话等。内容应该包括会议名称、议题、会期、出席对象、报到时间、地点、材料准备及与会要求、主办单位等。会议通知的拟写要遵循公文礼仪要求,选用规范格式,措辞礼貌真诚,用敬语。

会议通知要提前下发,保证及时送达,并给与会者留出足够的时间做出回复、拟定发言提纲、安排手头工作等准备,以确保准时参加会议。

⑤ 准备会议文件。用于规模较大会议的文件一般有开幕词、主题报告、大会决议、闭幕词等组成。会议文件的准备一般由秘书人员完成,秘书人员应精心准备相关文件,再三斟酌,力求简练而又内容丰富。高质量的会议材料无论对材料的使用者还是听众,都可节省他们的时间、精力,是对他们的尊重。

会议文件应该在会前发给与会者,做到人手一份,若每位与会者都有固定的坐席,也可在与会人员入场前分发到坐席上。

⑥ 确定发言人选和次序。确定发言人选和次序须遵循两个原则:首先是按照会议议题、目的确定发言人;再就是遵循礼仪原则来确定发言人及次序。从礼仪角度而言,发言的人选要兼顾各方面、各部门。发言的次序安排要遵循发言者的身份、职务(自由发言除外)。若涉及宾主双方,要先主后宾,但宾主在发言的时间上要取得平衡。发言人选、次序要尽早确定,并送有关领导审定。

⑦ 会议证件的制作。会议证件是会议期间为与会人员、工作人员以及其他相关人员配备的证件,以证明其参加会议的身份,在较大规模的会议上使用会议证件可以方便与会人员的识别、交流,便于控制会场,保障会议安全。

会议证件通常包括代表证(规格最高的与会者证件)、出席证、列席证、来宾证(给会议的特邀代表或嘉宾)、工作证(给会议的工作人员)、采访证(给媒体记者)、通行证(与会车辆出入凭证)等。会议证件包含的内容有:完整的会议名称、证件类别、与会者姓名、证件编号、会议日期、组别或代表团编号;有些证件还要求贴持证者照片,若有会徽,可以印在证件上;涉外会议证件要用中文、外文两种文字,外文排在中文的下方。

⑧ 安排食宿。有些会议因为要连续几天集中食宿,或有外地人员参加,就需要与会人员认真做好接待工作。要根据出席者的情况提前安排饮食、住宿地点,编订住房分配方案,对于领导和年长者要给予适当照顾;会议期间的饮食、卫生保健、安全等工作要有专人负责;会议筹备人员还要考虑到会议期间车辆的使用、娱乐活动等问题并做出适当安排。

(2)会议期间的礼仪。在会议召开期间,会务人员要按照会议的日程安排,依照会务礼仪要求,提前到场,做好会议期间的各项工作。

① 提前布置会场,安排坐席。在与会人员入场前,会务人员要提前到场,摆放鲜花、准备茶水,做好会场布置的检查工作,以确保宣传、气氛营造、音响设备、灯光等各方面布置到位。尤其对灯光和音响要做最后的检测、调试;在会议开始前30分钟就要打开空调,调节好室温。会议室内的温度应保持在18℃~25℃之间,并保证适宜的湿度及空气的清新。

会前的另外一项重要工作就是座位的安排及坐席签的摆放。主席台的座位要按照职级、职务的区别，遵循中间高于两侧，右侧高于左侧（国内政务性会议往往遵循左侧高于右侧的原则），前排高于后排的原则安排，如图7-3所示。

排好座位后要摆放坐席签，以免入席者坐错位置。若主席台上有贵宾，按照惯例，贵宾席在主席台前排中央向右的第一个位子，若有多位贵宾，则由前排中央向右的第一个位置起依次排开。

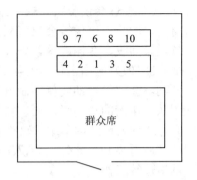

图7-3　坐席安排

群众席可以根据需要自由择座，也可按照单位或组别指定区域统一就座。若有排座，则应在会场入口处放置指示牌，图示就座区域、座次，或有专人引导与会者入座。

② 做好会议签到及相关资料、证件的发放工作。为方便统计到会人数，保障会议安全，规模较大、较正式的会议往往根据会期长短的不同，要进行会议报到或签到工作。一般会期较长的会议要专设接待处办理报到登记手续，将签到工作、与会人员的食宿安排工作、会议资料、证件的收发工作、领取纪念品等工作同时完成。会期较短的会议只需要在会场入口处设立签到桌，有专人引导与会者签到、领取证件、会议文件和纪念品等。同时要及时准确地把出席、列席、缺席的人数统计出来，报告大会主持人。

负责签到的工作人员应统一着装或佩戴大会工作证在签到桌旁站好，主动热情地上前问候与会者，并给予详细的指导和帮助，使他们及时完成会议开始前的登记注册工作，并引导与会者进入会场、找到合适的座位。对于年老的与会者，要给予适当的搀扶、照顾。细心、周密地为与会人员服务是对会议接待人员的最基本要求。

③ 掌握会议进展情况。在会议进行期间，会议的秘书要做好上下联络工作，深入会议各组，参加会议，收集与会者反馈的信息，并将之及时反馈给大会负责人，同时要及时向各组传达领导或大会组织方的相关要求、意见等事宜。

④ 做好会议记录。凡重要会议，不论规模大小，都需要认真做好会议记录，以做参考、备查。会议记录力求详尽，应包括会议时间、地点、人数、主持人、记录人、发言内容、讨论事项、决议等内容。

⑤ 编写会议简报。会期较长的会议，一般要编写会议简报，以对会议的动态、过程及主要内容、反响等作简要报道。好的会议简报可以为与会者沟通信息、交流经验、传达意见提供方便，也可以有效地帮助会议组织方掌控会议。会议简报有会议进程简报、会议综合简报两种，要求内容真实，信息及时，富有新意，文字简洁。

⑥ 安排与会人员退场离会。会议结束后，对于重要来宾，主办方还应安排专门的送别仪式，对于一般来宾可以根据需要安排拍照留念等活动。另外，为调剂会议期间与会者紧张的生活，在会期较长的情况下，在会议期间，可以根据需要适当的安排舞会、文艺演出、观看电影、进行体育比赛等文体活动。

（3）会议结束后的礼仪。要使整个会务工作圆满周到、体现会议成果，会后的收尾工作也不可忽视。主要包括以下几个方面。

① 形成会议文件。在会议结束阶段，一般要形成会议决议、会议纪要等文件，来贯彻落实会议精神。撰写文件应广泛征求代表的意见，以集思广益。会议闭幕前，要将这些起草好的决议、纪要提交会议，全体与会人员表决通过后才能作为正式的文件传达。

② 整理会议资料。较正规的会议往往在会议的筹备、召开和结束阶段形成大量文件、材料、图片、声像等会议资料，对于这些资料，应当根据保密制度与工作需要集中整理、分类做回收、存档或销毁处理。

③ 做好送站工作。在会议结束后，会议组织者应尽可能为全体与会者的返程提供一切便利。会议进行期间就要做好为与会者定购、确认返程的车票、船票、机票的工作，对于团队或年老的与会者，要安排送行人员和车辆，及时与负责行李的部门约定提取行李的时间，送行人员到达车站、码头或机场后，要妥善安排好客人的等候休息，待客人上车（船、机）后再离开。此外，会议工作人员还要根据需要及时进行会议财务决算、物品清点、会场清理等工作。

2. 与会者的礼仪要求

参加会议是一件严肃的事情。参加会议的人员无论是以单位还是个人的名义出席会议，都要注意自己的言行举止，做到稳重端庄，遵时守纪，合乎礼仪规范。

（1）注意身份，得体大方。参加会议的人员要展示一个良好的形象，仪容仪表是首先要考虑的因素。在这方面有三点要注意：第一、文明端庄。男士面部要保证干净整洁、发式得体，女士要施以淡妆，发式美观大方。着装要符合社会的道德传统和人们的常规做法。各种会议都是正规的公务场所，不要穿过露、过透、过短、过紧、过于花哨轻浮或过于随便的服装，不适宜的暴露身体部位，不但有失身份，还会使他人感到不便，失敬于人。第二、搭配得体。要求服装、鞋帽、发式等各部分协调呼应，展现仪表的整体美。男士以深色西服套装配白（或其他单色）衬衫、领带为宜。女士在正式会议上以职业套装为首选，在晚宴、舞会上可以选择晚礼服风格的着装。第三、富有个性。即每人的装扮要在与自己的年龄、体形、气质、职业、身份相吻合的前提下，扬长避短，体现与众不同的个性。

同时，参加会议的人员还要注意自己在会上的身份——是主席团成员，是贵宾，是一般代表，还是列席代表。根据自己的身份，听从会议组织者的安排，做到不卑不亢，落落大方。若作为贵宾或主席团成员被邀出席会议，要按名签或主人指定的座位就座，不可假意推让，故作姿态。台下鼓掌欢迎时，要点头微笑致意、鼓掌答谢，被安排发言时，要紧扣主题，做简明即席讲话。在台上就座时，既要与其他成员打招呼，又要注意不可与他人长时间交谈，冲淡会议气氛。贵宾、主席团成员一般不可迟到或中途退席，别人发言时退席是极不礼貌的行为。会议嘉宾在会场中也占有重要位置，必须向主席团成员一样注意礼仪，还要及时了解会议的内容、程序对本人的要求，做到礼貌、守时、客随主便。列席代表的权力是有限的，这一点应特别注意，参加会议前一定要了解清楚自己的权力，以免给东道主的工作带来麻烦。

（2）从严要求，遵时守纪。参加会议，必须准时。遵守时间是对会议组织者和其他与会者的尊重，是会议礼仪的重要组成部分。赴会人员应该提前 5~10 分钟到达会场就座，主持人及主席团成员也应该在会议开始前 3~5 分钟在主席台按既定座次入席。主持人要准时宣布会议召开，并掌控会议各阶段的耗时，以确保会议的各项活动和议程能在预定的时间内进行，并确保会议在既定时间结束。会议时段延长将影响到与会者的其他安排，是对与会人员的不尊重。要确保会议的准时结束，还要求发言者有明确的时间观念，要限时发言，尽量不要超时，侵占别人的时间。

参加会议还要遵守会议纪律，这不仅是对所有与会者的尊重，还体现了个人的教养和良好素质。首先,开会时听众要尊重会议主持人和发言人,举止合乎会议礼仪。会议期间不论对所讲内容是否感兴趣,都要认真倾听,必要时认真记录。别人发言结束时,合乎礼仪的做法是面带微笑鼓掌,以示对发言者的尊重。其次,会议进行期间不可中途退场,即使必须离开也要在不影响他人的情况下悄悄退场,若长时间离席或中途退场应向会议组织者说明情况,征得对方同意。

(3)发言的礼仪。在会议自由发言、讨论阶段,不要保持沉默,那样只会给人漠视工作、不关心议题的印象;发言时要先向主持人示意或直接提出要求,发言要简明、有条理、紧扣议题,口齿清晰;发言完毕应对听众的倾听表示谢意。对于他人的提问要礼貌作答,对于不便回答的也要礼貌、机智地说明理由。反驳别人要等对方讲完后再阐述自己的观点,对于他人的不同意见要虚心听取,不要急于争辩,更不可冲动失态。

(4)鼓掌的礼仪。鼓掌是会议中常见的含义丰富的礼仪行为,既有欢迎、欢送、祝贺之意,又包含了赞许、鼓励等感情。鼓掌的行为看似简单,但若鼓掌的时机、次数、力度把握不当,就会失礼。因此在这方面有许多细节需要注意:首先,鼓掌的标准动作是面带微笑,微抬两臂,左手掌抬起于胸前,四指并拢,拇指自然张开,掌心向上,以同样张开的右手掌心向下轻拍左手掌。其次,鼓掌节奏应平稳,做到频率一致,力度的大小要与会场的气氛相协调。最后,鼓掌要选择合适的时机,不可让鼓掌影响会议的正常进行,也不可鼓倒掌或在鼓掌时伴以吹口哨、吼叫、跺脚、起哄等不文明的举动,歪曲了鼓掌的本来含义,是对他人的极不尊重。

(5)手机的使用礼仪。在会议上应杜绝使用手机及其他通信工具。若有重要事情不得不把手机带入会场,也一定要遵循手机的使用规范。首先,将手机的铃声类型设为振动,以免铃声突然响起影响会场秩序。接电话时要找人少、安静的地方,并控制自己的音量,免得影响他人。若在会场、车内、电梯上等公共场所接听电话,一定要使通话简短。若实在不方便接听电话,应告知对方稍后再联系。若你手机的使用影响到了他人,应主动道歉并到不影响他人的地方接听,结束通话后再入座。

(6)主持人的礼仪。会议主持人一般由有一定职务的人担任,一定要事先熟悉会议的各环节安排以及相关礼仪,在主持过程中的礼仪表现不仅关系到主持人的个人形象和素质,还将对会议是否圆满成功产生影响。

① 在拿到主持任务后,要拿出时间认真研究所主持的会议,弄清会议的目的、主题、会议的发言者及发言题目、用时等相关情况,从而熟悉会议议程,把握会议走向,预测会议效果,并据此设计出主持人的串联词,为主持工作做充分的准备。

② 主持人的形象应做到衣着整洁、得体,态度庄重严肃,精神饱满,步伐稳健。采用站姿主持时应双腿自然并拢,腰背挺直,两手轻扶桌子或双手持稿与胸齐,单手持稿时,要用右手持稿的底中部,左手五指并拢自然下垂。坐姿主持时也应保持上身挺直。在会议开始后主持人不可与他人随便招呼、闲谈。

③ 主持人的谈吐要做到口齿清楚,思维敏捷,简明扼要。采用的语言风格要与会议的性质相协调,或庄重沉稳,或幽默活泼,来营造好的会场气氛。

④ 主持人要有极强的时间观念,保证会议准时开始、准时结束。若由于特殊原因不得不延时,主持人应该简单解释原因并致歉。若主持时间较长的会议,应安排会间休息,以便与会者有时间处理个人事务,并稍作休整。

⑤ 在规模比较大的会上,主持人要对贵宾、发言人作简要介绍:包括身份、头衔、出

色的成就以及发言题目等内容。并提议用掌声表示欢迎。在发言结束后，主持人还应提议用掌声向发言人表示感谢，还可以对发言的内容作出提炼概括或积极评价。

 小知识 7-3　　　　　　　主 持 禁 忌

◇ 主持过程中切忌出现搔头、揉眼、搅腿等不雅的动作。
◇ 主持人不要随便打断发言者的讲话，若发言人严重超时或跑题，主持人可以用递纸条等较婉转的方式提醒。

3. 会议中常见的不合礼仪的现象

在许多会议上，我们都可以见到一些有悖会议礼仪的现象，这不仅影响到会议的正常秩序、气氛，还会影响到与会者的个人形象和集体形象，都应该杜绝。

（1）心不在焉。有些人在开会时根本不关心会议内容，专心致志于读书看报，摆弄手机或其他小玩意儿；还有的人忙着吃零食，饱口福；有些人则每逢开会必呼呼大睡，发言人的声音在他的耳朵里就成了催眠曲，开会不久便歪坐、伏桌，甚至口水横流，鼾声大起，不仅有碍观瞻，也是缺乏礼仪修养的表现。所有这些都是对会议和发言人的极大不尊重，应该坚决避免。

（2）热衷闲聊。有些人对台上的会议内容没兴趣，却热衷于台下闲聊，台上开大会，台下开小会，使会场中嗡声一片，甚至发言者讲他也讲，发言者停他也停。这对会场形成了极大的干扰，也影响到发言者的心理和情感，是对发言人的极大不尊重。

有些人甚至对发言内容中不中听的声音、不同的意见或发言中的失误说反话、发嘘声、鼓倒掌，这是非常恶劣的表现，对于不同意见既可以会后交流沟通，也可以在会上取得发言机会后通过正当渠道直抒己见，进行探讨。采用恶劣的回应方式只会破坏自己的形象，影响会议秩序。

（3）随便走动。会议进行期间随便走动会影响会场秩序、对发言者和听会者形成干扰。如果不得不起身离座，应轻声向受影响的人致歉。

（4）当众打哈欠。在开会期间打哈欠也是不合会议礼仪的行为，让人感觉到你对会议不感兴趣，不耐烦。因此，当感到困乏时应尽量控制，若难以控制，一定要以手掩口，并适当道歉。

（5）其他有失礼仪的个人行为。还有许多不卫生、不雅观、不合礼仪的个人行为也可以在会议上见到。诸如随地吐痰、乱扔垃圾、挖鼻孔、掏耳朵、挠头皮等是极不卫生、不雅观的行为，是在任何公共场所都应禁止的，更不应该在会场中出现。吐痰应到卫生间或吐到纸巾上扔到垃圾箱中。废纸片等垃圾也要妥善存放，到方便时扔到垃圾箱中。还有的人坐姿不雅，斜躺在坐椅上、趴伏在桌子上、玩弄手中的笔或有意无意地颤动双腿，这也是不文明的表现，会令人不舒服，都应该避免。

二、专题会议

除一般性会议之外，还有一些有特定程序或要求的会议，如新闻发布会、庆祝会、展览会、洽谈会等，被称作专题会议。专题会议有特定的礼仪规范和会议程序，需要严格遵守。

1. 新闻发布会礼仪

新闻发布会简称发布会，又叫记者招待会。是社会机构或组织主动邀请新闻媒体对其活动或所涉相关事件客观、公正地进行报道的信息传播活动。是社会机构或组织联络、协调与新闻媒介之间关系的最重要、最直接的手段。新闻发布会需要关注的一般包括如下几部分：发布会的策划与主题的确定；议程的安排；资料的准备；时间、场地的落实和会场布置；媒体的邀请、沟通；信息发布与产品、资料的演示；现场气氛的控制等。

（1）明确发布会的类型、基本风格和规模。根据发布会发布信息的性质特点，发布会大体可以分为以下几个模式，模式的不同决定了风格各异，详见表7-1。

表7-1 发布会的类型与风格

发布会的类型	发布会的风格
政治性发布会	庄严肃穆
文化类发布会	文化氛围、历史感
娱乐类发布会	前卫、热烈、活泼
高科技类产品发布会	规范而又气氛轻松
一般工业产品发布会	突出科技元素与品质
时尚产品发布会	流行元素、时尚气息或经典雅致
农产品发布会	绿色、自然、环保
工艺品发布会	艺术气息，或典雅、或朴拙、或新潮

其他类型的发布会也都应该根据发布会的类型来确定其风格。发布会规模的确定要取决于发布会的性质是正面宣传还是澄清不良影响，一般而言，正面的宣传可以举办规模较大的发布会，邀请各级各类媒体，争取较大范围的宣传效应。若是澄清事实就要控制发布会的规模，有选择地邀请负责任的媒体。

（2）发布会的筹备。

① 确定新闻点。要举办新闻发布会首先要确定其中心议题，即新闻点。中心议题确定的是否得当，直接关系到本次会议的预期目标是否能实现。要本着有新闻性、有发布的价值的原则来选定。新闻发布会主题大致有发布消息、推出产品、说明活动和解释事件四类。发布会的过程一定要紧扣中心议题，否则将达不到预期目标。

② 选定时间、地点。一般情况下，新闻发布会所用时间应限制在2小时以内，习惯上的最佳时间是周二到周四的上午10~12点，下午3~5点，在此时间内大多数人是方便到会的，如果以早报记者为主，新闻发布会安排在下午比较好，如果要在晚间的新闻报道中播出，最好安排在上午进行。在选定日期、时间的时候，还要考虑到一些注意事项，如避开节假日、避开本地的重大社会活动、避开其他单位的新闻发布会、不要举办内容与新闻界的宣传报道重点相左的发布会等。

新闻发布会会场的选址要与所发布的新闻性质相协调，可以考虑本单位所在地、特定的活动或事件所在地、首都及其他影响大的中心城市。要与发布会的规模相协调，面积适中，考虑摄影记者所占的空间及到会的记者人数，面积不宜过大，太大给人空荡荡的感觉，似乎新闻价值不大，小一点的房间，座无虚席，会让到会者有所期待。还要考虑到交通及其他硬件因素，如电话、传真、打字、照明、网络设备等齐备，比较简单的做法就是选择有条件的宾馆或新闻中心、本单位的会议厅等。选定地点后，要注意会场的环境布置，室温、灯光、噪音等问题要考虑周密，做到既能体现企业、组织的精神风貌，也要让记者有宾至如归之感。会场入口处要设来宾签到处，根据情况还要给到会记者席分发相关资料。方便记者们深入了解消息的全部情况。

③ 选定组织者和参与人员。举办新闻发布会时，主办方一定要精心选择会议的组织者和工作人员，这直接关系到会议的成败。首先确定会议的主持人和发言人，主持人的作用在于把握主题范围，掌握会议进程，控制会场气氛，保证会议的顺利进行。遇到特殊情况还要起到打破僵局、化解对立情绪、消除紧张气氛的作用。主持人一般由主办方的公关部长、办公室主任或秘书长担任，应具备的基本条件是：仪表堂堂，精力充沛，经验丰富，反应敏捷，善于表达，幽默风趣，长于把握大局、引导提问、控制会议进程。发言人是会议的主角，要透彻地了解本单位的总体状况和各项方针政策。面对记者的提问要头脑冷静、思维敏捷、措辞准确、语言精练流畅，发表的言论要有权威性。一般情况下，发言人要由单位或组织的主要负责人或部门负责人担任。

此外，还要精选一些工作人员负责会议现场的接待工作，这些工作人员须具备以下素质：年轻、有良好的仪容仪表、工作负责、善于交际。为了方便识别，主办方出席发布会的工作人员应统一佩戴印有姓名、单位、部门与职务的胸牌。工作人员一经确定就要对他们进行必要的培训和预演，以确保发布会的成功。

④ 准备相关材料。首先是发言提纲。发言提纲是发言人在发布会上正式发言时的提要，要做到紧扣主题，全面准确，真实生动。其次，为了使发言人在现场能够应对自如，还需要事先有针对性地对记者可能提到的问题进行预测，并准备好相应的答案，列一个问答提纲，供发言人参考，以做到心中有数。此外，从方便新闻媒体深入了解的角度出发，主办方还要准备相应的宣传提纲和其他辅助材料，以达到理想的宣传效果。宣传提纲要详尽，应包括相关数据、图片等资料，还要留有单位名称、联系电话、传真号码、网址等资料以备联络、核实信息，并认真打印、分发给到会的记者。还可以准备一些可以强化会议效果的视听材料，如图表、照片、实物、模型、录像、录音、影片、幻灯等，供与会者使用。甚至还可以安排一些现场参观。所有这些材料要本着真实、安全的原则，既不要弄虚作假，也不可泄露秘密。

（3）媒体的邀请。一旦发布会的时间、地点、规模、主题等因素确定下来，就要拟定邀请名单，分工合作发出邀请函或请柬。确保重要人物不会因为主办方的疏忽而缺席发布会。首先要了解各类媒体的特点，以有的放矢地发出邀请。新闻媒体大致可分为电视、广播、报纸、杂志四类，他们各有所长，在确定名单时，一方面要考虑到发布会的规模、主题和性质，一方面要考虑到各类媒体的特点，有所侧重。若发布消息，尤其是为了扩大影响，提高本单位的知名度时，邀请的媒体应尽可能多一些；当澄清某一事实、解释某一事件时，主办单位处于守势，应选择影响大、主持正义、报道公正、口碑好的新闻单位到场报道。

被邀媒体的名单一旦确定，就要及时派人发出邀请函或请柬，邀请函上最好附有回执，提前一到两周发出邀请函。信函中不要署会议联系人的全名和个人联系电话，以防提前走漏消息。可以电话询问信函是否送达，对方是否到会。对于重要的媒体、人物要适当采取公关措施，并预备备用方案，以确保从数量和质量上完成对新闻发布会参与人的召集。

（4）发布会现场礼仪。在新闻发布会的进程中，往往会出现一些这样、那样的可以预见或难以预见的问题，会议现场的应酬技巧就变得非常重要。这对会议的主持人和发言人是个挑战，因此主持人、发言人在会议现场有几点要格外注意：

首先是仪容仪表的修饰。在发布会上，主持人、发言人是主办单位的代言人，他们的形象、举止就关乎主办单位的形象，因此一定要在会前认真修饰，穿深色西服套装，头、面部整洁、面含微笑、举止端庄、表情亲切放松、坐姿端正。

其次，主持人、发言人还要注意相互配合。这就需要有明确的分工及彼此的支持。主持人主要负责主持会议、引导提问；发言人则负责发言和答复问题，若几名发言人同时出场，要做好内部分工，各管一片。以免出现冷场或者抢着说的尴尬场面。主持人、发言人要口径一致，不可相互顶牛、拆台。当发言人被问及不便回答的问题时，主持人要设法转移话题，而当主持人邀请某记者提问时，发言人也要给予适当回答。

在发布会上尤其需要注意的是主持人、发言人讲话的分寸。因为他们是主办单位的代表，一举一动体现着单位的形象。发言要做到简明扼要、条理清晰、重点集中，还要在不泄密、不违法的情况下提供新闻，满足记者的需求。有时候，记者在发布会上会抛出一些棘手的问题，主持人、发言人应或回答，或巧妙回避，决不可恶语伤人，而应一视同仁，礼貌对待。主持人、发言人还要有相当高的文化素养，能够灵活运用生动活泼的语言，来活跃会场气氛。

（5）发布会的善后工作。新闻发布会结束后，主办单位的工作并未结束，需要在一定时间内对发布会的资料进行整理保存，对发布会的效果进行评估。若有不利报道，还要对不利报道进行补救。发布会一结束就要对照来宾签到簿和邀请名单，了解新闻人士到会的情况，以确定媒体对本单位、本事件的关注程度。还要及时整理会议资料：一类是图文声像等会议期间的资料，要及时整理，该存档的存档，该销毁的销毁；一类是新闻媒介有关会议报道的资料，这类又可以分为有利报道、不利报道、中性报道三种，对于不利报道一定要具体分析，拿出对策，积极补救；对于合乎事实的批评性报道要积极改正，对于因误解而出现的失实报道，要积极寻求合适的途径，通过解释消除误会，对于故意歪曲的敌视性报道，要采取适当的策略，据理力争，尽量挽回自己的声誉。

主办单位还要就礼仪方面进行评估，以做好善后工作。如果发现有不妥或失礼之处，应向有关方面或相关人员致歉，借此修复、增进相互间的关系。

2. 展览会礼仪

展览会是指社会组织或机构为了介绍成果，展示业绩，推销产品、技术或专利，采用集中陈列实物、图片、模型、图表、文字、影像资料等供人参观了解的形式，所组织的宣传、推广性聚会，又叫做展示或展示会。展览会不仅可以有实物或模型等的展示，还可以配有现场的操作演示、解说，非常形象直观。因此，展览会是一个吸引新客户的绝佳场所。一个成功的展览可以让参展商在很短的时间内拥有一个全新的目标客户群，可以借助多种传播方式使展览方的信息广为传播，提高其知名度和美誉度。展览会服务过程中的礼仪策划是展览会的灵魂，许多大公司都有自己的会展策划部门，有些公司则不惜重金聘请专业的会展礼仪服务公司进行运作，以提高公司的知名度，做到一次展览，名利双收。

（1）制定参展目标。企业组织要成功地完成展览工作，需要有完善的展览计划，合理的会务预算。参展企业要根据展览会的规模、性质、本公司的经营情况合理地制订出展览计划。一般展览计划要提前半年到一年制订，要有具体的实施步骤及合理的会务预算，根据公司的预算金额来确定场地费用的投入、设备投入、宣传投入以及交通、食宿投入等花费。

（2）参展人员的选拔和培训。人的因素是会展工作成功的第一要素。一次成功的展览，需要筹备人员的细致周密的策划，也需要展台工作人员的团结协作、辛勤付出，是台前幕后工作人员共同努力的成果。无论是参展方工作人员的言谈举止、待人接物，还是展台的设计、布置等方面都可以体现出一个企业对会展礼仪的重视程度和掌握情况。因此，参展人员的选择、培训工作关系重大，不可掉以轻心。优秀的展会工作人员应该具备以下素质：

知识丰富、有团队精神、精力充沛、自信、热情、有创造性和进取心、有极强的应变能力、工作刻苦认真、诚实守信。

展览会的工作人员可以分为筹备人员和展台工作人员两大类。筹备人员负责展览会的各项筹备工作，分为设计、施工、宣传、广告、展品、运输、公关、行政、财务、后勤等方面，一般从广告部门、展览会部门、公关部门、宣传部门中选派，筹备人员负责保质保量地完成展览前期策划、展台布置、人员培训等工作，人员调配相对灵活，人数可随工作量增减。

展台工作人员负责展台各方面的工作，包括介绍展品、接待客户、记录情况、洽谈贸易、签订合同等环节，他们在会展期间直接同客户打交道，是企业形象的体现。展台工作人员的选拔和培训应该更加严格一些，一般应该从公司的信息部门、技术部门、生产部门和销售部门中选择，尤其一些行业性的展览，参观者中很大一部分是业内人士，一定要有产品专家、技术人员到场；参观者中也会有部分人员是经理、CEO、企业主等企业管理人员，因此可以安排公司的管理人员在固定时间亲临展台（展台前应有预告）。展台工作人员的数量应该取决于展台前的客流量，一般情况下，预测的单位时间内的接待客户量与单位时间内每个员工可以接待的客户数量的比率就可以作为展台员工人数的参照。

展览会工作人选确定之后，要提前两三个月对他们展开包装和培训。展台工作人员应统一着装，佩戴胸牌，在个人仪态、举止及语言上严格要求。还要进行相应的业务培训，包括对展会情况作全面了解，如参展人员的构成，会场的格局、展览计划、展品介绍及市场分析、客户情况的预测、分析等，对于每个成员在展览会上的任务要有具体的分工和详细的要求，同时，还要组织展台工作人员学习相关技能和知识，如关于本公司及产品的相关知识、同类竞争产品的相关知识、关于展览的知识和参展技巧、展台接待和推销技巧等。这些知识和技巧在展览会上的实用性极强，使用频率极高，可以在短时间内大大提高工作人员的展台工作能力，不可忽视。

（3）展前宣传。要保证会展期间自己的摊位面前有令人满意的客流量，保证展览取得可人的效果，展前宣传的工作不容忽视。事实上，在会展中很多参展企业会通过各种方式进行宣传，邀请相关领导、嘉宾和客户，期望他们届时光顾自己的展位。展前宣传不仅可以避免展位"门前冷落"的局面，还可以有效的提升企业形象。展前宣传的方式很多。邮件是最常用的方式之一，如亲自发送的邀请函、邮寄附带邀请函的礼物包裹，其他如赠送会展城市的餐饮指南或地图、各种广告或标语、赠券、贺卡、媒体报道、光碟、电话沟通、传真、网络等，若经济条件允许，邮件可分多次、多种形式寄出，最后一次宣传邮件应在会展前2～3周寄出，以确保对方能在展前3～5个工作日内收到。

（4）展台工作礼仪。展览会上展台工作人员的工作是否到位、是否合乎礼仪规范，直接影响到展览的成败。首先，要热情主动地招待客户。在展览会上分散人们注意力的因素有很多，如会场的表演、各种声像媒介等，亲切的交谈、热情的态度可以有效地排除这些干扰，赢得客户。而要有效地扩大客户量，就不能把工作对象局限于老客户以及路过展台的客户，要善于与客户攀谈、善于引导，以积极的态度、热情的帮助取得客户的认同。其次，要巧妙设计开场白。如果已经锁定了目标客户，要克服被拒绝的恐惧，主动攀谈，设计一些好的开场白，准备一些开放式的、可以引导客户深入谈下去的话题，与客户交流。再次，善于倾听、察言观色、了解客户的肢体语言，引导客户深入交谈。通过倾听把握客户的兴趣和关注点，积极引导，向客户介绍己方产品和服务的优势，邀请他们走进你的展台。最后，要给客户提供有用的信息。通过与客户交流，彼此建立了信任感，了解了客户的基本购买动机之后,要善于分析客户的需求,有针对性地向他们提供有用的商品信息。

(5)展后跟踪、总结、评估。展后工作包括跟踪、总结和评估三个方面。首先要对支持单位、合作单位、重要的参观商及媒体表示感谢,针对本次展览会发放意见调查表、征询表,通过新闻媒体对展览做回顾性报道;其次要进行展后总结,统计整理相关资料,对所做工作进行研究分析,为将来的工作提供数据资料、经验和建议;还要进行展后评估,将收集到的各类资料分类整理,对成本效益、宣传效果、目标任务的完成情况等进行评估,将有利于发现问题、改进工作、提高效率。

3. 洽谈会礼仪

社会组织或机构在业务往来的过程中经常会坐在一起进行协商、讨论,以建立联系、促进合作、沟通意见、达成意向、签署合同、拟定协议、处理争端或消除分歧等,这类会议形式就是洽谈会。洽谈会在商务场所的应用尤为广泛,是重要商务活动之一。洽谈会礼仪包括个人形象礼仪、座次礼仪、洽谈礼仪三个方面。

(1)洽谈者的仪容仪表。在仪容方面,出席洽谈会的男士应做到发际线整齐,头发长短适中;剃须,保持面部整洁,口无异味。女士要轻施淡妆,无妆或浓妆出席洽谈会是不合适的;发型要美观、端庄、整洁,香水气味不可过浓。

仪表方面,出席洽谈会的人员应做到着装正式、简约、端庄、规范。男士以穿深色西服套装为宜,配以白色衬衫、素色或图案简单、色彩淡雅的领带,深色棉质袜子、黑色皮鞋。女士宜穿端庄、雅致的西装套裙、单色衬衫、配肉色连裤或长筒丝袜,高跟或半高跟皮鞋。

(2)洽谈场所布置和座次安排。根据洽谈双方的协商,确定洽谈会举行的地点及东道主方之后,由东道主一方安排洽谈会举行的场所,并布置会场,预备相关用品,安排洽谈座次。

会场布置要做到环境整洁安静,空间宽敞明亮,设施齐备,并适当摆放鲜花,营造和谐、温馨的氛围。洽谈会的座次问题礼仪性极强,若座次安排不合礼仪,必然会引起对方的不满。举行双边洽谈时,应采用椭圆形或长型会议桌,宾主分坐于桌子两侧。若会议桌横放,那么,依照面门为上的原则,客方应居于面门一侧,主方位于背门一侧,如图7-4;若会议桌竖着摆放,则应该以进门的方向为准,遵循以右为上的原则,让客方居右侧,主方居左侧,如图7-5。

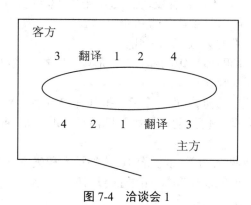

图7-4 洽谈会1　　　　　　　　　图7-5 洽谈会2

无论谈判桌横放还是竖放，各方主谈人员都应在自己一方居中而坐，其余人员按照国际惯例，遵循右高左低的原则，在主谈人员的两侧分坐。若有译员，译员要紧挨着主谈人员，坐在其右侧。

当举行多边洽谈时，按照国际惯例，多采用圆桌作为洽谈桌，举行"圆桌会议"，以淡化尊卑的界限。

无论是多边还是双边洽谈，都要尽可能安排各方与会人员同时入场，同时就座，尤其东道主一方，不可在客人之前入场就座。

（3）洽谈中遵循的礼仪原则。洽谈协商是为了建立合作关系或解决问题，无论洽谈会场的气氛如何，要始终如一地礼遇对方、尊重对方、理解对方，这样才容易共同实现洽谈目的。

首先，要本着平等、尊敬的原则。在洽谈的整个过程中，应排除一切干扰，时时、处处、事事礼遇洽谈对手，尊重对方，既要据理力争，又要以礼相待。有经验的谈判专家都有这样的体会，在洽谈中温文尔雅的态度、友好的表情、礼貌的语言、合乎礼仪的举止有助于消除对手的抵触心理，赢得对方的尊重和好感，会给对方留下好印象，有利于日后的进一步业务交往。在洽谈中要本着平等协商的原则，才会建立良好的合作关系，共同发展。平等协商就要求洽谈各方地位平等，相互尊重，不允许仗势欺人，以大压小；而洽谈的目的也正是通过协商，取得谅解，解决问题，而非强制、欺骗对方。

其次，要本着同存异、互利互惠的原则。有人说过：洽谈是一连串的不断要求和一个又一个的不断妥协。的确，任何一次正常的洽谈都没有绝对的胜利和失败，是由有关各方的不断让步来完成的一次又一次合作，这种让步不一定是对等的，只要符合公平、合理、自愿的原则，只要最大限度地维护或争取了各自的利益，就是合理的。商场之上最成功的合作是双赢。洽谈是双方在双赢的理念指导之下讨价还价，以求得最大可能的利润。因此，正常的洽谈结果应是双方本着既利己，又利人的原则达成的，是互利互惠的。

最后，要严肃对事，友好待人。洽谈会上，洽谈者在处理与对手的关系时，要做到人事分开，不要混淆朋友与洽谈对手的界限，谈判桌上是对手，谈判场外是朋友。洽谈过程中，要理性，既不可期望老朋友念旧情，对自己手下留情，也不可责怪对方见利忘义，不够朋友，做事"太黑"。正确的做法是做事要争，待人要敬。

4. 赞助会礼仪

社会机构或组织为了履行社会责任，扩大本单位、组织的知名度和美誉度，对某一社会事业、事件给予无偿捐赠或资助的集会活动，就是赞助会。社会单位通过成功地举办赞助会这一活动形式不仅可以很好地履行自己的社会责任，还可以有效地扩大本企业、本组织的知名度，提高美誉度。有时候，一个成功的赞助会可以收到广告宣传难以达到的宣传效果。

（1）赞助会的类型。赞助活动种类繁多，常见的大致有以下几类：

① 赞助体育事业。包括赞助大型体育比赛、赞助体育馆的建设等。尤其对比赛的赞助，能够获得极大的社会关注度，可以使赞助方名利双收。

② 赞助文化活动。包括赞助影视节目的制作，赞助电视、广播、报刊开辟专栏，赞助文艺演出，赞助文化节、艺术节、知识竞赛等大型文化活动。这种赞助活动有助于培养赞助机构和公众的良好情感，提高知名度。

③ 赞助社会福利事业。包括为贫困地区、孤残人员等弱势群体、荣誉军人和失学儿童等提供资助。此类赞助体现了单位、组织崇高的道德品质和极强的社会责任感。

④ 赞助教育事业。主要赞助方式有设立奖学金，赞助社会办学，赞助教学、科研经费，赞助仪器设备、基本建设经费等。

不管采用哪种赞助形式，主办单位在履行对社会的义务、承担社会责任的同时，都可以树立一个关心公益事业的良好形象，提高本单位的美誉度。赞助的方式多种多样，大致有金钱、实物、义卖、义工四类。

（2）赞助会礼仪。赞助活动的实施，往往采用会议的形式，将有关事宜公之于众。赞助会一般由受赞助一方操办，赞助方操办也是可以的。

① 会场的布置。赞助会举行的地点可以租用会议厅或使用受赞助方的会议厅，会议厅应该大小合适、干净整洁，厅内有适用的灯光、音响设备，主席台上方应悬挂写有"××赞助会"或"××单位赞助××项目大会"的横幅，会场布置不必过于豪华富丽，可以稍加装饰。

② 与会人选。参加赞助会的人选不可过多，有充分的代表性即可。应该包括赞助方、受赞助方的主要负责人及员工代表、政府代表、社区代表、群众代表及新闻界人士等。所有参加赞助会的人士都要着正装，注意语言行为的礼仪规范，表现得端庄得体，与赞助会庄重肃穆的气氛相协调。

③ 赞助会议程。赞助会是仪式性很强的活动，用时不必过长，一般在1小时之内完成全部活动：首先，主持人请全体与会者就座、肃静，并邀贵宾到主席台就座，宣布会议开始。由组织赞助会一方的负责人或公关经理担任会议主持工作。第二，奏国歌。全体与会者起立。还可演奏本单位标志性歌曲。第三，赞助方正式实施赞助。由赞助方代表上场宣布赞助的方式及额度，受赞助方代表上场，双方热情握手；赞助方代表将标有金额的巨型支票或实物清单双手捧给受赞助方代表，礼仪小姐在必要时可以提供帮助。第四，双方代表发言。赞助方代表首先讲话，主要阐述赞助的目的、动机，介绍本单位的概况；受赞助方代表讲话致谢。第五，来宾代表发言。一般邀请政府有关部门的负责人讲话，肯定赞助的义举，呼吁社会发扬这种友爱互助的美德。此议程也可省略。至此，赞助会结束，双方主要代表及会议的主要来宾应合影留念。

第三节　本章小结

庆典等专题活动和会议是每一个职场人员都要面对的、有着较强的仪式程序和规范的活动，怎样筹备、组织这些活动和会议，怎样参加种种活动和会议，会议的善后工作等各方面都有严格的礼仪规范要遵循。本章主要介绍了开业典礼、剪彩仪式、签字仪式以及一般会议和发布会、展览会、洽谈会、赞助会等专题会议的相关礼仪。

会议以及各种专题活动的礼仪不是独立存在的，而是水乳交融地包含在筹备、召开、善后等各阶段各环节中，因而，凡涉及专题活动和会议的每一个细节，都有礼仪的要求，我们应树立起遵礼守礼的观念，谨慎处理每一个环节，做到知礼守礼，建立良好的个人及组织形象，确保会议及专题活动的成功。

【思考与练习】

1. 简述出席庆典活动有哪些礼仪规范需要遵循？
2. 怎样筹备开业典礼？原则是什么？

3. 简述剪彩仪式的程序。
4. 会议期间会务工作人员按照会议礼仪应该做好哪些工作?
5. 举行新闻发布会需要做好哪些筹备工作?
6. 情景模拟:
   学生就学校或社会近期内发生的焦点事件,分配主持人、发言人、发布会会务人员、记者等角色,举办一个小型的新闻发布会。互相点评,角色互换后再尝试。
7. 综合练习:
   韩国一贸易公司一行5人(副总经理、销售部经理、外联部经理、驻华工作人员、翻译)到四方公司进行贸易洽谈,四方公司有5人参加(副总经理、采购部经理、市场部经理、市场部员工、翻译),请根据洽谈会礼仪原则安排座次(可分别采用会议桌横放、竖放两种格局)。
8. 案例分析:
   如今在香港地区,乐高国际大展已成为每年举办的很成功的大型玩具展览活动。但1982年的首次展览并不能使主办方信心十足。原因是举办展览的场地——香港展览中心位置偏僻,交通不便,很少有人知道其确切位置,孩子、老人前来极为不便。有利条件是乐高已经成为知名的玩具品牌,并提供了相关的宣传资料、有广告宣传的投入。承办的公关公司采取了宣传展会的精确位置、为参观者提供改善交通的措施、欢迎社会机构组团参展、组织丰富的参与性活动、免费接待社会福利机构的儿童并赠送玩具、特设新闻界预展时段、全方位立体化的媒体宣传等有力措施,使得为期5天的展览共接待达12万人次之多,盛况空前。请结合乐高国际大展的操作谈一谈要办好展览会需要做好哪些方面的准备。
9. 案例分析:
   吴玲的公司要举办一次大型的国际会议,邀请了很多商界知名人士和新闻媒体人士参加,吴玲被选为会议服务接待人员。由于早上睡过了头,吴玲赶到会场时,会议已开始,她急忙换好服装进入会场,开门进场的声音已经使她成为会议的焦点,刚站好不到五分钟,肃静的会场又响起了摇篮曲,原来是吴玲的手机,这一下,吴玲又成了会场的明星……听说没过多久,吴玲就被请"另谋高就"了。请运用学过的会议礼仪知识,结合本案例,谈谈对会务礼仪的学习心得。

第八章 涉外礼仪

本章提要

- ➢ 涉外礼仪的基本要求
- ➢ 涉外接待礼仪
- ➢ 涉外迎送礼仪

引　言

今天，随着我国改革开放的深化，随着现代交通和通信手段的发展，国与国之间的交往越来越频繁。尤其是随着全球经济一体化进程的加快，我国加入世界贸易组织，从而我国在国际社会中扮演着越来越重要的角色，进而国人与外宾交往的机会也越来越多。然而，东西方文化差异悬殊，作为一名现代中国人，不仅要了解本国的优秀礼仪文化，还需了解国际通行的礼仪规范，并在涉外活动中体现出来，做到胸有成竹、互相理解、互相尊重。在对外交往中，注重礼仪不仅有助于增进友谊、促进合作，还有助于维护国家形象和尊严，体现我"礼仪之邦"的风采。

第一节　涉外礼仪的基本要求

涉外礼仪是指在涉外交往与工作中，用以维护自身和国家形象，并向外宾表示尊重、友好、礼貌的各种礼仪规范。它是在长期的国际交往中逐步形成的，是国际通用的礼仪规范。

一、涉外礼仪的原则

涉外礼仪的原则，是根据礼仪规范与涉外交往活动实践，从整体性、普遍性高度加以概括形成的，对涉外交往具有普遍指导意义。常言道："小是小非讲风格，大是大非讲原则"，周总理也说"外事无小事"，可见讲求涉外礼仪原则的重要性。

依据涉外经验与教训，凡从事对外交往和涉外工作的人员，必须在实际操作中认真贯彻以下原则：

1. 不卑不亢，互相尊重

与中国人待人接物讲究含蓄、委婉和客套不同，西方人更讲究实事求是。因此在涉外交往中，我们不仅要热情友好，使对方感到亲切、自然，还要把握好热情友好的分寸，切不可过犹不及、事与愿违。"过头"了就会给人以卑躬屈膝、低三下四之感，"不及"则可能给人留下自大狂傲、放肆嚣张的印象。涉外交往既不能自吹自擂、自我标榜、一味抬高自己，也不要妄自菲薄、自我贬低与自轻自贱。对外国人过度地谦虚客套，反而会让他们怀疑你的真实能力。

本着互相尊重的原则，要明白尊重别人的前提就是要学会自尊，要敢于和善于对自己进行正面的评价和肯定，在言行举止方面尽可能做到不卑不亢、从容得体。

 小故事 8-1　　　　　　　表　扬

一位英国老妇人到中国旅游观光，对接待她的导游小姐评价颇好，认为她服务态度好，语言水平也很高，便夸奖该导游小姐说："你的英语讲得好极了！"小姐按照中国人讲谦虚的习惯，回应她说："我的英语说得不好。"英国老妇人一听生气了，心想：英语是我的母语，难道我都不知道英语该怎么讲？她越想越气，第二天坚决要求旅行社给她换导游。这件事在旅游行业乃至所有的窗口行业引起了极大反响。其实，面对外宾的表扬，最得体的回答是不卑不亢地说声："谢谢！"

2．平等相待，礼尚往来

涉外交往中，我们应一视同仁对待交往对象，平等地尊重对方，无论对大国、小国，强国、弱国，富国、穷国，都不能厚此薄彼。也不应对大人物和普通人有薄有厚，扬雄《法言义疏·修身》谓："上交不谄，下交不骄"，就是告诫人们不能以权取人，如果谁位高权重就巴结逢迎谁，谁位卑无权就瞧不起谁，这种做法是非常庸俗和失礼的。因为不论贫富，人们在人格和国格上都是平等的。除此之外，还应做到不以貌取人。

个人之间、企业之间、国家之间只有多接触、多了解、多沟通、平等相待才能相互理解，从而建立起稳定和良好的关系，达到双赢的效果。《礼记·曲礼》说："礼尚往来，往而不来非礼也，来而不往亦非礼也。"如果只有单方面的热情，另一方却反应冷淡、唯我独尊、不予理睬、甚至冷嘲热讽，是非常失礼的，严重者还有可能导致双方断交，产生敌对情绪。

3．尚礼好客，客随主便

涉外交往中，主人应热情好客，彬彬有礼，讲究规范。当发现我们的接待方式不适应客人时，可适当采用对方习惯的礼仪礼节，使之感觉舒适，有"宾至如归"之感，以示对客人的体贴和尊重。

反之，当我们作为客人去参加涉外活动时，切不可一味地我行我素，给主人增添麻烦，或让主人无所适从，而应客随主便，做到"入乡随俗"。

4．尊重礼俗，求同存异

由于各国的文化背景、社会制度各不相同，礼仪习俗存在着一定程度的差异。在涉外交往时，应尽可能地理解对方、尊重对方。特别是对那些并无恶意，但观点、立场、态度与自己不同的人，要做到求同存异、和平共处，尽力"不伤主人之雅，不损客人之尊"，展现宽广的胸怀和外交家的风度。交往中，既要顾及各国礼仪的"共性"（即遵守国际通行的礼仪惯例），也要顾及各国礼仪的"个性"（即尊重交往对象所在国的特殊礼仪与习俗）。

5．表态慎重，信守约定

"言必信，行必果"为古今中外所推崇。表态慎重即强调在涉外交往中，言行一定要谨慎，表态一定要慎重，切不可说大话、空话，更不能信口开河，随便承诺。时间是一种最特殊、最稀有的资源。美国作家爱默生说："要以一个人对时间的重视程度来衡量这个人。"在现代，时间是效率、是速度、是生命、是金钱的观念被越来越多的人所接受。外国有句谚语："宁可丢掉钱袋，也别违约食言。"

西方人常常把信誉、商誉和荣誉连在一起。他们做事认真且有计划，一旦做出决定，不会轻易改变。商业约会也特别准时，而且常常提前赶到，但只在主人门前等待，直到时间到了才按门铃。5 分钟是对方等待的极限。如果你因故而预计不能准时赴约就得事先设法通知对方，而且是通知得越早越好，否则会被认为极度失礼。在西方，社交场合中有两种人是最不受欢迎的：第一种是失约且未事先打招呼的人，这种人若在西方上流社会是不可能被再次邀请的；第二种是不守时的人，尤其是常常迟到的人，他们不尊重别人的时间，没有礼貌，所以不受欢迎。

在中国，由于过去长期小农经济的影响，一部分人日出而作、日落而息，没有时间观念，致使迟到、改约、失约甚至违约现象频频，他们大都习以为常、不以为然。但是在今天这个生活和工作节奏变得越来越快捷的社会，在国际交往频繁的新时代，人们的观念必须发生改变。

涉外交往中，我们还必须做到遵守承诺、言而有信。如果言而无信、有约不守或守约不严，不仅是不尊重对方，更是有辱国格人格。

二、涉外交往须知

1. 注重形象

当今世界，尽管各国社会形态不一，经济发展水平不等，民族人口多寡不均，国家大小有别，但文明民族对礼仪礼貌的高度重视却是共识。

国家或民族的文明程度越高，其国民或族人就越讲礼貌懂礼节，其国际形象就越佳。在国际交往中，人们对交往对象的个人形象普遍倍加关注，因为个人形象总是与国家形象、民族形象、企业形象密切相关，通过个人形象可以如实地体现出对交往对象的重视程度，而且个人形象能真实展现人的教养和品位、精神风貌和生活态度。涉外交往中，外国人对中国的了解和看法，除间接渠道外，大多来自他有机会接触到的某些中国人。因此，国人若不注意维护自身形象，某种程度上就有可能损害国家形象与企业形象。我国是一个文明古国，素有"礼仪之邦"的美誉，作为涉外人员，应时刻不忘祖国的利益高于一切，热爱祖国和人民，在尊重他国利益和尊严的基础上，要以规范、得体的方式塑造和维护自己的个人形象，进而维护好国家、企业形象。

小故事 8-2　　　　　　　　　戴　　帽

我国元朝，有一个名叫胡石塘的文人进京赶考。此人满腹经纶、才超群儒，但有一个最大的缺点就是不修边幅，经常衣冠不整，别人提醒他，他也满不在乎。在元世祖忽必烈召见时，他所戴的帽子还像平常一样歪斜着。元世祖就问他都学了些什么？胡生答道："修身、治国、平天下之学。"元世祖笑着说："自己的一顶帽子都戴不端正，还能平天下吗？"胡生汗颜。从此回家教书，第一课即教学生注重仪容仪表："衣贵洁，不贵华，冠必正，纽必结，袜与履，俱紧切。"

2. 尊重女士

在西方，"女士优先"被认为是男士具有高雅风度的表现。现在，尊重妇女已是国际社会公认的一条重要的礼仪原则，也是衡量男子是否具有文明教养与礼仪风度的重要标准。

尊重妇女、女士优先的本意，是要求每一位成年男子，在社交场合里，都要尽自己的一切可能来尊重女士、体谅女士、帮助女士、照顾女士、保护女士，并且随时随地义不容辞地主动挺身而出替女士排忧解难。如参加社交聚会时，宾客见到站在一起的男女主人时，应先与女主人打招呼；女士进入聚会场所时，先到的男士应站起来迎接。在社交场合当介绍来宾时，应先把男士介绍给女士；当男女双方握手时，只有等女士伸出手之后，男士方可与之相握。在上下车、进出电梯时，均应让妇女先行，男士应主动予以照顾。在旅途中，遇到携带行李的女士，男士应帮助提携并放好行李。如果男女并排行走，男士应当自觉请女士走在人行道的内侧，自己走在外侧。在同时需要称呼多人时，合乎礼仪的称呼方法是："女士们，先生们"，而不是反过来。男士言辞必须文明高雅、表达分寸要得当，不得当着女士的面讲粗话、脏话或开低级下流的玩笑。在西方，人们认为尊重妇女就是尊重人类的母亲，这是一个文明人所应有的教养。

3. 守法，环保

人类生存的外部环境，是人类社会赖以生存和发展的基础，与人类的生活质量息息相关。从本质上讲，爱惜和保护环境就是对整个人类的爱惜和保护。因此每个人都有义务对爱惜和保护环境，无论是为了发展经济还是为了提高生活质量，都不能以牺牲环境为代价。注重环保是国际舞台上备受关注的焦点话题，在日常生活中能否以实际行动爱护环境，已被视为一个人有否教养、讲否公德的重要标志之一。

由于我们过去对环境保护不够重视，沙尘暴、水污染、大气污染等现象越发严重，致使珍贵的野生动物濒临绝种、自然资源越来越少，大自然给我们提出了严重警告。近年来，中国人的环保意识已逐步增强，政府也逐步采取了强有力的环保措施，破坏环境、污染环境、虐待动物的情况已有很大改善。

 小知识 8-1　　　　　　爱护环境的主要内容

爱护环境的主要含意是指在日常生活中，每个人都有义务对人类所赖以生存的环境自觉地加以爱惜和保护。从严格意义上讲，爱护环境属于社会公德的范畴，也是社交礼仪的基本要求。爱护环境的主要内容有：①不可损毁自然环境；②不可虐待动物；③不可损坏公物；④不可乱堆乱放私人物品；⑤不可乱扔乱丢废弃物品；⑥不可随地吐痰；⑦不可随处吸烟；⑧不可任意制造噪音。

4. 尊重隐私

涉外礼仪强调以人为本，要求尊重个人隐私、维护人格尊严，并以此作为有无教养，能否尊重和体谅交往对象的重要标志。在西方讲究"6 不问"，即凡涉及经历、收入、年龄、婚恋、健康状况、政治见解等均属于个人隐私，别人均不应查问。西方人特别是妇女，一般不把自己的年龄告诉别人，询问年龄、冒失问异性婚否等，会让人觉得讨厌，是极其失礼的。西方人还不喜欢随便给人留家庭住址，也不随便请人到家做客，不愿透露个人收入状况。在西方人认为宗教信仰和政治派别是非常严肃的事，不可随便谈论。其实我们完全可以选择诸如天气、体育、音乐和环保等安全适宜的话题与人交谈。

第二节 礼宾次序与国旗悬挂

一、礼宾次序

1. 礼宾次序的概念

礼宾次序是指在国际交往中对出席活动的国家、团体人士的位次，按某些规则和惯例进行排列的先后次序。它不仅体现东道主给予外宾的礼遇，而且还表示各国主权的平等地位。礼宾次序安排不当或不符合国际惯例，往往会引起不必要的争执和麻烦，甚至影响到国际关系，因此在组织涉外活动时必须高度重视。

2. 礼宾次序的要求

在中国古代，通常是以左为尊，就座时，主人往往把自己左边的位置留给客人以示自己的谦恭。而在现代交往中，尤其是我国加入WTO后，游戏规则与国际接轨，一般应遵循"以右为尊"的原则，这是一种约定俗成的国际惯例。无论是悬挂国旗，会见、会谈的座次安排，国宴的席位安排，还是坐车、行走，凡涉及位次排列时，都讲究以右为大、为长、为尊。根据国际惯例，将多人进行并排排列时，最基本的规则是右高左低，即以右为上，以左为下；以右为尊，以左为次。如，与人并行时，主人应主动居左，请客人居右；男士居左，女士居右；晚辈居左，长辈居右；上司居右，属下居左。现在我国领导人会晤外宾时也依循国际惯例，让外宾坐在自己的右侧，以示对国际友人的尊重和友好。

3. 礼宾次序的排列方法

按照国际惯例，常见的礼宾次序有以下三种排列方法。

（1）按来宾身份与职务高低顺序排列。在国际交往中，一般按来宾的身份与职务的高低顺序安排礼宾次序，这是礼宾次序排列的主要依据。例如，按国家元首、副元首、政府总理（首相）、副总理（副首相）、部长、副部长等顺序排列。在部长级人员中，外交部长应列首位。各国提供的正式名单或正式通知是确定职务的依据。由于各国的国家体制不同，部门之间的职务高低也不尽一致，在多边活动中，有时按其他方法排列，但无论按何种方法，都必须考虑身份与职务的高低。

（2）按参加国国名字母顺序排列。在国际性会议、多边谈判、国际体育比赛等活动中，礼宾次序多按参加国国名字母顺序排列。一般以英文字母顺序排列居多，少数也有按其他语种的字母顺序排列的。联合国大会的席位次序，也按英文字母顺序排列，但为了避免一些国家总是占据前排席位，因此每年要抽签一次，以决定本年度大会的席位以哪个字母为首，以使各国都有机会排在前列。在国际体育比赛中，体育代表团名称的排列、开幕式出场的顺序，一般都按国名字母顺序排列（东道国排在最后）。

（3）按时间顺序排列。在多边活动中，礼宾次序按通知代表团的日期先后排列是经常采用的方法之一。东道国对同等身份的国外代表团，可按派遣国通知代表团的日期先后，或按代表团抵达活动地点的时间先后，或按派遣国决定应邀派遣代表团参加活动的答复时间先后顺序排列。究竟采用何种排列方法，东道国在致各国邀请书中都有明确注明。

二、国旗悬挂

国旗，是指某个国家由宪法规定的代表国家的旗帜，它是国家的标志和象征，代表着一个国家的尊严。国旗能够唤起国民的爱国热情、对国家的责任感和荣誉感。

人们往往通过悬挂国旗表示对他国的尊重或对本国的热爱。在一个主权国家的领土上，一般不得随意悬挂他国国旗。许多国家对悬挂外国国旗，都有专门规定。在国际交往中，还形成了悬挂国旗的一些惯例，为各国所公认。

1. 悬挂国旗的场所

（1）一个国家的外交代表在接受国境内，有权在其办公处和官邸以及交通工具上悬挂本国国旗。

（2）一国元首、政府首脑在他国国土上访问，在其住所及交通工具上悬挂本国国旗（或元首旗）是一种外交特权。东道国在接待来访的外国元首、政府首脑时，在隆重场合、贵宾下榻的宾馆、乘坐的汽车上悬挂对方（或双方）的国旗（或元首旗），是一种礼遇。

（3）在国际会议上，除会场悬挂与会国国旗外，各国政府代表团团长亦可按会议组织者的有关规定，在一些场所或车辆上悬挂本国国旗。

2. 悬挂国旗的要求

（1）在室外悬挂国旗，应日出升旗，日落降旗。参加升降国旗仪式者，应服装整齐，立正，脱帽行注目礼。升旗一定要升至杆顶。

（2）悬挂双方国旗，右为上，左为下。两国国旗并挂时，应以旗本身面向为准，右挂客方国旗，左挂主方国旗。在汽车上挂国旗时，以汽车行进方向为准，司机右手为客方，左手为主方。

（3）国旗不得倒挂、反挂。正式场合悬挂国旗宜以正面面向观众。如果挂在墙壁上，应避免竖挂和交叉挂。

（4）致哀应降半旗。降半旗的方法是先将旗升至杆顶，再下降至离杆顶约三分之一杆长的地方。降旗时，也应先将旗升至杆顶，然后再下降(有的国家不降半旗，而在国旗上方挂黑纱致哀)。

3. 国旗尺寸

各国国旗的图案、式样、颜色、比例均按本国宪法规定。不同国家的国旗，其长、宽比例是不同的，因此在并排悬挂时，应按同一规格略放大或缩小，使旗的面积大致相等。旗面应完好、整洁，不能使用有污损的国旗。

第三节　涉外迎送礼仪

迎来送往是涉外礼仪中首尾两个重要环节,有时甚至是对外贸易和商务活动成功与否的关键环节。一个精心安排的欢迎仪式,能为客人创造良好的第一印象,而一个周到完美的欢送仪式,也能为客人留下一个美好的回忆,使对方久久不能忘怀。在涉外活动中,对外国来宾,一般应视其身份和来访性质等因素,安排相应的迎送活动。

一、确定迎送规格

迎送外国客人,首先要确定迎送规格。主人知道客人来访,应首先知道来访者的身份和地位,这是确定迎送规格和档次的唯一标准。迎送外宾,无论是个人还是团体,都应事先确定迎送的规格。迎送规格宜采用对口、对等的原则,双方应身份相同、职位相等,这是对来宾的礼遇。因为特殊原因不能完全采用对等原则的,也不能双方身份相差太大,须灵活变通、综合平衡,由职位相当的人士或副职来替代。如果来访者是经贸部长,那么接待方也应是经贸部长;如果来访者是企业总裁或董事长,那么接待方也应是总裁、董事长或企业的最高负责人。如果被确定前去迎送的人,由于某种特殊原因,不能或不便前去迎送,应从礼貌出发,向对方做出解释,以示对客人的尊重。

二、迎送准备

在确定迎送规格之后,紧接着要做好周密的各项迎送准备工作。迎接外宾,首先应事先根据来访者的身份、地位及来访者的人数安排好宾馆。最好在对方尚未出发之前,先问清宾客对住宿有何要求。如对方是初次来华,对我国的情形较为生疏,那么最好代为预订在国外闻名的国内宾馆、饭店。在外宾到达之前,如果能预先将根据客人所在国风土人情准备的礼物送至客房,给外宾一个意外的惊喜,使其有一种宾至如归的感觉,是一种很得体的做法。

其次,要掌握客人抵达和离开的时间,准备好交通工具。为了顺利地迎送客人,迎送人员必须准确掌握来宾乘坐的飞机或火车、船舶的抵离时间。如果对方是重要的外宾或者是初次来华,迎送人员一定要前往迎送。到机场迎送客人,应遵循"别让对方等待"的原则,必须提前10~20分钟抵达。前往迎送的人员宜安排和对方身份相称的人,如果需要可带翻译。如果要迎接的客人素未谋面,一定要事先了解其外貌特征,并准备一块迎客牌(接站牌,特别隆重的可用横幅),用中英文书写上"欢迎××先生(小姐、女士)"及本组织的名称。

送别时,如有欢送仪式,应在欢送仪式之前到达,并等到客人乘坐的交通工具看不见时才离去。迎送宾客,应事先安排车辆,不可临时调动,给人以仓促之感。有些外宾对乘坐的车子很讲究,一定要根据来宾的身份、地位及对车子的嗜好准备好交通工具,这直接关系到外宾的满意度,对合作的成败起着一定的作用。

三、迎宾礼仪

1. 介绍与行礼

迎接时,客人走下飞机、火车或轮船时,应热情迎上去,说问候语,行见面礼。客人初来乍到，主人应主动与来宾行见面礼。见面礼有握手礼、拥抱礼、鞠躬礼等，应根据来宾国家民族的风俗习惯或国际惯例来确定。一般以握手礼为国际通用。现在许多国家的迎宾场合，宾主往往是握手、拥抱、左右吻面或贴面等连贯性礼节。行见面礼后，双方开始互相介绍。通常由迎接方身份最高者或熟悉外宾的人员出面介绍，将前往欢迎的人员按身份依次介绍给客人。亦可由礼宾交际工作人员、接待翻译来介绍。

有的国家（如日本）的客人习惯于以交换名片来介绍自己的姓名和身份，如果双方是初次见面，应首先将自己的名片递给对方，使对方一目了然。如安排献花，应用鲜花或由鲜花扎成的花束，花要整洁、鲜艳，要根据来宾的国家和民族的喜好与禁忌确定鲜花的品种和颜色，忌用菊花、杜鹃花、石竹花和黄色花朵。献花通常要安排在宾主见面和相互介绍完毕之后，由少年儿童或年轻女士将花献上，并行礼。

2. 陪车

在客人抵达或离开之时，要专车接送，并由有关人员陪同乘车。车辆应先于来宾的时间到达机场、车站或码头，不能出现让客人等候的现象。遵循乘车的礼节和规范也是涉外迎宾礼仪的一个重要方面。上车时要"尊者先行"、"女士优先"，即请长辈、身份高者、女士先上车。座位安排遵守"以右为尊"原则，主人陪车，应请主宾坐在主人右侧，随员坐在司机旁边，而且一般客人右侧门上车，主人则左侧门上车，待来宾坐定方可关门。若是主人亲自驾车，主宾则坐在司机右侧座位上。下车时，要"尊者居后"，即长辈、身份高者、女士后下车。迎宾者应提前下车，为来宾打开车门，用手挡住车门上框，协助其下车。

关于车的前排与后排，我国和亚洲许多国家习惯以后排右边的座位为上，主人陪同客人坐于轿车后排，以示敬意；然而欧美有些国家却把前排视为上座，他们认为前排座位视野开阔，便于观望景致，把客人安排在后排则被视为"失礼"。所以一定要根据外宾的习惯来安排轿车座位。宾主上车后，主人应通过交谈来活跃车内气氛，主要话题是本地风土人情、人文景观等，也可介绍沿路景点。还可将日程表送到客人手中，以便其安排私人活动或回访、宴请等时间。

迎接人员在接待外商的过程中，应该始终面带微笑，不要故作矜持，一语不发。

四、迎送过程中的礼仪

除了遵循上述的迎宾礼仪外，还应注意迎送过程中的礼仪。如果不去送行或客人抵达后才匆忙赶到，对外宾来说都是失礼的，会对整个事件影响很大，千万不能因小失大。下列具体事务是迎送过程中应遵循的。

1. 迎送贵宾时，应事先在机场（车站、码头）安排贵宾休息处，准备好茶水、饮料。
2. 客人到达住处后，应给予足够的休息时间，再开展其他活动。
3. 客人的住宿、膳食应事先订好，并提前通知到具体客人。
4. 客人抵离，应派专人协助办理出入境手续及机票（车票、船票）、行李提取与托运手续等。
5. 飞机起飞或轮船、火车开动之后，送行人员应向外宾挥手致意，直到飞机、轮船、火车在视野里消失才可以离去。整个迎送活动安排要热情、周到、有条不紊，使来者乘兴而来，满意而去。

第四节　涉外会见与会谈礼仪

在涉外交往中，会见与会谈是一种十分重要的交往形式，它既具有礼仪性，又具有实质性，并有广泛的适用范围，可以在不同的层次和各个不同方面的人员中进行。会见是指人们在某些正式场合的见面。按国际惯例，凡身份高的人会见身份低的人或东道主会见来访者，称作接见或召见。凡身份低的人会见身份高的人或是来访者会见东道主，称作拜会或拜见。我国不作上述区别，一律统称会见。

会见从内容方面可分为礼节性的、政治性的和事务性的，或兼而有之。礼节性会见时间较短、话题较广泛，一般不涉及具体实质性问题，重在沟通信息、联络感情。政治性会见一般涉及双边关系、国际局势等重大问题，时间可长可短。事务性会见指一般外交交涉、业务商谈等，时间较长，也较严肃。

会谈是双方或多方就实质性的问题交换意见、进行讨论、阐述各自的立场，或为求得某些具体问题的解决而进行的严肃而正式的商谈。如各国贸易代表、各国企业、公司之间关于商务、经济合作等方面的会谈。会谈一般内容较为正式，专业性较强。会谈也可按不同的类型进行分类，按会谈首席代表的身份、地位，可分为最高层次会谈、专业人员会谈等；按会谈内容性质，可分为实质性会谈、技术性会谈等；按程序又可分为预备性会谈、正式会谈和善后性会谈等。

一、会见与会谈的准备

在涉外活动中，会见和会谈应提前做好准备。

1. 约定时间和地点

会见和会谈的时间、地点应该是双方事先约定。如果一方要求拜会另一方，应提前将会见、会谈时间和地点告知对方，接到要求的一方如同意对方的请求应通知对方。不予答复或无故拖延有可能会导致关系恶化，合作失败。会见和会谈要在经双方协商确定都认为合适的时间、地点进行。高级领导人之间的会见通常安排在重要建筑物的宽敞的会客厅内进行，也有在宾客下榻的酒店的会客室或办公室内进行。

2. 确定人员和规格

双方确定会见、会谈的时间后，提出要求会见会谈的一方，应提前将自己一方出席人员的姓名、职务提供给对方。接到要求的一方也应把自己一方参加人员的名单通知对方。参加会见会谈的人数及双方最高领导者的身份、地位应大体相等。

3. 了解背景和准备资料

在会见会谈中，不论是作为主方还是客方，与外宾会见、会谈均应了解对方背景资料及其习俗、禁忌、礼仪特征等。参加会谈还应在文字资料方面做好准备，如需提供外方参阅的，还要准备好外文资料。

二、场所的布置与座次安排

一般公务性或商务性的会见会谈,在国外多在主人的办公室内进行,在我国大多在会客室或会议室进行。

1. 场所的布置

在涉外活动中,东道主应根据来访者的身份和访谈目的,安排人员对场所进行精心布置,使其宽敞明亮、整洁。这一方面是对外宾的礼貌和尊重,同时也是向外宾展现企业的整体形象。有位美学大师曾说:"房间的陈设足以展现人们的心灵和品位。"任何一个公司和企业的会客室,不论其面积大小,档次高低,从礼仪的角度来看,其光线、色彩、温度与湿度四大要素应在优先考虑之列。

会客室的陈设与装饰应简洁、实用、美观、整洁。会谈桌上通常放置两国国旗,会谈桌事先要安排好座位图,现场每一座位上放置中外文座位卡,上写中文,下写外文。卡片字体应工整、清晰,以便与会者对号入座。如果会谈场所面积较大,人数较多,还应安排扩音设备。会谈场地正门口还应有专人安排迎送,对于级别高的客人,将其送达座位,并安排入座。会客室应安排足够的座位。

此外,还应备有一定的茶具、茶水或饮料。场所周围应备有完好的通讯、传真、复印设备及必要的文具,以备临时之需。

2. 会见会谈座次的安排

按照惯例,会见会谈时宾主座次均由主方负责安排。

(1)会见座次安排。会见通常安排在会客室或办公室。宾主各坐一边。某些国家元首会见还有其独特礼仪程序,如双方简短致辞、赠礼、合影等。我国习惯在会客室会见,客人坐在主人的右边,译员、记录员安排坐在主人和主宾的后面。其他客人按礼宾顺序在主宾一侧就座,主方陪见人在主人一侧就座。座位不够可在后排加座,如图8-1。

(2)会谈座次安排。会谈,一般说来内容较为正式,政治性或专业性较强。双边会谈通常用长方形或椭圆形桌子,宾主相对而坐,以正门为准,主人在背门一侧,客人面向正门。主谈人居中。我国习惯把译员安排在主谈人右侧,但有的国家亦让译员坐在后面,一般应尊重主人的安排。其他人按礼宾顺序左右排列。记录员可安排在后面,如参加会谈人数少,也可安排在会谈桌就座。

① 横桌式:面门为上,居中为上,以右为上(静态的右),如图8-2。

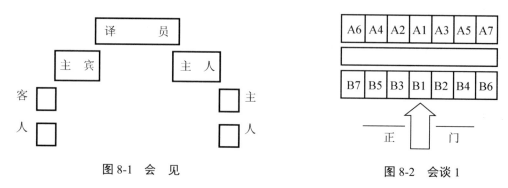

图8-1 会见   图8-2 会谈1

② 竖桌式：以右为上（动态的右），居中为上，以右为上（静态的右），如图 8-3。
③ 小范围的会谈，也有不用长桌，只设沙发，双方座位按会见座位安排，如图 8-4。

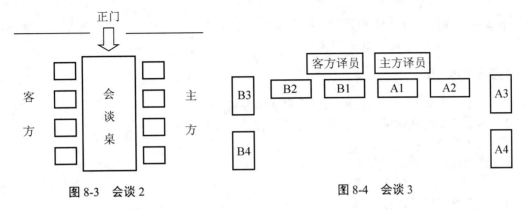

图 8-3　会谈 2　　　　　　　　　　图 8-4　会谈 3

三、会见与会谈中的具体礼仪

（1）主方应提前到达会见或会谈场所，以迎候外商到来。外商抵达时，主人应在门口迎接，与客人握手、致意或由专门迎宾人员迎接，主人在主宾左侧，陪伴客人步入会见厅。

（2）会见会谈期间，应准备招待的茶水或饮料。我国一般只备为茶水，夏天加冷饮，如会见的时间过长，可适当加上咖啡（红茶）和点心。

（3）重要的会见会谈，除陪同人和必要的译员、记录员外，其他工作人员安排就绪后均应退出。如允许记者采访，也只是在正式谈话开始前采访几分钟，然后全部离开。谈话过程中，旁人不要随意进出。

（4）如需合影，应事先做好安排，如摄影器材、人员、摄影场地等。合影时双方主要领导居中，主人右侧为上，双方分两边排列站好。如人数较多，可排成数排，身份高者站在前排，其余按顺序排后。事先应准备好后排站人的梯架。摄影师要注意使所有人都摄入镜头。一般来说，不宜让客人站在两端，最好由主方人员把边。如图 8-5 所示。

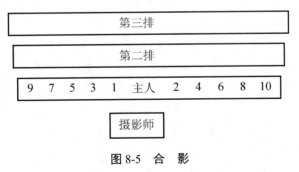

图 8-5　合　影

（5）会见会谈结束，主人应将客人送至门前或车前，握手话别。客人应当表示感谢，还可以趁机发出邀请。主人目送客人离去后方可转身离开，整个会见会谈程序及接待工作宣告结束。

第五节 本章小结

本章主要探讨涉外礼仪的原则、礼宾次序和迎送礼仪，是社交礼仪在外事场合的具体应用。外事无小事，望能引起高度重视。

【思考与练习】

1. 什么是涉外礼仪？涉外礼仪的原则有哪些？
2. 尊重妇女的具体做法有哪些？建议进行课堂模拟演示。
3. 试述爱护环境的主要内容。
4. 礼宾次序主要有哪几种？
5. 外事场合应如何悬挂国旗？
6. 如何确定迎送规格？
7. 迎送外宾应注意什么？

第九章 部分国家礼仪文化

本章提要
- 各国礼仪文化
- 宗教礼仪简介

引 言

礼仪受国别、地域、宗教信仰、文化背景、民族特征、社会风俗和政治制度等因素的影响，不同国家、不同地区的礼仪会有所差别，形成不同的礼仪文化。因此，在国际商务交往中，要了解、尊重有关国家的商务礼仪，做到因人施礼。

第一节 各国礼仪文化

一、亚洲国家礼仪文化

亚洲是世界文明古国中国、古印度、古巴比伦的所在地，又是佛教、伊斯兰教和基督教的发祥地，对世界文化的发展有着重大的影响。

（一）日本

国名：日本。
国旗：旗面为白色，正中有一轮红日。白色象征纯洁和正直，红色象征真诚和热忱。
民族：主要是大和民族。
语言：日语。
宗教：神道教和佛教等。
货币：日元。

1. 礼貌礼节

日本人的特点是勤劳、守信、遵时、生活节奏快、工作效率高、民族自尊心强、注重礼节。日本人在初次见面时，相互鞠躬、互递名片，一般不握手。没有名片就自我介绍姓名、工作单位、职务，如果是老朋友或者是比较熟悉的就主动握手或拥抱。

日本人常用的寒暄语有"您好"、"您早"、"请休息"、"晚安"、"对不起"、"请多关照"、"失陪了"等。日本人比较讲究鞠躬礼，往往第一次见面时行"问候礼"，鞠躬30°；分手离开时行"告别礼"，鞠躬45°。

日本人盛行送礼，他们既讲究送礼，也讲究还礼。日本人送礼、还礼一般都是通过运输公司的服务员送上门的，送礼者和受礼者互不见面。主人或侍者斟酒时，要右手持壶，左手托壶底，壶嘴不能碰杯口；客人则右手拿酒杯，左手托杯底接受对方斟酒。在一般情况下，客人接受第一杯酒是礼节，客气地谢绝第二杯不为失礼。谢绝第二杯酒的客人，不能将酒杯倒放，要等大家喝完酒后，一起把酒杯倒放在桌子上。

日本人比较注意衣着仪表的美观，不修边幅被认为是没教养，是受人鄙视的。公共场合一般要着礼服，可以西装革履，西装要为套服。天气热时穿衬衣也不能卷起袖子；参加聚会时，主人没有请宽衣，不能随便脱外衣；一般场合下都不允许穿背心或赤脚。在民间节日，日本人最喜爱的还是穿和服，特别是妇女，认为只有穿上民族色彩的和服才是最正式、最有礼貌的。

2. 饮食习惯

"日本料理"自古被称为"五味、五色、五法料理"，也有"中华料理"和"西洋料理"之分。

日本人以熟食为主，也喜生食。著名的日本风味食品有生鱼片、寿司和鸡素烧。早餐以牛奶、面包、稀饭为多，午餐和晚餐的主食是大米，副食主要是蔬菜和鱼类。日本人爱吃鱼、爱吃面酱、爱喝中国的名酒、爱在凉菜上撒点芝麻、紫菜末、生姜丝、白酱等。日本人吃菜清淡，不喜欢油腻，喜欢鲜中带甜的菜。

3. 忌讳

日本人忌荷花图案，认为荷花是"妖花"。赠送礼品时切勿赠数字为9的礼物。送日本人婚礼礼金时要避免偶数，因为他们认为偶数是2的倍数，容易导致夫妇分离。在日本不能三人合影，日本人认为中间的人被两个人夹着，是不祥的预兆。在日本发信时邮票不能倒贴，倒贴是绝交的表示。日本人用筷子特别有讲究，在餐桌上有放筷子的筷托，用筷时有八忌：忌舔筷、迷筷、移筷、扭筷、插筷、掏筷、跨筷、剔筷。同时，还忌用一双筷子给大家依次夹取食物。日本人没有相互敬烟的习惯。与日本人一起喝酒，不宜劝导他们开怀畅饮。日本人很忌讳别人打听他的工资收入，年轻的女生忌讳别人询问她的姓名、年纪以及是否结婚。

（二）韩国

国名：大韩民国，简称韩国。

国旗：白色旗中间有一个红蓝相间的八卦图案。

民族：朝鲜族，讲韩语。

宗教信仰：大多数人信仰佛教。

货币：韩元。

1. 礼貌礼节

韩国是一个礼仪之邦，其礼俗与我国朝鲜族基本相同，尤其在敬老爱幼、礼貌待人方面更为注意。韩国人见面时一般以咖啡、不含酒精的饮料或大麦茶招待客人，客人不能拒绝。在晚辈见长辈、下级见上级时的规矩很严格：握手时，应以左手轻置右手腕处，躬身相握；与长辈同坐，要挺胸端坐，若想抽烟，须征得在场的长辈同意；用餐时不可先于长者动筷。韩国人在进行业务洽谈时，习惯在饭店的咖啡厅或附近类似的地方举行。韩国人在公共场所不大声说话,妇女在发出笑声时要用手帕捂住嘴,以免失礼。在韩国,女子同男子见面时,女子先向男子行鞠躬礼,致以问候。男女同座时,男子位于上座,女子坐下座。多人相聚时,往往根据身份高低和年龄大小依次排定座位。聚会致词以"先生们、女士们"开头。在社交场合,男女分开活动。

在韩国如被邀去做客,不可空手前往,应带一束鲜花或一份小礼物,并用双手奉上。接受礼物时不可以当面打开。进入室内时,要将鞋子脱下留在门口。韩国人宴会礼仪较多,用餐要请长辈先吃。对主人头一两次敬菜要推让,第三次才接受。宴会主人则要坚持敬菜。他们喜欢相互敬酒、喝交杯酒。年轻人要先向老人或长辈斟酒。为人斟酒,要右手持酒瓶左手托前臂,受酒者应举起自己的酒杯。拒绝别人的酒是不礼貌的表现,如不胜酒力,可在杯中剩点酒。他们原谅喝醉酒的人。吃饭时不能把菜盘的食物吃光。饭后喜欢唱歌,被邀请唱歌时不应拒绝。

2. 饮食习惯

韩国人的主食是米饭和打糕。韩国人爱吃辣椒、泡菜,烧烤中要加辣椒、胡椒、大蒜等调味品。韩国人喜欢吃牛肉、猪肉、鸡肉和海味,素菜中喜欢吃黄豆芽、卷心菜、细粉、菠菜、萝卜、洋葱等。韩国人早餐不吃稀饭。对他们来说,汤是每餐必不可少的。有时汤中要放猪肉、牛肉、狗肉、鸡肉烧煮;有时也简单的倒点酱油,加点豆芽即可。韩国人在用餐时很讲究礼节,用餐时不随便出声,不边吃边谈,如不注意这些小节,会引起他人反感。

3. 忌讳

韩国商务人士在与不了解的人来往时,要有一位双方都尊敬的第三者介绍和委托,否则不容易得到对方的信赖。到公司拜会,必须事先约好。会谈时间最好安排在上午10点至11点左右,下午2点至3点。韩国人对4非常反感,许多楼房的编号严忌数字4,军队、医院等绝不用4编号。在饮茶或饮酒时,主人总是以1、3、5、7的数字来敬酒、敬茶、布菜并力避以双数停杯罢盏。

(三)泰国

国名:全称泰王国,泰语意为"自由之国"。

国旗:五个平行的长方形,最上和最下的长方形为红色;中间的长方形为蓝色,蓝色两侧的长方形为白色。

民族:泰族,老挝族,另外还有掸族、马来族、高棉族等。英语为通用语。官方语言为泰语。

宗教信仰:佛教为国教。

货币:泰铢。

1. 礼貌礼节

在泰国,佛祖和国王是至高无上的;人的头是神圣的;脚除了用于走路之外,不要轻举乱动,否则很可能会冒犯朋友而自己还不知道。泰国人见面时,通行的是合掌礼:双手相合上举,抬起在额头与胸部之间。双掌举起越高,表示尊重程度越高;但与职务、地位高者、老者还礼时手腕不得高过前胸。长者在座,晚辈只能坐在地上,或者蹲坐,以免高于长者的头部,否则被视为对长辈的极大不敬。有人坐着时,也不能把物品越过其头顶。给长辈递东西时必须用双手。一般人递东西用右手,表示尊敬;如不得已需用左手时,要说一声"请原谅,左手";也不能把东西扔给别人,这是不礼貌的行为。从坐着的人们面前走过时,要略微躬身,表示礼貌。泰国人进寺庙时必须衣冠整洁,进入寺庙时要摘帽脱鞋,以表示对神的尊敬。穿背心、短裤或赤胸裸背者进入寺庙,被视为玷污圣堂、亵渎神灵,是严格禁止的。

2. 饮食习惯

泰国人的主食为大米,副食主要是鱼和蔬菜。泰国人特别喜爱吃辣椒,而且是越辣越好。不喜欢酱油,不爱吃牛肉和红烧的菜肴,也不习惯放糖。泰国人特别喜欢喝啤酒,也爱喝白兰地对苏打水。在喝咖啡、红茶时,泰国人爱吃小蛋糕和干点心。饭后有吃苹果和鸭梨的习惯,但不吃香蕉。泰国人早餐多吃西餐;午餐和晚餐喜吃中国的粤菜和川菜。粉蕉糯米粽和花叶粽子是泰国人喜爱的食品,泰式春卷和炸香蕉是风味小吃。

3. 忌讳

泰国人非常重视头部,认为头是智慧的所在,是神圣不可侵犯的,摸人的头是极大的侮辱。打了小孩的头,则认为小孩要遭不幸。睡觉忌头向西方,因为日落西方象征着死亡。忌用红笔签名,因为人死后用红笔将其姓氏写在棺木上。泰国人就坐时忌跷腿,把鞋底对着别人,认为这样是把别人踩在脚下,是一种侮辱性的举止。

(四)新加坡

国名:新加坡共和国,简称新加坡,马来语意为"狮城"。
国旗:自上而下由红、白两个相等的平行长方形组成。旗面左上角绘有一弯白色新月和五枚白色五角星。
民族:有华人,马来人,印度、巴基斯坦人和斯里兰卡人,马来语为国语,英语为行政用语,华语、泰米尔语也为官方语言,四种语言平等。
宗教:佛教,伊斯兰教,印度教,基督教。
货币:新加坡元。

1. 礼貌礼节

新加坡人十分讲究礼貌礼节,服务质量很高。其风俗习惯因民族及宗教信仰而异。华人的传统习俗与我国相似,如两人见面时作揖,或鞠躬、握手。印度血统的人仍保持印度的礼节和习俗,妇女额上点着吉祥点,男人扎白色腰带,见面时双手合十致意。马来血统、巴基斯坦血统的人则按伊斯兰教的礼节行事。新加坡商人谦恭、诚实、文明礼貌,他们在谈判桌上一般会表现出三大特点:一是谨慎,不做没有把握的生意;二是守信用,只要签订合同,便会认真履约;三是看重"面子",特别是对老一代人,"面子"往往具有决定性的作用。

2. 饮食习惯

新加坡人受华人影响,普遍习惯吃中餐,主食为米饭、包子,不吃馒头。副食主要为鱼虾等海鲜，如炒鱼片、炸虾仁、油炸鱼等。不信佛教的人喜欢吃咖喱牛肉。水果方面，爱吃桃子、荔枝、梨等。他们讲究吃快餐，注重菜品的营养成分，喜欢清淡带甜的口味。

3. 忌讳

新加坡人忌7字，不喜欢乌龟。严禁放烟花鞭炮。同时，忌说"恭喜发财"，新加坡人认为"发财"是指"发不义之财"，因而是对别人的侮辱与谩骂。在新加坡，留长发的男人不受欢迎。新加坡人注重环保，文明卫生。随地吐痰和扔烟头都要罚款。大年初一必须把扫帚收起来，决不许扫地，认为这天扫地会把好运气都扫走。

二、欧美国家的礼仪文化

欧洲全称为"欧罗巴洲"。古代的闪米特人将西方日落处叫"欧罗巴"。以后在传播过程中略有发展，他们逐步把居住地东部的地区叫"亚细亚"、西部地区叫"欧罗巴"。欧洲、亚洲紧紧连在一起，两洲的划分是根据两地不同的自然条件来决定的。

（一）美国

国名：美利坚合众国，简称美国。

国旗：由13道红白相间的宽条构成，左上角还有一个包含了50颗白色小五角星的蓝色长方形。

民族：白人占多数，还有黑人、亚洲人等。官方语言为英语，南方有用西班牙语的。

宗教：基督教，天主教，犹太教。

货币：美元。

1. 礼貌礼节

美国人崇尚进取和个人奋斗。通常见面时，一般只点头微笑，打声招呼，而不一定握手。一般也不用"先生"、"太太"、"小姐"、"女士"之类的称呼，而认为对关系比较深的人直呼其名是一种亲切友好的表示，他们从不以行政职务去称呼别人。在美国等西方国家都有付小费的习惯，有的叫服务费。付小费被认为是对服务人员提供服务的尊重和酬劳。

美国人在进行商务谈判时，喜欢开门见山，答复明确，不爱拐弯抹角，他们平时穿着打扮不太讲究，崇尚自然，偏爱宽松，讲究着装体现个性。但美国人非常注重着装细节和服饰的整洁。拜访美国人时，进门一定要脱帽子和外套，这是一种礼貌。穿睡衣、拖鞋会见客人，或是在以这身打扮出门，都会被美国人视为失礼。美国人有晚睡晚起的习惯，但他们与人交往，时间观念强，很少迟到。美国人一般不送名片给别人，只是想保持联系时才送。

2. 饮食习惯

美国人在饮食上不注重形式，但却极为讲究饮食结构，各种海味和蔬菜越来越受到人们的青睐。他们不习惯厨师在烹调时多加调料，而习惯在餐桌上备有调料自行调味。美国人在用餐时不允许发出响声，不替他人夹菜，不允许抽烟，不向别人劝酒。早餐是果汁、鸡蛋、牛奶之类；午餐可以是三明治、水果、咖啡等；晚餐人们最爱吃的是牛排与猪排等。一般不爱喝茶，而爱喝冰水、矿泉水和可口可乐等。

3. 忌讳

美国人忌讳3和13；忌把白色的百合花作为礼物送人；忌星期五；忌用蝙蝠作为图案的商品；忌问个人收入和财产状况；忌问妇女婚否、年龄及衣饰价格等；忌同性双双起舞；忌在别人面前不雅观、不礼貌地吐舌头。

（二）英国

国名：大不列颠及北爱尔兰联合王国，简称英国。
国旗：由深蓝底色和红、白米字组成。
民族：大多数为英格兰人，还有苏格兰、威尔士、爱尔兰人，英语为国语。
宗教：基督教。
货币：英磅。

1. 礼貌礼节

英国人崇尚彬彬有礼、举止得当的绅士淑女风度，尤重女士优先原则。英国人遵守纪律，在公共场合有排队习惯。等候载人电梯，都在右边排队。英国人见面相互握手、道安。戴着帽子的男士在与人握手时，应先摘下帽子再向对方致敬。但切勿与英国人交叉握手，因为那会构成晦气的十字形，也要避免交叉干杯。英国人比较内向，与人交往初期比较矜持。交谈时，双方距离不能太近，应注视对方头部，并不时与之交换眼神。英国人从不直接说"上厕所"，而是说"请原谅几分钟"或"我想洗洗手"等。至于"请"、"对不起"、"谢谢"等礼貌用语，更是习以为常，即使家庭成员之间也是如此。

2. 饮食习惯

英国人有一日四餐的习惯，即早餐、午餐、午后茶点和晚餐。他们一般口味偏清淡、鲜嫩、焦香，喜爱酸甜、微辣味，不愿吃带黏汁或过辣的菜肴，不喜欢用味精调味，也不吃狗肉。英国人爱喝茶，把喝茶当做必不可少的享受。英国人喝茶的习惯不同于中国，倒茶前要先往杯子里倒入冷牛奶或鲜柠檬，加点糖；如果先倒茶后倒牛奶会被认为缺乏教养。在宴会上应注意将主要的女宾安排在第一首席上，斟酒也要先为女宾斟。用餐时切忌碰撒盐瓶，切忌刀叉碰响水杯。受到款待后一定要写信表示感谢。

在斋戒日和星期五，英国人正餐吃炸鱼，不食肉，因为耶稣受难日是复活节前的那个星期五。

3. 忌讳

在英国从事商业活动，应该注意这样一些问题：没接到对方邀请，不要随便闯入别人的家。如若对方邀请，不要忘记给女士带上一束鲜花或巧克力。给英国女士送鲜花时宜送单数，不要送双数和13支，不要送被英国人象征死亡的菊花和百合花。英国人忌用人像作服饰和商品包装，也忌用大象和孔雀图案，在英国人看来大象是笨拙的，孔雀是淫鸟、祸鸟，连孔雀开屏也被认为是自我吹嘘和炫耀。英国人忌讳以英国皇室的隐私作为谈资，因为女王被视为其国家的象征。

三、法国

国名：法兰西共和国，简称法国。
国旗：从左到右由蓝、白、红三个垂直长方形组成的三角旗。
民族：法兰西人居多，官方语言为法语。
宗教：多数信奉天主教，少数信基督教和伊斯兰教。
货币：欧元。

1. 礼貌礼节

法国人爱好社交，善于交际。对法国人来说社交是人生的重要内容，没有社交活动的生活是难以想象的。在商务交往中，常用的见面礼是握手。而在社交场合，亲吻礼和亲手礼则比较流行。法国人使用的亲吻礼，主要是相互之间亲面额或贴脸颊。至于吻手礼，主要限于男士在室内象征性地吻一下已婚妇女的手背，但少女的手不能吻。在商务活动中法国商人特别注重"面子"，对双方提交的各方面材料都十分重视。他们好开玩笑，讨厌不爱讲话的人，对愁眉苦脸者难以接受是法国人礼仪的又一大特点。

法国人是世界上最著名的"自由主义者"。"自由、平等、博爱"不仅被法国宪法定为本国的国家箴言，而且在国徽上明文写出。他们虽然讲法制，但纪律性较一般，不大喜欢集体活动。与法国人打交道约会必须事先约定，并且准时赴约，但是也要对他们姗姗来迟事先有所准备。

在服饰方面法国人讲究衣饰。在正式场合，法国人通常穿西装、套裙或连衣裙，颜色多为蓝色、灰色和黑色，质地则多为纯毛。出席庆典仪式时，一般要穿礼服。男士所穿的多为配有蝴蝶结的燕尾服，或黑色西装套装；女士所穿的则多为连衣裙式的单色大礼服或小礼服。对于穿着打扮法国人讲究搭配，在选择发型、手袋、帽子、鞋子、手表、眼镜时，都十分强调与自己着装相协调。

2. 饮食习惯

法国人重视烹调技术，被称为"烹调之国"。法国人早、午餐比较简单，但比较注重晚餐。早餐一般喜欢吃面包、黄油、牛奶、浓咖啡等；午餐为炖牛肉、炖各种新鲜蔬菜，但不吃辣椒。爱吃冷盘，吃冷盘时习惯自己切着吃，故在招待法国朋友时，餐桌上除中餐餐具之外，应摆上刀叉。法国人用餐时两手允许放在餐桌上，但不允许两肘支在桌子上。在放下刀叉时，他们习惯将其一半放在碟子上，一半放在餐桌上。法国人特别喜欢饮酒，几乎餐餐必喝，而且讲究在餐桌上要以不同种类的酒水搭配不同的菜肴；除酒水外，法国人平时还爱喝生水和咖啡。

3. 忌讳

法国人忌讳黄色的花，认为是不忠诚的表现；忌黑图案，认为不吉祥；忌送香水等化妆品给法国女人，因为它有过分亲热或图谋不轨之嫌。在接受礼品时若不当着送礼人的面打开包装，是一种无礼的表现。法国人喜欢有文化和美学素养的礼品，如唱片、磁带、艺术画册等。他们非常喜欢名人传记、回忆录、历史书籍，讨厌那些带有公司标志的广告式礼品。

四、德国

国名：德意志联邦共和国，简称德国。
国旗：自上而下由黑、红、金三个平行的长方形组成。
国花：矢车菊。
民族：主要是德意志人，少数丹麦人、吉普赛人、索布族人。通用语言是德语。
宗教：信奉基督教和天主教的居多数。
货币：欧元。

1. 礼貌礼节

德国人勤勉矜持，讲究效率，崇尚理性思维，时间观念强。他们不喜欢拖拖拉拉、不遵守纪律和不讲卫生的坏习气。德国人在交谈中很讲究礼貌。他们比较看重身份，特别是看重法官、律师、医生、博士、教授一类有社会地位的头衔。对于一般的德国人，应多以"先生"、"小姐"、"夫人"等称呼。在交谈过程中，切记住要区分"您"与"你"的使用。对于熟人、朋友、同龄者方可以"你"相称。在德国，称"您"表示尊重，称"你"则表示地位平等、关系密切。

在与德国人握手时，有必要特别注意两点：一是握手时务必要坦诚地注视对方；二是握手的时间宜稍长一些，晃动次数宜稍多一些，握手时所用的力量稍大一些。在商务活动中，德国人讲究穿着打扮，一般男士穿深色的三件套西服，打领带，并穿深色的鞋袜；女士穿过膝盖的套裙或连衣裙并配以长筒袜，化淡妆。

2. 饮食习惯

德国是一个具有悠久饮食文化的国家，对食品的制作及就餐程序十分讲究。德国人饮食口味较重，以面包、土豆为主食。偶尔用大米、面条作主食。讲究饮食，最爱吃猪肉，其次是牛肉。在饮料方面，德国人最喜爱啤酒。啤酒杯一般很大，一般情况下不碰杯，一旦碰杯，则需一口气将杯中的酒喝光。德国人在用餐时，若同时饮用啤酒或葡萄酒，习惯先饮啤酒后饮葡萄酒，并且规定吃鱼用的刀叉不得用来吃肉或奶酪，食盘中不宜堆积过多的食物，不得用餐巾扇风。

自助餐发明于德国，全国各地的自助餐小店极多，在这种小店就餐，既方便又实惠，所以很受人们欢迎。

3. 忌讳

与德国人交谈，不要打听个人私事，回避德国统一后的国内政治问题。他们不爱听恭维的话。忌讳4人交叉式谈话。忌讳在公共场合窃窃私语。给德国人送礼品需谨慎，应尽量选择有民族特色、带文化味的东西。不要给德国妇女送玫瑰、香水和内衣，因为他们都有特殊的意思：玫瑰表示"爱"；香水与内衣表示"亲近"。即使女性之间，也不宜互赠这类物品。用刀、剪和餐刀、餐叉等西餐餐具送人，有"断交"之嫌，也是德国人所忌讳的。在服饰和其他商品包装上禁用类似符号。德国人忌讳茶色、黑色、红色和深蓝色。

第二节　宗教文化简介

宗教文化是文化的重要组成部分，时至今日，宗教对人们来说已绝不仅仅是一种信仰，而且已渗透到人们生活的各个方面，深刻影响着人们的日常风俗礼仪。在涉外活动中，这些已成为无法避免的问题，所以我们必须以正确的态度来对待宗教。

目前世界上信奉各种宗教的教徒人数占全世界人口的 75%左右。其中影响最深的是世界三大宗教：佛教、基督教、伊斯兰教。本节主要介绍三大宗教。

一、佛教礼仪

在世界三大宗教中，佛教创立最早。佛教起源于公元前 6 世纪至公元前 5 世纪的古印度，创始人是释迦部落的王子，悉达多·乔达摩，即释迦牟尼。

1. 常用称谓

（1）一般有"四众弟子"、"出家四众"、"七重"之称。比丘、比丘尼为出家男女二众，优婆塞、优婆夷为在家男女二众，此为"四种弟子"。比丘、比丘尼、沙弥、沙弥尼，即为"出家四众"。如加上式叉摩那，则称谓"出家五众"。出家五众加在家二众称"七众"。

（2）对较高水平的僧人，则根据具体情况称"法师"、"经师"、"论师"、"律师"、"三藏法师"等。"大师"一般用以尊称著名僧人；"高僧"则是对德行高的僧人的尊称。

（3）还有以职务相称，如住持、监院等。现在一般称和尚为师父，称尼姑为师太。

2. 饮食礼仪

佛家弟子在日常生活和行为方面都要受到一定约束，表现在饮食上主要有："过午不食"、"不吃荤腥"、"不喝酒"等。

（1）过午不食。按照佛教规定，比丘每日只能进食一次，后来，也有进餐两次的，但是必须在午前用完，午后不能进食。

（2）不吃荤腥。荤食和腥食在佛门中是两个不同的概念。荤专指葱、蒜、辣椒等气味浓烈、刺激性强的东西，吃了这些会不利于修行，所以佛门禁食；腥指鱼、肉类食品。

（3）不喝酒。因为酒后会乱性，不利于修行，所以佛教徒不得饮酒。

3. 佛教主要仪式

（1）合掌。这是佛教徒的普通常用礼节，亦称合十。左右合掌，十指并拢，置于胸前，以示敬意。一般教徒在见面时，多以合掌为礼；但是参拜佛祖或拜见高僧时要先行跪合十礼，行礼时，右腿跪地，双手全合掌于眉心之间。

（2）五体投地。"五体"投地指两肘、两膝和头五体都着地，为佛教最高礼仪。"五体投地"也称"顶礼"。

（3）忏悔。佛教认为只有身心清洁的人方能成正果。忏悔可以灭除以往所有的罪过。

（4）受戒。受戒是佛教徒接受戒律的仪式。

二、基督教礼仪

基督为"基利斯督"的简称,意指上帝所差遣的救世主。基督教是信奉耶稣基督为救世主之各教派的统称。

1. 常用称谓

对宗教职业人员,按其教职称呼,如某主教、某牧师、某长老等。教徒之间可称平信徒,我国习惯称"教友"。新教的教徒,可称兄弟姐妹,还可称同道。

2. 洗礼

洗礼是基督教徒的入教仪式。经过洗礼之后,就意味着教徒的所有罪过都获得赦免。

3. 礼拜

礼拜是信徒们在教堂中进行的一项包括唱诗、读经、祈祷、道讲和祝福的活动,通常在每周日举行。

4. 祈祷

祈祷是指向上帝和基督耶稣求告,内容可以是认罪、感谢、祈求和赞美等。祈祷有口祷和默祷两种形式。

5. 唱诗

唱诗即领唱或合唱赞颂、祈求、感谢上帝的赞美诗。

6. 告解

告解即忏悔,是信徒向神职人员告知自己的过错或罪恶,神职人员听后要对其劝导,并对忏悔内容保密。

三、伊斯兰教礼仪

伊斯兰教现有信徒主要分布在西亚、中亚、南亚、东南亚地区。在一些国家,伊斯兰教是法定的国教。

1. 常称谓

伊斯兰教信徒称"穆斯林",无论在什么地方,信徒不分职位高低,都互称兄弟,或叫"多斯提"。

2. 饮食禁忌

禁饮酒;禁食无鳞鱼(如鳗鱼、鳝鱼、甲鱼等);禁食猪肉、自死动物及动物血液;禁食被挤死、勒死或跌死的动物肉;禁食虎、豹、蛇、鹰、马、骡、驴、狗等禽兽。

第九章 部分国家礼仪文化

第三节 本章小结

本章主要介绍了亚洲、欧美洲主要国家礼仪文化的共性及特点,介绍了宗教礼仪文化常识。在商务交往中,应注意不同国家、不同文化背景、不同宗教信仰对人们的影响,要了解有关国家的礼仪文化,尊重别国的宗教信仰、礼仪文化。

【思考与练习】

1. 美国人的礼貌礼节主要包括哪些?
2. 英国人的忌讳什么?
3. 法国人的礼貌礼节主要包括哪些?
4. 与日本人交往应注意什么?
5. 应怎样称呼佛教徒?

附　　录

附录1　随身礼仪清单

据成功人士的经验，养成随时携带礼仪清单的习惯至关重要，可以避免尴尬、提高自信。这份清单如下。

1．优雅的举止

如优美典雅的站姿，安详庄重的坐姿，协调稳健、轻松敏捷的步态，落落大方的表情，善于表情达意的手势，微笑坦诚的致意，友好的握手等。

2．整洁的仪表

即衣着得体和谐，保持面容、口腔、头发、身体、双手以及服饰等的整洁。

3．文雅的谈吐

如美妙柔和的声音，尊重他人的称呼，亲切自然的言语，热情诚挚的感谢，发自内心的道歉以及诚恳大方的交谈等。

4．不同场合的礼仪规范

如宴请宾客、会晤他人、迎来送往等。

附录2　人际关系心理测试

礼仪是有关为人处事的学问，理顺人际关系非常重要。你善于交际吗？请回答下面的问题：

1．一位朋友邀请你参加（他）她的生日聚会。可是，任何一位来宾你都不认识，你会：
   A．你借故拒绝，告诉（他）她说"那天已经有别的活动了"；
   B．你愿意早去一会儿帮助（他）她筹备生日；
   C．你非常乐意借此去认识他们。

2．在街上，一位陌生人向你询问到火车站的路径。这是很难解释清楚的，况且你还有急事，你会：
   A．你让他去向远处的一位警察打听；
   B．你尽量简单地告诉他；
   C．你把他引向火车站的方向。

3．你表弟到你家来，你已经有两个月没有见到他了。可是，这天晚上，电视上有一部非常精彩的电影，你会：
   A．你让电视开着，与表弟谈论；
   B．你说服表弟与你一块看电视；
   C．你关上电视机，让表弟看你假期中的照片。

4. 你父亲给你寄钱来了，你会：
   A. 你把钱搁在一边；
   B. 你买一些东西，如：油画、一盏漂亮的灯，装饰一下你的卧室；
   C. 你和你的朋友们大吃一顿。
5. 你的邻居要看电影去，让你照看一下他们的孩子。孩子醒后哭了起来，你会：
   A. 你关上卧室的门，到餐厅去看书；
   B. 你看看孩子是否需要什么东西。如果他无故哭闹，你就让他哭去，终究他会停下来的；
   C. 你把孩子抱在怀里，哼着歌曲想让他入睡。
6. 如果你有闲暇，你喜欢干些什么？
   A. 呆在卧室听音乐；
   B. 到商店买东西；
   C. 与朋友一起看电影，并与他们一起讨论。
7. 当你周围有同事生病住院时，你常常是：
   A. 有空就去探望，没空就不去了；
   B. 只探望同你关系密切者；
   C. 主动探望。
8. 在你选择朋友时，你发现：
   A. 你只能同你趣味相同的人友好相处；
   B. 兴趣、爱好不相同的人偶尔也能谈谈；
   C. 你几乎能同任何人都合得来。
9. 如果有人请你去玩或在聚会上唱歌，你往往：
   A. 断然回绝；
   B. 找个借口推辞掉；
   C. 饶有趣味地欣然应邀。
10. 对于他人对你的依赖，你的感觉如何？
    A. 避而远之，我不喜欢结交依赖性强的朋友；
    B. 一般来说，我并不介意，但我希望我的朋友们能有一定的独立性；
    C. 很好，我喜欢被人依赖。

计分方法：

选 A 为 1 分，B 为 2 分，C 为 3 分。将各题得分累计。

结论：

分数为 26~30 分：你非常善于交际，你的伙伴们非常爱你，你总是面带笑容，为别人考虑的比为自己考虑的要多，朋友们为有你这样一位朋友而感到幸运。

分数为 16~25 分：你不喜欢独自一个人呆着，你需要朋友围在你身边。你非常喜欢帮忙——如果这不花费你太多精力的话。

分数为 15 分以下：注意，你置身于众人之外，仅仅为自己而活着。你是一位利己主义者，莫奇怪为什么你的朋友这样少，从你的贝壳中走出来吧！

附录3　中外传统节日

一、中国民间主要节日

1. 元旦

每年阳历1月1日，是我国人民传统的新年——元旦。"元"即开始、第一，"旦"即早晨、一天。"元旦"就是一年的开始、一年的第一天，是一年中第一个美好的节日。"元旦"这一名称，据说起自于传说中三皇五帝时期，当时以农历正月为元，初一为旦。辛亥革命后，我国把正月初一改称为春节，把阳历1月1日称为新年，不称元旦。直到1949年9月27日，中国人民政治协商会议第一届全体会议通过使用"公元纪年法"，将阳历1月1日正式定为"元旦"。

每当元旦到来之际，家家户户、亲朋好友欢聚一堂，共同庆贺。节日前夕许多人有购买或赠送贺年片和挂历的习惯。过去，贺年片大都是梅花笺纸裁切的，一般二寸宽、三寸长，下端分别写着受片人和贺者的名字。而挂历最早称为"灶画"，是过小年时（农历十二月二十三日）专门贴在灶头上的，以后被称作年历画片，它是一种日历与画相结合的日用美术品，深受广大中国百姓的欢迎。

2. 春节

正月初一，是我国汉族和许多少数民族的共同节日——春节。在中国民间，它是古老而又最为隆重的节日。当时间滑过农历十二月三十日午夜十二点时，春节就来临了。在古代，这是一年的第一个早晨，所以也称作"元旦"，或叫"元辰"、"元朔"、"朔日"等。辛亥革命后，才将正月初一改称春节，俗称"年初一"。传说"年"原是太古时候一种凶猛的怪兽，每到寒冬将尽，新年快到之时，就要出来找食甚至吃人。人们为了防御它，一到此时，便聚在一起，燃起篝火，投入一根根竹子，使其发出"劈劈啪啪"的爆裂声，把"年"吓跑，平安无事，于是大家便高兴地相互祝贺，以丰盛的食物聚餐。这样年复一年，便形成了一个欢乐的节日，称这为"过年"。

还有一种传说，"年"有谷物成熟的意思，《谷梁传》说"五谷大熟为大有年"，甲骨文中的"年"字是果实丰收的形象，可见"年"原是预祝丰收喜庆的日子。久而久之，农历新年便成为我国民族的重要节日。

从过去的"年"到现在的春节，几千年来形成了许许多多的风俗习惯。其中有带有封建迷信色彩的部分，诸如祭神敬天之类，但更有一些富有生活情趣和积极意义的节日传统，像除夕守岁、贴春联、贴年画、舞龙、舞狮、吃年糕、吃饺子等习俗，至今仍在盛行。

3. 元宵节

农历正月十五是我国民间传统的元宵节。根据我国民间传统的习惯，在一年开始，大地回春的第一个月圆之日，家家户户亲人相聚，共同欢庆，因而这天也叫"上元节"，又称"元宵节"或"灯节"。

"元宵节"一名的由来，是因为人们在这天喜欢吃元宵，即汤圆。各地制作的种种元宵，虽风味各异，但均带有团圆的寓意和象征，为广大群众所喜爱。元宵之夜，除吃元宵外,最大特征之一就是张灯结彩。这一夜,人们喜欢燃灯和观灯,因而元宵节也称"灯节"。

据载,元宵观灯的习俗始于汉代,以后一直成为正月十五我国人民喜闻乐见的活动之一。现在许多地方元宵节灯会仍很盛行,而如今灯展,更是百花齐放、争奇斗妍。另外还有不少地方还设有灯谜会,极富民族风格与生活情趣。

4. 清明节

说起清明节,就不得不说寒食节,寒食节是纪念春秋名士介子推的,相传晋文公重耳流亡之时,受尽苦难,众叛亲离,只有少数几个忠心之士留在身边。一日介子推为救饿晕的重耳,从自己腿上割下一块肉用火烤熟了给重耳吃。19年后,重耳重新做回了国君,也就是春秋五霸之一的晋文公。晋文公登基后,有功之臣尽皆重赏,昔日追随之人更是封官加爵,却独独落下了介子推。

当有人提及介子推时,晋文公蓦然忆起往事,下令即刻去请介子推入朝。介子推始终不受。于是他亲自去请介子推,介子推避而不见,背着老母躲进了绵山之中。晋文公使御林军搜山,依然未能找到介子推。有随从建议放火烧山,三面点火,留下一面等介子推出山,文公许之。谁知,大火烧了三天三夜,却始终不见介子推的人影。大火熄灭后,晋文公上山察看,居然发现介子推与其老母抱着一棵烧焦的大柳树已经死了。晋文公对着尸体哭拜多时,在柳树上发现了一封血书,上面题了一首血诗:

割肉奉君尽丹心,但愿主公常清明。
柳下作鬼终不见,强似伴君作谏臣。
倘若主公心有我,忆我之时常自省。
臣在九泉心无愧,勤政清明复清明。

晋文公把介子推和他母亲分别安葬在那棵烧焦的大柳树下,在山上建立祠堂,并把放火烧山的这一天定为寒食节,晓谕全国,每年这天禁忌烟火,只吃寒食。从此晋文公常常自省,力求立身清明,晋国政治清正廉明,人民安居乐业。

第二年,晋文公领着群臣,素服徒步登山祭奠,表示哀悼。行至坟前,只见那棵老柳树死树复活,绿枝千条,随风飘舞。祭扫后,晋文公把复活的老柳树赐名为"清明柳",又把这天定为清明节。晋国的百姓对有功不居、不图富贵的介子推非常怀念。每逢他死的那天,大家禁止烟火来表示纪念。山西地区更是一月为期,不举烟火。时值汉末,群雄割据,曹操统一北方,下令取消寒食,节日有不举烟火者以军令处。后三国归晋,晋晋同字,皇帝司马炎认晋文公为祖,这个节日又被重新提及,不过由原来一个月改为三天。

清明节最初是24节气之一,到唐宋时期,清明节才普遍受到帝王与民间共同的重视,人们开始这一天开宗祠,祭祖先,取新火,并进行踏青、郊宴等娱乐活动。至此,清明节逐渐取代了寒食节,成为我国从古至今都十分重要的一个传统节日。

清明期间,严冬已经过去,冰雪将要融尽,气候转暖,草木萌茂,春意盎然,人们三五成群到野外郊游、踏青,因而"清明节"又有踏青节之称。此外,民间还盛行放风筝、荡秋千、踢足球、打马球等活动。

5. 端午节

农历五月初五,俗称"端午节"。端是"开端"、"初"的意思。初五可以称为端五。农历以地支纪月,正月建寅,二月为卯,顺次至五月为午,因此称五月为午月,"五"与"午"

通，"五"又为阳数，故端午又名端五、重五、端阳、中天等。从史籍上看，"端午"二字最早见于晋人周处《风土记》："仲夏端午，烹鹜角黍"。端午节是我国汉族人民的传统节日。这一天必不可少的活动逐渐演变为：吃粽子，赛龙舟，挂菖蒲、艾叶，薰苍术、白芷，喝雄黄酒。据说，吃粽子和赛龙舟，是为了纪念屈原，所以新中国成立后曾把端午节定名为"诗人节"，以纪念屈原。至于挂菖蒲、艾叶，薰苍术、白芷，喝雄黄酒，则据说是为了压邪。尽管端午节年年过，但是关于端午节的来历，却不甚清楚，归纳起来，大致有以下诸说。

（1）纪念屈原说。此说最早出自南朝梁代吴均《续齐谐记》和北周宗懔《荆楚岁时记》的记载。据说，屈原于五月初五自投汨罗江，死后为蛟龙所困，世人哀之，每于此日投五色丝粽子于水中，以驱蛟龙。又传，屈原投汨罗江后，当地百姓闻讯马上划船捞救，千直行至洞庭湖，终不见屈原的尸体。那时，恰逢雨天，湖面上的小舟一起汇集在岸边的亭子旁。当人们得知是打捞贤臣屈大夫时，再次冒雨出动，争相划进茫茫的洞庭湖。为了寄托哀思，人们荡舟江河之上，此后才逐渐发展成为龙舟竞赛。有唐代文秀《端午》诗为证："节分端午自谁言，万古传闻为屈原。堪笑楚江空渺渺，不能洗得直臣冤。"

（2）迎涛神说。此说出自东汉《曹娥碑》。春秋时吴国忠臣伍子胥含冤而死之后，化为涛神，世人哀而祭之，故有端午节。

（3）龙的节日说。这种说法来自闻一多的《端午考》和《端午的历史教育》。他认为，五月初五是古代吴越地区"龙"的部落举行图腾祭祀的日子。其主要理由是：①端午节两个最主要的活动吃粽子和竞渡，都与龙相关。粽子投入水里常被蛟龙所窃，而竞渡则用的是龙舟。②竞渡与古代吴越地方的关系尤深，况且吴越百姓还有断发文身"以像龙子"的习俗。③古代五月初五日有用"五彩丝系臂"的民间风俗，这应当是"像龙子"的文身习俗的遗迹。

（4）恶日说。在先秦时代，普遍认为五月是个毒月，五日是恶日。《吕氏春秋》中《仲夏记》一章规定人们在五月要禁欲、斋戒。《夏小正》中记："此日蓄药，以蠲除毒气。"《大戴礼》中记，"五月五日畜兰为沐浴"以浴驱邪。认为重五是死亡之日的传说也很多。《史记·孟尝君列传》记历史上有名的孟尝君，在五月五日出生。其父要其母不要生下他，认为"五月子者，长于户齐，将不利其父母。"《风俗通》佚文，"俗说五月五日生子，男害父，女害母"。《论衡》的作者王充也记述："讳举正月、五月子；以正月、五月子杀父与母，不得举也。"东晋大将王镇恶五月初五生，其祖父便给他取名为"镇恶"。宋徽宗赵佶五月初五生，从小寄养在宫外。可见，古代以五月初五为恶日，是普遍现象。可见从先秦以后，此日均为不吉之日。这样，在此日插菖蒲、艾叶以驱鬼，薰苍术、白芷和喝雄黄酒以避疫，就是顺理成章的事。

（5）夏至说。持这一看法的刘德谦在《"端午"始源又一说》和《中国传统节日趣谈》中，提出三个主要理由：①权威性的岁时著作《荆楚岁时记》并未提到五月初五日要吃粽子的节日风俗，却把吃粽子写在夏至节中。至于竞渡，隋代杜台卿所作的《玉烛宝典》把它划入夏至日的娱乐活动，可见不一定就是为了打捞投江的伟大诗人屈原。②端午节风俗中的一些内容，如"踏百草"、"斗百草"、"采杂药"等，实际上与屈原无关。③"岁时风物华纪丽"对端午节的第一个解释是："日叶正阳，时当中"即端午节正是夏季之中，故端午节又可称为天中节。由此端午节的最早起源当系夏至。

众说纷纭，而以纪念屈原说影响最为广泛。由于屈原的人格超群，人们也愿意把这一纪念日归之于他。

据统计端午节的名称在我国所有传统节日中叫法最多，达二十多个，堪称节日别名之最。如有端午节、端五节、端阳节、重五节、重午节、天中节、夏节、五月节、菖节、蒲节、龙舟节、浴兰节、粽子节等等。

6. 中秋节

中秋节又称月夕、秋节、仲秋节、八月节、八月会、追月节、玩月节、拜月节、女儿节或团圆节,是流行于全国众多民族中的传统文化节日,时在农历八月十五;因其恰值三秋之半,故名。据说此夜月球距地球最近,月亮最大最圆最亮,所以从古至今都有饮宴赏月的习俗;回娘家的媳妇是日必返夫家,以寓圆满、吉庆之意。也有些地方将中秋节定在八月十六,如宁波、台州、舟山,这与方国珍占据温、台、明三州时,为防范元朝官兵和朱元璋的袭击而改"正月十四为元宵、八月十六为中秋"有关。此外在香港地区,过了中秋兴犹未尽,还要在十六夜再狂欢一次,名为"追月"。

中秋节是远古天象崇拜——敬月习俗的遗痕。据《周礼·春官》记载,周代已有"中秋夜迎寒"、"中秋献良裘"、"秋分夕月(拜月)"的活动;汉代,又在中秋或立秋之日敬老、养老,赐以雄粗饼。晋时亦有中秋赏月之举,不过不太普遍;直到唐代将中秋与嫦娥奔月、吴刚伐桂、玉兔捣药、杨贵妃变月神、唐明皇游月宫等神话故事结合起,使之充满浪漫色彩,玩月之风方才大兴。

北宋,正式定八月十五为中秋节,并出现"小饼如嚼月,中有酥和饴"的节令食品。孟元老《东京梦华录》说:"中秋夜,贵家结饰台榭,民间争占酒楼玩月";而且"弦重鼎沸,近内延居民,深夜逢闻笙芋之声,宛如云外。闾里儿童,连宵婚戏;夜市骈阗,至于通晓。"吴自牧《梦粱录》说:"此际金凤荐爽,玉露生凉,丹桂香飘,银蟾光满。王孙公子,富家巨室,莫不登危楼,临轩玩月,或开广榭,玳筵罗列,琴瑟铿锵,酌酒高歌,以卜竟夕之欢。至如铺席之家,亦登小小月台,安排家宴,团围子女,以酬佳节。虽陋巷贫篓之人,解衣市酒,勉强迎欢,不肯虚度。此夜天街卖买,直至五鼓,玩月游人,婆婆于市,至烧不绝。"更有意思的是,《新编醉翁谈录》记述拜月之俗:"倾城人家子女不以贫富能自行至十二三,皆以成人之服服之,登楼或中庭焚香拜月,各有所朝;男则愿早步蟾宫,高攀仙桂;女则愿貌似嫦娥,圆如皓月。"

明清两朝的赏月活动盛行不衰。"其祭果饼必圆";各家都要设"月光位",在月出方向"向月供而拜"。陆启泓《北京岁华记》载:"中秋夜,人家各置月宫符象,符上兔如人立;陈瓜果于庭,饼面绘月宫蟾兔;男女肃拜烧香,旦而焚之。"田汝成《西湖游览志余》云:"是夕,人家有赏月之宴,或携柏湖船,沿游彻晓。苏堤之上,联袂踏歌,无异白日";"民间以月饼相邀,取团圆之义"。富察敦崇《燕京岁时记》称:"中秋月饼,以前门致美斋者为京都第一,他处不足食也。呈供月月饼到处皆有。大者尺余,上绘月宫蜡兔之形。""每届中秋,府第朱门皆以月饼果品相馈赠。至十五月圆时,陈瓜果于庭以供月,并祀以毛豆、鸡冠花。是时也,皓月当空,彩云初散,传杯洗盏,儿女喧哗,真所谓佳节也。唯供月时男子多不叩拜。"同时这五百多年中还推出"烧斗香"、"走月亮"、"放天灯"、"树中秋"、"点塔灯"、"舞火龙"、"曳石"、"卖兔儿爷"等节庆活动;其中的赏月、吃月饼、团圆饭等习俗,一直流传到今天。

7. 重阳节

农历9月9日,是中国的一个古老的传统佳节——重阳节。中国古人以九为阳数,九月初九,两阳相重,故叫"重阳"。重阳节,又有"老人节"之称。重阳这一天,人们赏玩菊花，佩戴茱萸，携酒登山，畅游欢饮。

关于重阳节的来历，有一段很有意思的故事，东汉（25－220）方士费长房对他的弟子桓景说："九月九日你们家有大灾难，如果用红色的囊袋盛茱萸，挂在臂上，登高山饮菊花酒，就可以免祸。"桓景到那天就率领全家老小到山上避难去了，等到晚上回来的时候，发现家里的鸡犬全都死了。从此，人们每到九月九日就去登高避邪，于是沿袭成俗，遂成佳节。

重阳登高，是节日主要习俗。历代以来，汉族官民到九月九日全都成群结队去爬山。住在江南平原的百姓苦于无山可登、无高可攀，就仿制米粉糕点，再在糕面上插上一面彩色小三角旗，借以示登高（糕）避灾之意。"登高"受人重视，特别是受老年人重视的另一个原因，是"高"有高寿的意思。历代诗人都喜欢重阳登高赋诗，唐代（618—907）大诗人王维的《九月九日忆山东兄弟》："独在异乡为异客，每逢佳节倍思亲，遥知兄弟登高处，遍插茱萸少一人。"远客思乡之情，深切感人。

重阳节还有插茱萸，饮菊花酒，吃重阳糕等风俗。茱萸，也叫越椒，是一种中药植物，气味辛烈，中国古人认为折以插头，可以防止恶浊邪气的侵袭；燃熏后可以避虫咬，在这"百足之虫，死而未僵"之时，熏佩以避之，犹似端午节熏雄黄一样，是很符合传统卫生习惯的。

菊花是中国一种历史悠久的名花，除重阳赏菊外，还具有食疗价值。因而古人在食其根、茎、叶、花的同时，还用来酿酒。晋代菊花酒制法是："采菊花茎叶，杂秫米酿酒，到次年九月始熟，用之。" 明代（1368—1644），菊花酒是用"甘菊花煎汁，同曲、米酿酒。或加地黄、当归诸药方佳"。明代医药家李时珍说菊花酒具有"治头风，明耳目，去痿痹，消百病"的疗效。

重阳花糕是用粳米制成的一种节令美食，在重阳节食用。讲究的重阳糕要作成九层，像座宝塔，上面还作成两只小羊，以符合重阳（羊）的意义。

8. 冬节

在我国民间，很多地方有过"冬节"的习俗。

冬节是在二十四节气中的冬至这一天，也叫"长至节"、"贺冬节"、"亚岁"等。称其"长至"，是基于古人对天象变化的观察：冬至是北半球一年中白昼最短、黑夜最长的一天，所谓"日南之至，日短之至，日影长之至，故曰冬至"，此后的白昼，便一天天延长了。称其"亚岁"，就是仅次于元旦（即今之春节）。而在我国民间，则更有"冬节大于年"的说法。

以冬至为节日的传统，可以溯源到周代。当时国家即有于此日祭祀神鬼的活动，以求其庇佑国泰民安。到了汉代，冬至正式成为一个节日，皇帝于这一天举行郊祭，百官放假休息，次日吉服朝贺。这个规矩，其后一直沿袭。魏晋以冬至贺仪"亚以岁朝"，并有臣下向天子献鞋袜礼仪，表示迎福践长；唐、宋、元、明、清各朝都以冬至和元旦并重，百官放假数日，并进表朝贺（《东京林华录》、《帝京景物略》等），特别是在南宋，冬至节日气氛比过年更浓，因而有"肥冬瘦年"之说法。由上可见，由汉及清，从官方礼仪来讲，说冬至是"亚岁"，乃至"大过年"，绝非虚话。究其原因，主要是对周朝以农历十一月初一为岁首之传统的承袭，因冬至日总在十一月初一前后。此外，也与古人认为冬至是"阴极之至，阳气始生"的观念有关，如蔡邕《独断》中的解释："冬至，阳气生，君道长，故贺。"

民间的冬至节俗，又要比官方礼仪丰富得多。东汉时，天、地、君、亲、师，都是冬至的供贺对象（《四民月令》）。南北朝时，民间又有了于冬至日食赤小豆以避邪的习俗（《荆楚岁时记》）。唐宋时冬至即与岁首并重，于是穿新衣、办酒席、祀祖先、庆贺往来等，几同过新年一样。明清时,官方仍然维持着"一如元旦"的冬至贺仪,民间却不似过年那样大事操办了,主要集中在祀祖、敬老、尊师这几个项目上发展,由此衍生出裹馄饨、吃汤圆、学校放假、百工停业、慰问老师、相互宴请及全家聚餐等活动,因而相对过年来讲,更富有个性。

9. 腊八节

腊月最重大的节日,是十二月初八,古代称为"腊日",俗称"腊八节"。从先秦起,腊八节都是用来祭祀祖先和神灵,祈求丰收和吉祥。据说,佛教创始人释迦牟尼的成道之日也在十二月初八,因此腊八也是佛教徒的节日,称为"佛成道节"。

腊八这一天有吃腊八粥的习俗,腊八粥也叫"七宝五味粥"。我国喝腊八粥的历史,已有一千多年。最早开始于宋代。每逢腊八这一天,不论是朝廷、官府、寺院还是黎民百姓家都要做腊八粥。到了清朝,喝腊八粥的风俗更是盛行。在宫廷,皇帝、皇后、皇子等都要向文武大臣、侍从宫女赐腊八粥,并向各个寺院发放米、果等供僧侣食用。在民间,家家户户也要做腊八粥,祭祀祖先;同时,合家团聚在一起食用,馈赠亲朋好友。

中国各地腊八粥的花样,争奇竞巧,品种繁多。其中以北京的最为讲究,搀在白米中的物品较多,如红枣、莲子、核桃、栗子、杏仁、松仁、桂圆、榛子、葡萄、白果、菱角、青丝、玫瑰、红豆、花生……总计不下二十种。人们在腊月初七的晚上,就开始忙碌起来,洗米、泡果、剥皮、去核、精拣然后在半夜时分开始煮,再用微火炖,一直炖到第二天的清晨,腊八粥才算熬好了。

更为讲究的人家,还要先将果子雕刻成人形、动物、花样,再放在锅中煮。比较有特色的就是在腊八粥中放上"果狮"。果狮是用几种果子做成的狮形物,用剔去枣核烤干的脆枣作为狮身,半个核桃仁作为狮头,桃仁作为狮脚,甜杏仁用来作狮子尾巴。然后用糖粘在一起,放在粥碗里,活像一头小狮子。如果碗较大,可以摆上双狮或是四头小狮子。更讲究的,就是用枣泥、豆沙、山药、山楂糕等具备各种颜色的食物,捏成八仙人、老寿星、罗汉像。这种装饰的腊八粥,只有在以前的大寺庙的供桌上才可以见到。

腊八粥熬好之后,要先敬神祭祖。之后要赠送亲友,一定要在中午之前送出去。最后才是全家人食用。吃剩的腊八粥,保存着吃了几天还有剩下来的,却是好兆头,取其"年年有余"的意义。如果把粥送给穷苦的人吃,那更是为自己积德。

二、中外重要节日、纪念日

附表 3-1　中外重要节日、纪念日

日　期	节日或纪念日	日　期	节日或纪念日
1月1日	元旦	3月17日	国际航海日
1月12日	毛泽东为刘胡兰题词发表纪念日	3月21日	消除种族歧视国际日、世界森林日
2月10日	国际气象日	3月22日	世界水日
2月14日	情人节	3月23日	世界气象日
2月28日	世界居住条件调查日	4月1日	愚人节
3月1日	国际海豹日	4月2日	国际儿童图书日
3月5日	毛泽东为雷锋题词发表纪念日	4月7日	世界卫生日、世界戒烟日
3月8日	国际劳动妇女节	4月15日	非洲自由日
3月12日	中国植树节	4月22日	世界地球日、世界法律日
3月14日	国际警察节	4月23日	世界图书和版权日
3月15日	国际消费者权益日	4月24日	亚非新闻工作者日

(续表)

日 期	节日或纪念日	日 期	节日或纪念日
4月25日	全国儿童预防接种日	9月10日	中国教师节
4月的第四个星期日	世界儿童日	9月14日	世界清洁地球日
5月1日	国际劳动节	9月17日	国际保护臭氧层日
5月4日	五四青年节	9月18日	九一八事变纪念日
5月5日	共青团诞生日	9月24日	国际和平日
5月8日	世界红十字日	9月27日	世界旅游日
5月12日	国际护士节	9月28日	世界聋人日
5月的第二个星期日	母亲节	9月第三个星期日	中国公关日
5月15日	国际家庭日	10月1日	中华人民共和国国庆节、国际音乐日、国际老人节
5月17日	世界电信日	10月2日	国际和平与民主自由斗争日、国际住房日
5月25日	非洲解放日	10月9日	二万五千里长征纪念日
5月30日	五卅运动纪念日	10月10日	辛亥革命纪念日
5月31日	世界无烟日	10月13日	国际教师节、世界保健日、国际盲人节
5月的第三个星期日	全国助残日	10月14日	世界标准日
6月1日	国际儿童节、世界和平日	10月16日	世界粮食日
6月5日	世界环境日	10月17日	国际消除贫困日
6月17日	世界防治荒漠化和干旱日	10月22日	世界传统医药日
6月23日	国际奥林匹克日、世界手球日	10月24日	联合国节、世界发展信息日
6月25日	全国土地日	10月26日	现代足球诞生日
6月26日	国际禁毒品日	10月31日	世界勤俭日
6月27日	世界糖尿病日	10月的第一个星期三	国际减灾日
6月30日	世界青年联欢节	11月8日	中国记者节
6月的第三个星期日	父亲节	11月10日	世界青年节
7月1日	中国共产党成立纪念日、国际建筑日	11月17日	国际大学生节
7月2日	国际体育记者日	12月1日	世界艾滋病日
7月7日	卢沟桥事变纪念日	12月3日	国际残疾人日
7月11日	世界50亿人口日	12月5日	国际志愿人员日
7月31日	非洲妇女日	12月9日	一二·九运动纪念日
8月1日	中国人民解放军建军节	12月10日	世界人权日
9月3日	抗日战争胜利纪念日	12月21日	国际篮球日
9月8日	国际扫盲日、国际新闻工作日	12月25日	圣诞节

附录4 中华民族传统礼仪格言

1．老吾老以及人之老；幼吾幼以及人之幼。
2．人有喜庆不可生妒忌心，人有祸患不可生喜幸心。
3．三人同行，必有我师。
4．事要三思，免劳后悔。
5．休争三寸气，白了少年头。

6. 君子坦荡荡，小人常戚戚。
7. 路遥知马力，日久见人心。
8. 君子喻于义，小人喻于利。
9. 来说是非者，便是是非人。
10. 良言一句三冬暖，恶语伤人六月寒。
11. 善有善报，恶有恶报。
12. 种善因，得善果。
13. 君子之交淡如水。
14. 害人之心不可有，防人之心不可无。
15. 远水不解近渴，远亲不如近邻。
16. 人情似纸张张薄，世事如棋局局新。
17. 渴时一杯如甘露，醉酒添杯不如无。
18. 酒中不语真君子，财上分明大丈夫。
19. 听君一席话，胜读十年书。
20. 救人一命，胜造七级浮屠。
21. 水清无鱼，人急无智。
22. 是非终日有，不听自然无。
23. 宁可正而不足，不可邪而有余。
24. 好事不出门，坏事传千里。
25. 宁向直中取，莫向曲中求。
26. 与人讲话，看人面色。
27. 意不相投，不必强说。
28. 事不关己，分毫休理。
29. 一争两丑，一让两有。
30. 话多不如话少，话少不如话好。
31. 逢人只说三分话，未可全抛一片心。
32. 知足常足，终身不辱。
33. 知止常止，终身不齿。
34. 结交须胜己，似己不如无。
35. 但得一步地，何须不为人。
36. 饶人不是痴，过后得便宜。
37. 长存君子道，须有称心时。
38. 地有三江水，人无四海心。
39. 家贫和也好，不义富何如。
40. 长将好事于人，祸不临身害己。
41. 大事化小，小事化了。
42. 人无千日好，花无百日红。
43. 善必寿长，恶必早亡。
44. 画水无风空作浪，绣花虽好不闻香。
45. 平生莫要量人短，何不回头把己量。

46. 以己之短，较人之长。
47. 礼下于人，必有所求。
48. 居必择邻，交必良友。
49. 老实常在，说空常败。
50. 德建名起，形端表正。
51. 仁慈隐恻，造次弗离。
52. 黄金浮世在，白发故人稀。
53. 结有德之朋，绝无义之友。
54. 见事知长短，人面识高低。
55. 水深流去慢，贵人话语迟。
56. 施惠无念，受恩莫忘。
57. 投之以木桃，报之以琼浆。
58. 滴水之恩，涌泉相报。
59. 凡事当留余地，得意莫要再往。
60. 善欲人见非真善，恶恐人知是大恶。
61. 人各有心，心各有见。
62. 利刀割人痕易好，恶语伤人恨不消。
63. 忍得一时之气，可免百日之忧。
64. 受恩深处宜先退，得意浓时便可休。
65. 知己知彼，将心比心。
66. 相识满天下，知心能几人。
67. 贫贱之交不可忘，糟糠之妻不下堂。
68. 以责人之心责己，以恕己之心恕人。
69. 宁可人负我，莫教我负人。
70. 万事劝人休瞒昧，举头三尺有神明。
71. 众星朗朗，不如孤月独明。
72. 合理可作，小利莫争。
73. 修己身，如履冰。
74. 无是非，是贤良。
75. 宴客勿流连，自奉须俭约。
76. 见富贵而生谄容者最可耻；遇贫穷而作骄态者贱莫甚。
77. 狎昵恶少，久必受其累；屈志老成，急则可相依。
78. 君子同道之交，小人同利之交。
79. 莫因善小而不为，莫因恶小而为之。
80. 莫欺老与小，欺人心不明。
81. 成事莫说，覆水难收。
82. 退一步，海阔天空。
83. 人恶人怕天不怕，人善人欺天不欺。
84. 得宠思辱，居安思危。
85. 许人一物，千金不移。

86. 入门莫问荣辱事，观看容颜便得知。
87. 道吾好者是吾贼，道吾恶者是吾师。
88. 好言难得，恶语易施。
89. 若争小可，便失大道。
90. 无求到处人情好。
91. 隐恶扬善，执其两端。
92. 知音说与知音听，不是知音莫与谈。
93. 但行好事，莫问前程。
94. 得忍且忍，得耐且耐。
95. 不忍不耐，小事成大。
96. 君子安贫，达人知命。
97. 忠言逆耳，良药苦口。
98. 一切言行，都要安详。
99. 沉静立身，从容说话。
100. 不要轻薄，惹人笑骂。
101. 洪钟无声，满瓶不响。
102. 要成好人，须寻好友。
103. 忍一时，风平浪静。
104. 为善最乐，为恶难逃。
105. 路逢险处须当避，不是才子莫献诗。
106. 人有善愿，天必佑之。
107. 百年修得同船渡，千年修得共枕眠。
108. 君子爱财，取之有道。
109. 人无信不立。
110. 画龙画虎难画骨，知人知面不知心。
111. 钱财如粪土，仁义值千金。
112. 相见易得好，久住难为人。
113. 谁人背后无人说，哪个人前不说人。
114. 莫信直中直，须防人不仁。
115. 君子敬而无失，与人恭而有礼。
116. 人情好似初相见，到老终无怨恨心。
117. 是非只为多开口。
118. 事与君子道，莫听小人言。
119. 与人方便，自己方便。
120. 善与人交，久而敬之。
121. 谏之双美，毁之双伤。
122. 人心生一念，天地悉皆知。
123. 虎生犹可近，人熟不能亲。
124. 人不可相貌，水不可斗量。
125. 千里送鹅毛，礼轻仁义重。

126. 亏人是祸，饶人是福。
127. 一人传虚，百人传实。
128. 凡事从实，积福自厚。
129. 言多语失。
130. 相争告人，万种无益。
131. 知事少，烦恼少，识人多，是非多。
132. 人到无求品自高。
133. 心底无私天地宽。
134. 天时不如地利，地利不如人和。
135. 为善最乐，为恶难逃。

附录 5 其 他

一、宝石颜色的寓意

附表 5-1 宝石颜色的寓意

颜 色	寓 意	颜 色	寓 意
白色	表示神圣、纯洁、清爽	橙色	表示活泼、兴奋、喜悦
黄色	表示快乐、温和、光明	紫色	表示高贵、华丽、典雅
金色	表示辉煌、光荣、华贵	红色	表示热情、健康、活力
绿色	表示青春、朝气、和平	青色	表示坚强、希望、庄重
蓝色	表示宁静、清新、秀丽	黑色	表示寂静、神秘、悲伤

二、中国十大名花

附表 5-2 中国十大名花

花 名	称 号	花 名	称 号
白色牡丹	万花之王	兰花	花中君子
黄色月季	花中皇后	山茶花	花中极品
金色梅花	群花之魁	荷花	水中芙蓉
绿色菊花	寒秋之魂	桂花	金秋娇子
蓝色杜鹃	花中西施	水仙	寒冬仙女

三、结婚周年纪念日与礼品

附表 5-3 结婚周年纪念日与礼品

周 年	纪念名称宝石名称	传统礼品颜色	现代礼品寓意
第 1 年	纸婚	纸制	时钟
第 2 年	棉花婚	棉织物	瓷器
第 3 年	皮革婚	革制品	玻璃或水晶玻璃制品
第 4 年	水果婚	亚麻织物/水果/鲜花	电器
第 5 年	木婚	木器/糖果	银器
第 6 年	铁婚	糖果/铁制品	木器
第 7 年	羊毛婚	羊毛织物/铜制品	文具
第 8 年	（青）铜婚	青铜制品/陶器	亚麻织物有装饰图案的透孔织物

(续表)

周年	纪念名称宝石名称	传统礼品颜色	现代礼品寓意
第9年	陶（器）婚	陶器/柳木制品	革制品
第10年	锡婚	锡制品/铝制品	钻石饰物
第11年	钢婚	钢制品	流行首饰
第12年	丝婚	丝织品/亚麻织物	珍珠
第13年	花边婚	有装饰图案的透孔织物	纺织品、裘皮制品
第14年	象牙婚	象牙制品	金饰物
第15年	水晶婚	水晶玻璃制品	手表
第20年	瓷（器）婚	瓷器	白金制品
第25年	银婚	银制品	银制品
第30年	珍珠婚	珍珠	钻石
第35年	珊瑚婚	珊瑚	玉石
第40年	红宝石婚	红宝石	红宝石
第45年	蓝宝石婚	蓝宝石	蓝宝石
第50年	金婚	金制品	金制品
第55年	绿宝石婚	翡翠	翡翠
第60年	钻石婚	钻石	钻石
第70年	白金婚	钻石	钻石

四、玫瑰花数量的含义

附表 5-4　玫瑰花数量的含义

数量	含义	数量	含义
1朵	你是我的唯一	22朵	双双对对
2朵	二人世界	24朵	思念
3朵	我爱你	30朵	请接受我的爱
4朵	誓言、承诺	33朵	我爱你三生三世
5朵	无悔	36朵	我的爱只留给你
6朵	顺利	44朵	致死不渝
7朵	喜相逢	48朵	挚爱
8朵	弥补	50朵	无怨无悔
9朵	坚定的爱	51朵	我心中只有你
10朵	十全十美	66朵	珍爱永不变
11朵	一心一意	99朵	长相厮守
12朵	心心相印	100朵	白头到老
13朵	暗恋	101朵	执著的爱
14朵	好聚好散	108朵	求婚
15朵	青春美丽	111朵	爱你一生一世
16朵	爱的最高点	144朵	爱你生生世世
17朵	此情不渝	365朵	天天想你
18朵	最爱	999朵	天长地久

参 考 文 献

[1]　金正昆. 商务礼仪 [M]. 北京：北京大学出版社，2004.
[2]　林友华. 社交礼仪 [M]. 北京：高等教育出版社，2003.
[3]　赵景卓. 现代礼仪 [M]. 北京：中国物资出版社，1998.
[4]　宋哲，杨虹偲. 现代礼仪 [M]. 北京：中央文献出版社，2000.
[5]　陈萍. 最新礼仪规范 [M]. 北京：线装书局，2004.
[6]　马晓红. 公共关系与礼仪修养 [M]. 北京：中国劳动社会保障出版社，2001.
[7]　希曼. 怎样提升女性气质 [M]. 北京：中国纺织出版社，2004.
[8]　刘良适. 做人的忠告 [M]. 北京：线装书局，2004.
[9]　齐鲁青. 女性与社交 [M]. 上海：上海文艺出版社，2004.
[10]　刘逸新. 礼仪指南 [M]. 北京：中国纺织出版社，2004.
[11]　赵洪立，蒋冬云. 现代礼仪 [M]. 北京：中国商业出版社，2006.
[12]　只海平. 现代礼仪基础 [M]. 北京：机械工业出版社，2002.
[13]　赵景卓，戚学森. 社交礼仪 [M]. 北京：中国商业出版社，1994.
[14]　鲍秀芬. 现代社交礼仪基础 [M]. 北京：机械工业出版社，2003.
[15]　孙立湘. 实用交际礼仪 [M]. 北京：机械工业出版社，2006.
[16]　曹香秋. 文明礼貌常识 [M]. 上海：人民出版社，1982.
[17]　郭树华. 礼仪常识 [M]. 北京：科学普及出版社，1994.
[18]　王欢. 礼仪规范教程 [M]. 北京：知识出版社，2006.
[19]　江少川. 高等语文 [M]. 北京：高等教育出版社，2003.
[20]　张建. 应用写作 [M]. 北京：高等教育出版社，2005.
[21]　唐树伶，王炎. 服务礼仪 [M]. 北京：清华大学出版社，2006.
[22]　刘小清. 现代营销礼仪 [M]. 大连：东北财经大学出版社，2002.
[23]　段建国，李莉. 旅游接待礼仪 [M]. 北京：中国人民大学出版社，2002.
[24]　吴新红. 商务礼仪 [M]. 北京：化学工业出版社，2006.
[25]　刘平. 现代礼仪 [M]. 青岛：中国海洋大学出版社，2004.
[26]　赵曦. 公共关系基础 [M]. 北京：知识出版社，2006.
[27]　王英杰. 美育基础教程 [M]. 北京：机械工业出版社，2003.
[28]　王盘根. 商务公关 [M]. 北京：高等教育出版社，2002.
[29]　李兴国. 社交礼仪 [M]. 北京：高等教育出版社，2006.
[30]　林立. 人际交流 [M]. 北京：高等教育出版社，2004.
[31]　刘太刚，鲁克成. 大学生文化修养讲座 [M]. 北京：高等教育出版社，2004.
[32]　张四成. 现代饭店礼貌礼仪 [M]. 广东：旅游出版社，2000.
[33]　周裕新. 现代办公礼仪 [M]. 上海：同济大学出版社，2006.
[34]　李莉. 会展服务礼仪规范 [M]. 长沙：湖南科学技术出版社，2005.
[35]　金正坤. 商务礼仪 [M]. 北京：北京大学出版社，2005.
[36]　张岩松. 公共关系安利精选精析 [M]. 北京：中国社会科学出版社，2006.